工业和信息化普通高等教育"十三五"规划教材立项项目

21世纪高等学校**会计学**系列教材

U0747350

TAX LAW

税法
理论、案例与实务
微课版

◆ 陈娟 主编

人民邮电出版社

北京

图书在版编目（CIP）数据

税法：理论、案例与实务：微课版 / 陈娟主编
. -- 北京：人民邮电出版社，2019.9（2024.7重印）
21世纪高等学校会计学系列教材
ISBN 978-7-115-50048-9

Ⅰ. ①税… Ⅱ. ①陈… Ⅲ. ①税法－中国－高等学校
－教材 Ⅳ. ①D922.22

中国版本图书馆CIP数据核字(2018)第254738号

内 容 提 要

本书共 14 章，第 1 章系统地介绍了与税收相关的理论知识，读者通过学习这部分内容，可以对税收、税收体系、税种设置等内容有基本认识。第 2 章～第 14 章介绍了我国现行税种的设置、征税规定、实务处理及征收管理，读者可以通过学习这部分内容了解我国现行实体税种的法律规范，并能够掌握相关税种的基本实务操作技能。

本书可作为高等院校经济、管理类相关专业的教材或教学参考书，也可供其他人员参考学习。

◆ 主　编　陈　娟
　　责任编辑　刘向荣
　　责任印制　沈　蓉　焦志炜
◆ 人民邮电出版社出版发行　　北京市丰台区成寿寺路 11 号
　　邮编　100164　电子邮件　315@ptpress.com.cn
　　网址　http://www.ptpress.com.cn
　　北京九州迅驰传媒文化有限公司印刷
◆ 开本：787×1092　1/16
　　印张：16.25　　　　　　　　2019 年 9 月第 1 版
　　字数：434 千字　　　　　　 2024 年 7 月北京第 3 次印刷

定价：48.00 元

读者服务热线：(010)81055256　印装质量热线：(010)81055316
反盗版热线：(010)81055315
广告经营许可证：京东市监广登字 20170147 号

前 言 Foreword

"税法"作为经济类、管理类专业课程，具有很强的实务操作性。学生不但要充分了解国家的税收体系、政策、法律规定，还应具备基本的税务操作能力。创新型社会的建设，对各类人才的知识掌握程度、知识应用水平和实践操作能力提出了更高的要求。从多年的教学工作中，我们深切感受到学生在学习的过程中，不仅十分渴望通过学习课程内容掌握新知识，而且更期待拓展、深化知识，并将理论与实际相联系，提高动手能力，增强个人素质。"税法"由于既有理论内容，又有很强的实践操作性，因此，学习起来既有趣又充满着挑战。我们注意到，一方面，"税法"类课程内容广泛，涉及法律规范多，呈现出较为琐碎的知识分布；另一方面，课程涉及的内容更新快，特别是近几年随着我国经济"新常态"的出现，税收领域内的改革频繁，例如，"营改增"的全面推进，使流转税体系发生了较大的变化。因此，更新教学内容，体现税收改革的最新成果，了解最新税收政策，是"税法"类课程在教学中特别需要注意的问题。

本书正是考虑了以上因素，结合笔者多年税收类课程教学经验，以及在充分了解和掌握读者的学习能力与学习需求的基础上撰写而成的。本书在写作的过程中秉承"基本知识技能＋理论拓展与技能提升"的教学理念，目的是使读者可以循序渐进、逐步加深对知识的理解与掌握。本书具有内容全面、重点突出、层次分明、学以致用等特点和教学参考价值，具体体现在以下方面。

（1）内容全面。本书的内容覆盖了税收理论知识领域单个税种的实务操作和征管规定，读者通过学习本书可以基本掌握我国现行税收体系及具备基本的实务操作技能。

（2）重点突出。税收理论知识、税种的设置、征税的规定等内容多且繁杂，不可能面面俱到。本书精心组织编排，在编写过程中，对重点、难点知识进行深入而透彻的分析，并通过例题强化知识，将理论与实际有效结合。

（3）层次分明。本书是作者对多年教学与实践经验的总结，在知识点的分布上根据"层次化""基本知识技能+理论拓展与技能提升"的逻辑结构进行布局，将知识由浅至深，由易到难，由理论再到实务，循序渐进地进行组织，全面系统地介绍了税收知识。

（4）学以致用。本书特别强调知识与能力结合，理论与实践并重，各章都有典型的例题讲解，特别是对于不易理解的知识点都配置了例题，在深化知识的理解中，力图培养读者的实践能力。

（5）衔接紧密。本书将知识的学习与实务的操作相衔接，满足部分读者的长远发展需要。因此，通过对本书的阅读与学习，读者能够具备良好的理论学习与实务操作能力，为下一步的能力拓展奠定基础。

感谢在本书撰写过程中，进行校对和资料整理的鲁斌。由于编者水平有限，错误之处在所难免，恳请广大读者批评指正。

陈娟

2019 年 6 月

目录 Contents

第1章

概论

税收是一个古老的经济范畴，是伴随着国家的产生而逐渐发展起来的。税收经历了从无到有、税收制度从单一到复杂的发展变化过程，税收的形式、内容和性质随着生产力水平的提高、生产方式的多样化和社会制度的变迁而不断地更新调整。

1.1 税收的内涵

1.1.1 税收的含义

古典经济学代表人物亚当·斯密在《国民财富的性质和原因的研究》中指出："公共资本和土地，即君主或国家所特有的两项大收入源泉，既不宜用以支付也不够支付一个大的文明国家的必要费用，那么，这必要费用的大部分，就必须取决于这种或那种税收，换言之，人民必须拿出自己一部分私人的收入，给君主或国家，作为一笔公共收入。"①税收在整个国家的财政收入中一直扮演着最主要的角色。在现代市场经济体制下，税收是政府为了满足社会公共需要，凭借政治权力，强制、无偿地取得财政收入的一种形式。根据经济学界对税收内涵的各种表述，我们可以得出以下结论。

1. 税收是发挥国家职能的物质基础

国家征税的目的是满足国家或政府的一般开支以及其他公共开支需求，即提供公共物品。国家的存在以及其职能的履行离不开一定的物质基础，为了满足一般社会公共需要，税收、公债、官产收入等多种形式都曾经被政府采用以取得必要的物质收入，但这些财政收入形式中，产生最早、运用最普遍、筹集财政资金最有效的形式就是税收，税收一直是各国政府财政收入的最重要来源。

2. 政府征税凭借的是政治权力

国家征税所依赖的权力是国家的政治权力，即税收的政权依赖性。与政治权力相对的是财产权力，依赖于财产权力所收取的金钱或实物不属于国家征税的范畴，如计划经济时期我国国营企业所上缴的利润就不属于税。在现代社会中，政府可以凭借财产权力和政治权力来取得财政收入。政治权力与财产权力最大的区别在于，前者具有强制性，其行使不必经过被执行者的同意；而财产权利的行使则是建立在自愿、有偿的基础上。国家取得财政收入，所凭借的不是财产权利，而是政治权力。国家运用该政治权力，以各种形式参与社会产品的再分配，并运用强制手段，集中部分社会产品归其所有、支配。

3. 征税必须借助法律形式实施

政府为行使职能和满足社会公共需要，凭借其政治权力，强制性地向经济单位和个人征税取得财政收入，但这种收入的取得必须在一定的法律规范之内进行。税收只有通过法律形式，

---

① 亚当·斯密. 国民财富的性质和原因的研究（下册）. 北京：商务印书馆，1974 年，第 383 页.

才能使统治阶级各个成员在利益上得到统一，并通过政府使每个纳税人接受。征税主体既不可多征税，纳税主体也不能少纳税，双方的权利义务关系通过法律来规范、约束和调整。

1.1.2 税收的特征

税收是国家凭借政治权力参与社会产品分配取得财政收入的主要形式，因而具有强制性、无偿性和固定性三大特征，它们被称为税收的"三性"。税收的特征反映了税收区别于其他财政收入形式，进而帮助我们理解税收为什么能成为财政收入的最主要形式。

1. 税收的强制性

税收的强制性，是指国家（政府）的征税活动是以国家的法律、法令为依据的，任何单位和个人都必须依法履行纳税义务，否则就会受到法律的制裁。强制性征收是人们感觉到的税收最为明显的特征。税收的强制性表现在以下两个方面。

首先，税收的强制性是针对税收分配关系以什么作为征收依据而言的，即税收是国家以政治权力为依据而进行的一种分配。国家征税是凭借政治权力，而不是凭借财产所有权，国家征税不受财产所有权归属的限制，国家对不同所有者都可以行使征税权。我国宪法明确规定，我国公民"有依法纳税的义务"。正因为税收具有强制性的特点，其才成为国家取得财政收入最普遍、最可靠的一种形式。税收的这种强制性，是税收同其他形式财政收入如公债收入、规费收入、公有财产收入等的最显著区别。

其次，税收的强制性是针对税收的法律关系而言的，即在国家税法规定的限度内，纳税人必须依法纳税，征税人必须依法征税，否则就要受到法律的制裁。强制性不仅仅体现在对纳税义务人的强制征收上，还表现在对征税人征税环节的权利内容做出的强制性规定上，是国家用法律形式对征纳双方权利与义务的制约。

2. 税收的无偿性

税收的无偿性，是指国家征税后，纳税人所纳税款的所有权随之发生转移，国家对具体的纳税人既不需要直接偿还，也不付出任何形式的直接报酬。所征税款即为国家所有，归国家自主支配和使用，国家并不承担任何必须将税款等额直接返还给纳税人，或向纳税人支付任何报酬的义务。无偿性是税收的关键特征，决定了税收是筹集财政收入的主要手段，使税收成为调节经济和矫正社会分配不公的有力工具。

3. 税收的固定性

税收的强制性和无偿性特征要求税收必须具有固定性，即国家征税必须通过法律的形式，预先规定征税对象、纳税人和征税标准等征税规范，按照预定的标准征税。固定性是税收区别于其他财政收入形式的重要特征。税收的固定性包含时间上的连续性和征收比例上的限度性。

纳税人只要取得了应纳税收入或者发生了应纳税行为，就必须按照规定纳税，不得违反。同时，政府也只能按照规定的标准征税，不得随意修改。对于课税对象及每一单位课税对象的征收比例或征收数额是相对固定的，并且是以法律形式事先规定的，只能按预定标准征收，不能无限度地征收。随着社会经济条件的变化，具体的征税标准是可以改变的。国家可以修订税法，调高或调低税率，但这只是变动征收标准，而不是取消征收标准，与税收的固定性并不矛盾。

税收的三个特征是一个互相联系、缺一不可的完整的统一体。无偿性是税收分配的核心特征，强制性和固定性是对无偿性的保证和约束。税收的三个特征，是税收本质的外在表现，是不同社会制度下税收的"共性"，也是税收与其他财政收入形式相区别的标志。

1.1.3 税收的职能

1. 财政收入职能

财政收入职能又称"收入手段职能"，国家为了实现其职能，需要大量的财政资金。税收作为国家依照法律规定参与剩余产品分配的活动，承担起筹集财政收入的重要任务。没有税收，国家的职能无法实现，国家也就无法存续。税收自产生之日起，就具备了筹集财政收入的职能，并且是首要基本职能。税收一直都是政府财政收入的主要来源，大多数国家 80%以上的财政收入都是通过税收筹集的。

税收的财政职能，不仅内在于税收取得财政收入的量上，而且内在于税收取得财政收入的质的规定性上。税收的强制性、无偿性和固定性，决定了税收取得财政收入具有及时、稳定、可靠的功能，并且决定了税收在财政分配关系中的独特地位。首先，税收是财政最重要、最稳定的收入来源。税收收入不仅可靠稳定，而且不像国债收入那样需要偿还。多税种、多税目、多层次、全方位的课税制度，为国家广泛地、大量地聚集财政资金提供了条件；税收按年、月、旬，甚至按日征收，均匀入库，也有利于国家进行财力调度，满足日常财政支出。其次，税收有利于规范、明确政府与企业之间的财政分配关系。在市场经济条件下，税收应是政府参与企业利益分配的最根本、最规范的分配方式。税收分配，不仅有利于政企分开，而且也有利于企业进行公平竞争。最后，多税种、多层次的税源分布，有利于各级政府之间的财源分享，如今分税制已成为世界通行的财政管理体制模式。

2. 调节职能

国家向纳税人征税，把一部分社会产品转归国家所有，客观上必然会改变社会产品在各种纳税人之间的原有分配状况，必然对纳税人的资金流向、生产结构、消费结构、生产关系结构等方面产生一定的影响，税收对经济生活的这种影响，就是税收的调节经济职能，其具体表现为资源配置、稳定经济和收入分配三项基本经济职能。

（1）资源配置职能

自由放任的市场机制存在着内在缺陷。经济中的市场失灵现象，如公共产品的外部性、风险与不确定性、收入再分配以及失业和通货膨胀等一些问题，要求政府干预经济。政府干预经济的方式很多，如产权界定、国有化、管制、税收等都是可供选择的干预方式，其中，税收是主要的调控手段。

① 税收改进资源配置效率。

在经济处于资源的最优配置状态时，征税引起的资源重新配置导致效率损失。即在经济处于完全竞争，并没有外部因素的影响时，征税将导致效率损失。然而，在经济没有处于资源的最优配置状态时，征税引起的资源重新配置有可能改善配置效率。主要表现在以下几个方面。

第一，税收与外部经济性商品。外部经济性商品，可分为外部成本商品和外部收益商品。外部成本商品的外部成本是相对于内在成本而言的，是在私人成本中没有得到反映的成本，或者是私人成本和社会成本之间的差额。如企业污染就是没有计入企业成本，无需由企业负担补偿，却给社会带来损害的外部成本。对产生外部成本的商品征税可以增进社会福利，提高资源配置效率。

商品存在外部收益时，按企业内部收益计算的产出必然小于按社会收益计算的产出，按企业内部收益计算的商品价格也低于按社会收益计算的商品价格。政府如果对产生外部收益的商品进行减税或给予财政补贴，那么，相当于增加企业的边际外部收益，这也可以使企业达到按社会收益计算的产出进行生产，增加社会福利。

第二，税收与社会有益（有害）商品。有益商品应受到社会鼓励，而有害商品应受到社会限制。从政府角度来讲，除了在法律上予以规范，也可以通过对有益商品给予减税或财政补贴，对有害商品提高税率，从而鼓励有益商品发展，限制有害商品发展。

② 税收中性与资源配置效率。

税收中性是指税收应采取不偏不倚的姿态，不干预市场经济的决策，使超额负担极小化。在市场对经济资源配置有效的情况下，税收的干预必然会使资源配置偏离有效的配置状态，导致效率损失，因此税收的目标应是选择中性税收，以取得税收收入为目的，减少税收对经济的干预，减少效率损失。由于效率损失以超额负担的大小为依据，因此减少效率损失也就是使超额负担极小化。税收征收一方面导致效率损失，另一方面又起到改善资源配置效率的作用。从效率出发，税收的目标是在市场对经济资源配置有效的情况下，保持税收中性，以减少效率损失；在市场对经济资源配置低效或无效的情况下，强化税收杠杆作用，提高资源配置效率。

（2）稳定经济职能

税收作为经济杠杆，通过增税与减免税等手段来影响社会成员的经济利益，引导企业、个人的经济行为，对资源配置和社会经济发展产生影响，从而达到调控宏观经济运行的目的。政府运用税收手段，既可以调节宏观经济总量，也可以调节经济结构。当经济增长过快、过热，出现通货膨胀时，政府通过提高宏观税负，实施紧缩的税收政策，控制物价上涨水平，促进经济稳步增长；反之，当经济出现衰退，失业率过高时，政府可以通过各种减税措施实施扩张性税收政策，刺激经济的发展，扩大就业。

（3）收入分配职能

税收的分配职能是指政府通过税收措施，缩小市场基础上的收入和财富分配差距，让富人比穷人承担更多的税负，如对直接税实行累进税率，税率随着财富或收入的增长而相应提高，这就意味着穷人的税负应轻于富人，从而缩小贫富差距。对间接税而言，累进性是通过对消费支出结构进行调整的税收措施来实现的。如对奢侈品征收重税，使奢侈品的税负高于必需品的税负，从而缓解贫富悬殊。

1.2 税法的内涵

1.2.1 税法的含义

税收与法密不可分，有税必有法，无法不成税。税法是一系列税收法律规范的总称，这些法律规范的制定主体是国家，制定的目的是用来调整国家与纳税人之间在征纳税方面的权利及义务。税法与税收密不可分，税法是税收的法律表现形式，税收则是税法所确定的具体内容。

税法是国家和纳税人依法征税、依法纳税的行为准则,其目的是保障国家利益和纳税人的合法权益,维护正常的税收秩序,保证国家的财政收入。

税收的无偿性和强制性特点决定了税法从法律性质上归属于义务性法规,即一切满足税收要素的纳税人,均应根据税法缴纳税款。税法的义务性法规属性表现在它是以规定纳税人的义务为主,但这并不是说税法没有规定纳税人的权利,而是指纳税人的权利是建立在其正常履行纳税义务的基础上。税收法律关系的复杂性决定了税法的综合性特点,即税收法律是由一系列单行税收法律法规及行政规章制度组成的体系。这些税收法律规范涵盖了课税的基本原则、征纳双方的权利和义务、税收管理规则、法律责任、解决税务争议的法律规范等。

总之,就本质上说,税法是正确处理国家与纳税人之间因税收而产生的税收法律关系和社会关系的法律,既要保证国家税收收入,也要保护纳税人的合法权利,两者缺一不可。

1.2.2 税收法律的关系

税收法律关系是税法所确认和调整的国家与纳税人之间、国家与国家之间以及各级政府在税收分配过程中形成的权利与义务关系。它同其他法律关系一样,是由税收法律关系的主体、客体和税收法律关系的内容构成的。

1. 税收法律关系的主体

税收法律关系的主体是指税收法律关系的参加者,即享有权利和承担义务的当事人。在我国,税收法律关系的主体包括征税方和纳税主体。前者是代表国家行使征税职责的国家行政机关,包括国家各级税务机关、海关、财政机关;后者以法人、自然人、其他组织为主,辅之以在我国的外国企业、组织、外籍人、无国籍人等。税收法律关系中,具有征纳双方法律地位平等,权利和义务不对等的特征,这主要是因为征纳双方是管理者与被管理者的关系。

2. 税收法律关系的客体

税收法律关系的客体是税收法律关系的主体的权利和义务共同指向的对象,即征税对象。例如,所得税的客体是经营所得和其他所得,财产税的客体是各类型的财产。当前,我国税收法律关系的客体主要有五类:销售(劳务)收入、生产经营(其他)所得、财产、行为和资源。国家通过扩大和缩小征税范围来调整征税对象,鼓励或抑制某些行业的发展,从而发挥税收杠杆的调整功能。

3. 税收法律关系的内容

税收法律关系的内容是税收法律关系的主体所享有的权利和所承担的义务,是税法的灵魂。征税方的税务机关拥有依法征税、进行税务检查和对违章者进行处罚的权利;应该履行进行纳税宣传、咨询和辅导、税款及时解缴国库、依法受理纳税义务人对税收争议的申诉等方面的义务。所有的纳税主体都拥有多缴税款的申请退还、延期纳税权、依法申请减免税权、申请复议和提起诉讼等权利;应该履行按税法规定办理税务登记、进行纳税申报、接受税务机关检查、依法缴纳税款等义务。征纳双方若违反了这些规定,应当承担相应的法律责任。

1.2.3 税法原则

税法所遵循的原则是税收法律制度建立的基础,主要包括税法基本原则和税法适用原则。

1. 税法基本原则

税法基本原则是所有税收规范的根本准则，它是为立法、执法、司法在内的一切税收活动所应该遵守的原则。税收法定主义起源于早期的英国，当时王室征税十分随意，会因为财政支出的不足，随时增加税收，这引发了社会矛盾，民众要求必须明确课税权。13 世纪，英国颁布了《大宪章》，明确了课税权。党的十八届三中全会审议通过的《中共中央关于全面深化改革重大问题的决定》中提出了"落实税收法定原则"。税法基本原则有法定原则、公平原则、效率原则和实质课税原则，其中的法定原则是税法基本原则的核心。

税收法定原则是指税法主体的权利义务必须由法律加以规定，税法的各类构成要素必须由法律予以明确，只有法律上得到保证，国家才能课税，公民才有义务履行纳税。税收法定主义贯穿税收立法和执法的全部领域。对纳税人、课税对象、课税标准等税法相关要素，以法律形式做出规定的，称为税收要件法定原则。税务合法性原则是指税务机关按法定程序依法征税，不能随意减征、停征或免征，无法律依据不征税。

税收公平原则包括税收横向公平和税收纵向公平原则，即纳税能力决定了税收负担，负担能力相等，税负相同；负担能力不等，税负不同。

税收效率原则包括两方面，一是经济效率，即要求税法的制定要有利于社会资源的有效配置和经济体制的有效运行；二是行政效率，即要求节约税收成本以提高税收行政效率。

实质课税原则指根据客观事实确定是否符合课税要件，并且根据纳税人的真实负担能力决定纳税人的税负水平。

2. 税法适用原则

税法适用原则是税务行政机关和司法机关在使用税收法律规范解决税收具体问题时所遵循的原则，它是更为具体的税法原则。

原则一：层次高的法律优于层次低的法律。该原则又称为法律优位原则，是指行政立法不得抵触法律原则，即法律的效力高于行政立法的效力，主要体现在处理不同等级税法的关系上。我们还可以总结为效力低的税法与效力高的税法发生冲突时，效力低的税法是无效的。

原则二：新法优于旧法。该原则又称为后法优于先法原则，是指新法、旧法对同一事项有不同规定时，新法的效力优于旧法，主要作用是避免因法律修订而可能引发的法律适用的混乱。

原则三：特别法优于普通法。该原则是指对同一事项两部法律分别定有一般和特别规定时，按照特别法执行，即特别法的效力要高于一般法的效力。特别法优于普通法原则，打破了税法效力等级的限制，即基于特别法地位级别较低的税法，其效力可以高于作为普通法的级别较高的税法。

原则四：法律不溯及既往原则。该原则属于法律程序技术原则，是指一部新法实施后，对新法实施之前人们的行为不得适用新法，而是沿用旧法。该原则的作用是维护税法的稳定性，为纳税人能够在了解纳税结果的前提下，做出合适的行为决策。

原则五：实体法从旧，程序法从新原则。该原则一方面确定了实体法不具备溯及力，即在纳税义务明确时，以纳税义务发生时的税法规定为准；另一方面明确了程序性税法在特定条件下是具备溯及力的，即在一项新税法公布实施之前发生的纳税义务在新税法公布实施之后进入税款征收程序的，原则上新税法具有约束力。

原则六：程序法优于实体法。该原则的作用是保证国家课税权的实现，即在诉讼发生时税收程序法优于税收实体法，税收争议的处理应当在依法纳税后再进行复议。这一原则是为了保证国家课税权的实现，不因争议的发生影响税款的及时和足额入库。

1.2.4　税法与其他法律的关系

税法是我国法律体系的重要组成部分。在税收征纳过程中，税法除了在实体法、程序法等法律规范中做出的直接规定外，还会援引一些其他法律。明晰税法与其他法律间的关系，有利于解决掌握税法适用范围。

1. 税法与宪法的关系

宪法是现代社会中具有最高法律效力的法律，是立法的基础，是制定所有法律法规的依据。税法是国家法律的组成部分，税法的制定要服从宪法，依据宪法原则制定。我国《宪法》第五十六条规定：“中华人民共和国公民有依照法律纳税的义务。”这条规定是立法机关制定税法，并依据税法向公民征税，而公民必须依照税法纳税的最直接法律依据。

2. 税法与民法的关系

税法与民法之间既有联系又有区别。民法是调整平等主体之间（公民之间、法人之间、公民与法人之间）财产关系和人身关系的法律。民法调整方法的主要特点是平等、等价和有偿。税法是调整国家与纳税人之间征纳关系的法律规范的总称。税法的调整要采用命令和服从的方法。

当税法某些规范和民法相同时，税法一般引用民法的条款。例如，房产税中有关房屋产权的认定，在民法中已经做出规定，税法就不再另行界定。但是税收征纳关系一般应以税法的规范为准则。例如，关联企业之间为了达到少缴税的目的，常常会以非正常价格（高进低出方式）进行商业交易，转而再通过其他方式获得利益补偿。这种做法虽然符合民法中的民事活动原则，但是违反了税法的规定，在确定纳税义务时就应该按照税法的规定对该类交易的法律属性进行调整。

3. 税法与刑法的关系

刑法是关于犯罪、刑事责任与刑罚的法律规范的总和。税法是调整税收征纳关系的法律规范，二者调整的范围不同。例如，《中华人民共和国刑法》（以下简称《刑法》）第二百零一条规定：“纳税人采取欺骗、隐瞒手段进行虚假纳税申报或者不申报，逃避缴纳税款数额较大并且占应纳税额百分之十以上的，处三年以下有期徒刑或者拘役，并处罚金；数额巨大并且占应纳税额百分之三十以上的，处三年以上七年以下有期徒刑，并处罚金。”《中华人民共和国税收征收管理法》第六十三条规定：“纳税人伪造、变造、隐匿、擅自销毁账簿、记账凭证，或者在账簿上多列支出或者不列、少列收入，或者经税务机关通知申报而拒不申报或者进行虚假的纳税申报，不缴或者少缴应纳税款的，是偷税。对纳税人偷税的，由税务机关追缴其不缴或者少缴的税款、滞纳金，并处不缴或者少缴的税款百分之五十以上五倍以下的罚款；构成犯罪的，依法追究刑事责任。”违反税法，并不一定就是犯罪。违反程度较重，情节严重，构成犯罪的，要追究刑事责任；情节轻者，给予行政处罚。《刑法》中有关涉税犯罪的规定，是税法顺利执行的有利保证。

4. 税法与行政法的关系

税法具有经济分配的性质，并且经济利益由纳税人向国家无偿单方面转移，这是一般行政法所不具备的。行政法大多为授权法，但税法是一种义务性法规。

1.3　税法要素

税法要素是指各类单行税法具有的共同的基本要素的总称。一般包括纳税义务人、征税对象、税率、纳税环节、纳税期限、纳税地点、减税免税等。

1.3.1 纳税义务人

纳税义务人，又称"纳税人"，是税法规定的直接负有纳税义务的自然人或法人。纳税义务人是税法构成的最基本要素之一，是缴纳税款的主体。

任何税种都必须有纳税人，并且每个人都直接或间接地与纳税行为发生着联系。例如，当前我国增值税的纳税人为在中华人民共和国境内销售货物、提供应税劳务、提供应税服务以及进口货物的单位和个人；印花税的纳税人是在我国境内书立、领受、使用印花税征税范围所列凭证的单位和个人。

1. 纳税义务人的分类

纳税义务人的范围很广，包括依法负有纳税义务的自然人和法人。

（1）自然人

这里的自然人是基于自然规律出生的，有民事权利和义务的主体，包括本国公民、外国人、无国籍人，我国的个体工商户在税法上视为自然人。

（2）法人

这里的法人是基于法律规定享有权利能力和行为能力，具有独立的财产和经费，依法独立承担民事责任的社会组织。作为纳税人的法人，主要有四类：机关法人、事业法人、企业法人和社团法人。

2. 纳税义务人相关概念

（1）负税人

纳税人是法律上的纳税主体，而负税人则是经济上的纳税主体。纳税人在向国家缴纳税款之后，其缴纳的税款可能由纳税人直接负担，也可能通过税负转嫁由他人负担，即纳税人与负税人有时是一致的，有时则是不一致的。

二者之间的区别主要表现如下。首先，二者的内涵不同。纳税人是税法规定直接负有纳税义务的单位和个人；负税人是最终承担税款的单位和个人。其次，二者在税法中的地位不同。纳税人是承担纳税义务的法律主体；负税人是承担纳税义务的经济主体。

负税人与纳税人的联系表现为，当纳税人自己负担税款时，纳税人即负税人；纳税人将税款转嫁给他人时，则不是负税人。每一个公民不一定都是直接纳税人，但人人都是负税人，都为国家财政收入做出了贡献。

（2）代扣代缴义务人

代扣代缴义务人（扣缴义务人）是指依法负有代扣代缴税款义务的单位和个人。扣缴义务人直接负有税款的扣缴义务，应当按照规定代扣税款，并按期、足额地缴库。对不履行扣缴义务的，除限令其缴纳应扣的税款外，还要加收滞纳金或罚款。对税法规定的扣缴义务人，税务机关应向其颁发代扣代缴证书，并付给扣缴义务人代扣代缴手续费。一般在收入零星、税源分散的情况下，税法上明确规定扣缴义务人，以加强对税收源泉的控制，从而达到防止偷税、简化纳税手续、确保国家财政收入的目的。

（3）代收代缴义务人

代收代缴义务人是指虽不承担纳税义务，但按照有关税收法律规范的规定，在向纳税人收取（提供）商品或劳务收入时，有义务代收代缴其应纳税款的单位和个人。例如，我国消费税条例规定，委托加工的应税消费品，由受托方在向委托方交货时代收代缴委托方应纳的消费税。

1.3.2 征税对象

1. 征税对象的含义

征税对象又称课税对象，指税法规定的征税目的物，表明国家对什么征税。每一种税都必须明确规定对什么征税，征税对象体现了税收范围的广度；同时征税对象是一种税区别于另一种税的主要标志，是税收制度的核心要素。

2. 征税对象的类型

征税对象规定了征税与否的最基本界限，是国家征税的依据。凡是列入某一税种的征税对象，就属于该税种的征收范围，就要征税；没有列入征税对象的，就不属于征收范围。

征税对象会随着社会生产力的发展而变化。自然经济社会，土地和人口是主要的征税对象。商品经济社会，货物与劳务、所得、财产、资源、特定目的或行为等成为主要的征税对象。

3. 征税对象相关概念

（1）税目

税目是征税对象的具体化，反映征税的具体范围。税目的作用，一是明确征税范围；二是解决对课税对象的分类。并不是所有税种都需要设置税目，例如，房产税没有设置具体税目，而像消费税、资源税等都设置有具体税目。

（2）计税依据

计税依据是计算税额的直接数量依据，它解决对征税对象课税的计算问题。目前，计税依据按照计量单位的性质划分，主要有价值形态和物理形态两种。销售收入、劳务收入、营业收入和应税所得额属于计税依据为价值形态，例如，销售化妆品应纳消费税额是由销售化妆品取得的销售收入为计税依据，再乘以化妆品的消费税税率得到应纳消费税额。我们把这种以价值形态为计税依据的征税，称为从价计征。面积、体积、重量、容积属于计税依据为物理形态，例如，城镇土地使用税是以占用土地面积乘以单位税额计算出应纳税额。我们把这种以物理形态为计税依据的征税，称为从量计征。

（3）税源

税源是指税收的经济来源或最终出处，不同税种有不同的经济来源。有些税种的征税对象与税源是一致的，如所得税的征税对象和税源都是纳税人的所得。有些税种的征税对象与税源并不一致，如财产税，其课征对象是纳税人的财产，而税源则是纳税人的收入。

1.3.3 税率

税率是课税的尺度，它是应纳税额与征税对象之间的数量关系或比例关系。税率反映着税收的深度，体现着国家的税收政策，是税制建设的重要环节。在课税对象和税基既定的条件下，税率的高低直接关系到国家财政收入的多少和纳税人的负担。

税率有三种类型：比例税率、定额税率和累进税率。

1. 比例税率

比例税率是对同一课税对象，不论其数额大小，统一按同一比例征税。比例税率是税负横向公平的重要体现。比例税率的优点在于：第一，同一课税对象的不同纳税人税收负担相同，能够鼓励先进，鞭策落后，有利于公平竞争；第二，应纳税额计算简便，有利于税收的征收管理。比例税率的局限性在于不能体现对能力大者多征、对能力小者少征的原则。

比例税率主要有以下几种形式。

（1）行业比例税率，指按不同行业规定不同的税率，同一行业采用同一税率。例如，目前我国交通运输业的增值税税率是 10%，金融保险业是 6%。

（2）产品比例税率，指对不同产品规定不同税率，同一产品采用同一税率。实际课税过程中，即按照产品大类或者品种分别设计税率。如我国现行消费税，分别对烟、酒及酒精、化妆品、贵重首饰及珠宝玉石、鞭炮焰火、汽车轮胎、摩托车、小汽车等多种产品分别规定了不同的比例税率。

（3）地区差别比例税率，对不同地区实行不同税率。地区差别比例税率对同一征税对象按照其所在地区分别设计税率，地区差别比例税率具有调节地区之间级差收入的作用。目前，我国城市维护建设税就是采用这种税率。

（4）幅度比例税率，即中央政府只规定一个幅度税率，各地可在此幅度内，根据本地区实际情况，选择并确定一个比例作为本地适用税率。如我国的契税实行 3%～5% 的幅度比例税率，各省、自治区、直辖市在上述幅度内确定具体适用税率。

2. 定额税率

定额税率是指按征税对象的实物计量单位直接规定的税额，采用从量计征的方法征收。定额税率由计税依据的计量单位和每个计量单位的应纳税额两个要素构成。计税依据的计量单位可以是自然单位，如煤炭按吨计，汽车按辆计；也可以是复合单位，如天然气按千立方米计。

定额税率主要有以下几种形式。

（1）地区差别定额税率，即对同一征税对象按照不同地区的具体情况规定征税数额。

（2）分类分级定额税率，即把征税对象按照一定的标准分为类、项或者级别，然后按照不同的类、项或者级别分别规定征税数额。

（3）幅度定额税率，即在统一规定的定额税率幅度以内根据征税对象的具体情况确定其适用的定额税率。

3. 累进税率

累进税率是指征收比例随着计税依据数额增加而逐级提高的税率，即根据计税依据的数额或者相对比例设置若干等级，分别适用由低到高的不同税率。累进税率能够较好地体现纳税人的税负水平与负税能力相适应的原则，可以更有效地调节纳税人的收入、财产。

累进税率

按照税率的累进依据，累进税率可以分为"额累"和"率累"两类。所谓"额累"是指按照计税依据数量的绝对额分级累进等级，如个人所得税通常随着应纳税所得额的增加分级累进。"率累"是指按照与计税依据有关的某一比率分级累进，如土地增值税随着房地产增值比率的增加分级累进。具体形式如下。

（1）全额累进税率

全额累进税率是指按照计税依据的全部数额累进征税，将计税依据（如所得税的应纳税所得额）分为若干个不同的征税等级，相应规定若干个由低到高的不同适用税率，当计税依据数额由一个征税等级上升到另一个较高的征税等级时，全部计税依据都要按照上升以后的征税等级的适用税率计算征税。

（2）超额累进税率

超额累进税率是指按照计税依据的不同部分分别累进征税，将计税依据分为若干个不同的征税等级，相应规定若干个由低到高的不同适用税率，当计税依据数额由一个征税等级上升到另一个较高的征税等级时，仅就达到上一级距的部分按照上升以后的征税级距的适用税率计算征税。这种税率通常用于个人所得税、财产税、遗产税等税种。我国个人所得税就采用这种税率。

（3）超率累进税率

超率累进税率是按照计税依据的相对比例划分征税级距的累进税率，将计税依据的相对比例分为若干个不同的征税等级，相应规定若干个由低到高的不同的适用税率，当计税依据的相对比例由一个征税等级上升到另一个较高的征税等级时，仅就达到上一级距的部分相对应的计税依据按照上升以后的征税级距的适用税率计算征税。我国的土地增值税适用此税率。

4. 税率相关概念

加成和附加是与税率相关的两个概念。加成是按应纳税额再增加征收一定成数税额的规定。加征一成就是增加税额的 10%，加征十成就是增加 100%，即加征一倍的税额。附加是按税法规定税率计征税额时，再附加征收一定比例税额的规定。

1.3.4 纳税环节

纳税环节是指在征税对象从生产到消费的流转过程中应当缴纳税款的环节。广义的纳税环节指全部征税对象在再生产中的分布状况。如资源税分布在资源生产环节，所得税分布在分配环节。狭义的纳税环节仅指商品在流转过程中应纳税的环节。

按照纳税环节的多少，税收课征制度可划分为一次课征制和多次课征制。一次课征制是指同一税种在商品流转的全过程中只选择某一环节课征的制度，是纳税环节的一种具体形式。实行一次课征制，纳税环节多选择在商品流转的必经环节和税源比较集中的环节，以便既避免重复课征，又避免税款流失。多次课征制是指同一税种在商品流转全过程选择两个或两个以上环节课征的制度。

1.3.5 纳税期限

1. 纳税期限的含义

纳税期限是指纳税人按照税法规定缴纳税款的期限，具体是指负有纳税义务的纳税人、扣缴义务人发生纳税义务或者扣缴义务后，向国家缴纳税款或解缴税款的期限。它是税收强制性、固定性在时间上的体现。

不同性质的税种以及不同情况的纳税人的纳税期限可能不相同，这主要是由税种的性质、应纳税额的大小、交通条件等因素不同造成的。

2. 纳税期限的类型

我国现行税制的纳税期限有以下几种形式。

（1）按期纳税。例如，增值税的纳税期限为 1 日、3 日、5 日、10 日、15 日、1 个月。纳税人的具体纳税期限，由主管税务机关根据纳税人应纳税额的大小分别核定；不能按照固定期限纳税的，可以按次纳税。

（2）按次纳税。即根据纳税人从事生产经营活动的次数作为纳税计算期，适用于不常发生的个人劳务收入、一些营业收入等。

（3）按年计征，分期预缴。即按规定的期限预缴税款，年度结束后汇算清缴，多退少补。例如，企业所得税，按年计算，分月或者分季预缴。纳税人应于月份或者季度终了后十五日内预缴，年度终了后五个月内汇算清缴，多退少补。

1.3.6　纳税地点

纳税地点是纳税人（包括代征、代扣代缴义务人）申报缴纳税款的地点。国家规定纳税人申报纳税的地点，既有利于税务机关实施税源征管，防止税收流失，又便于纳税人缴纳税款。

不同税种的纳税地点有所不同，主要有以下几种类型。①就地纳税，即纳税人向自己所在地的主管税务机关纳税。②经营业行为所在地纳税，即纳税人离开主管税务机关管辖的所在地，向营业行为所在地税务机关纳税。这主要适用于跨地区经营和临时经营的纳税人。③集中纳税，即对少数实行统一核算的生产经营单位，由主管部门直接纳税。④口岸纳税，即缴纳进出口环节税的纳税人向进出口口岸地海关纳税。

1.3.7　减税免税

减税免税是对某些纳税人和征税对象采取减少征税或者免予征税的特殊规定。其中，减税是对应纳税额少征一部分税款；免税则是对应纳税额全部予以免征。这样做的目的是发挥税收的奖励、限制作用及照顾某些纳税人的特殊情况。

起征点和免征额是与减免税相关的概念。起征点，是指税法规定的征税对象达到征税数额开始征税的界限。征税对象数额未达到起征点的不征税，达到或超过起征点的按其全部数额征税，而不是仅就超过部分征税。免征额，是指征税对象中免予征税的数额。它按一定标准从征税对象总额中减除，免征额部分不征税，只对超过免征额的部分征税。

1.3.8　违章处理

违章处理是对纳税人违反税法行为的处理。违章处理是税收强制性在税收制度中的体现，对维护国家税法的强制性和严肃税收纪律有着重要的意义。

纳税人的违章行为包括以下三种：

① 偷税，即纳税人有意识地采取非法手段不缴或少缴税款的违法行为；

② 欠税，即纳税人不按规定期限缴纳税款而拖欠税款的违法行为；

③ 抗税，即纳税人对抗国家税法而拒绝纳税的严重违法行为。

对违章行为的处理，一般根据情节轻重，分别采取限期缴税、加收滞纳金、税收保全措施直至追究刑事责任等方式进行。

1.4 税法体系

税收活动所涉及的经济活动范围广泛，因此税法的内容十分丰富，各类型单行税收法律规范结合起来，就形成了完整的税收法律体系。

1.4.1　税法分类

按照不同的划分标准，税法体系可以被划分为不同的类型。

1. 按照税法的基本内容和效力划分

按照税法的基本内容和效力划分，税法体系可划分为税收基本法和税收普通法。税收基本法又称为税收通则或税收母法。税收基本法一般包括税收制度的性质、税务管理机构、税收立法与管理权限、纳税人的基本权利与义务、征税机关的权利与义务等。我国目前还未制定税收基本法。税收普通法是根据税收基本法的原则，对税收基本法规定的事项分别立法实施的法律，如《个人所得税法》《企业所得税法》《税收征收管理法》等。

2. 按照税法的职能作用划分

按照税法的职能作用划分，税法体系可划分为税收实体法和税收程序法。税收实体法是指确定税种立法，具体规定各税种的征税对象、征税范围、税目、税率和纳税地点等，如《个人所得税法》《企业所得税法》。税收程序法是涉及税务管理方面的法律，包括税收管理法、纳税程序法、发票管理法、税务机关组织法、税务争议处理法等。目前，《税收征收管理法》属于程序法。

3. 按照税法涉及税种的不同征税对象划分

按照税法涉及税种的不同征税对象，即商品和劳务、所得额、财产、行为目的和资源，将税法分为五种类型。这种划分是税法中最重要，也是最基本的分类。

（1）商品和劳务税类

商品和劳务税类是商品生产和商品交换的产物，主要包括增值税、消费税和关税。世界各国开征的各种商品税是政府财政收入的重要来源。尽管目前一些发达国家以所得税为主体税种，但是商品和劳务税在税收体系中仍然占有重要的地位。

商品和劳务税类的主要特点如下。

第一，以商品生产、交换和提供商业性劳务为征税前提，征税范围较为广泛，税源比较充足。

第二，以商品流转额和非商品流转额为计税依据，可以保证国家能够及时、稳定、可靠地取得财政收入。商品流转额是指在商品流转中因销售或购进商品而发生的货币收入或支出金额；非商品流转额是指各种劳务或服务性业务的收入金额。

第三，在从价征税的情况下，税收与价格密切相关，便于国家通过征税实现产业政策和消费政策；在计算征收上较为简便易行，也容易为纳税人所接受。

（2）所得税类

所得税税类是以纳税人的各种所得额为课税对象的一类税，主要包括企业所得税、个人所得税等税法。所得税的主要特点：一是其征税对象是所得额，计税依据是扣除了各项成本、费用开支之后的净所得额；二是所得税计税依据的确定较为复杂，税收管理成本较高；三是一般比例税率与累进税率并用，较能体现税收公平原则；四是税负具有直接性。

（3）财产税类

财产税主要是指以纳税人所拥有或支配的财产数量或价值额为课税对象的一类税。我国目前主要是房产税。

财产税的课税对象是财产的存量，这是财产税与其他税种相区别的根本之处。首先，从形式上看，财产税与所得税都是对收入的征税，但不同的是财产税的课税对象是收入的累积，即财产的存量；而所得税的课税对象是收入的流量。其次，与商品税相对比，财产税与商品税的课税对象都是商品，但财产税的课税对象是未处于流通之中的商品，也即财产的存量，其课征是定期发生的；而商品税的课税对象是流通中的商品，是财产的流量，其课征仅于流通时发生。

在财产的存续期间，财产税通常是多次和反复课征的。征收财产税，可以调节财产所有人的收入，缩小贫富差距，还可以增加财政收入。

（4）行为目的税类

行为目的税类是指以纳税人的某些特定行为，或某种特定目的为课税对象的一类税，主要包括印花税、城市维护建设税、烟叶税等。征收行为目的税是为了达到某种特定的目的，对某些行为加以特别鼓励或特别限制。

行为税的特点表现为：第一，具有较强的灵活性。当某些行为的调节已达到预定目的时即可取消。第二，收入的不稳定性。其往往具有临时性和偶然性，收入不稳定。第三，调节及时。能有效地配合国家政治经济政策，"寓禁于征"，有利于引导人们的行为方向，可弥补其他税种调节的不足。

（5）资源税类

资源税是以各类应税资源的绝对收益和级差收益为课税对象，现行资源税主要有资源税、城镇土地使用税。资源税只对特定资源征税，具有受益税性质。征收资源税的目的主要是促进自然资源的合理开发和有效利用，杜绝和限制自然资源的严重浪费。此外，资源税在一定程度上可以调节级差收入，促使企业平等竞争，增加国家财政收入。

按照以上五类征税对象的不同，对应着五种类型的税法。即商品和劳务税税法，所得税税法，财产和行为税税法（包括房产税、印花税等税法），资源税税法（包括资源税和城镇土地使用税等税法），特定目的税税法（包括城市维护建设、烟叶税法等）。

1.4.2　我国现行税法体系

我国现行税法体系主要由五类税种的实体税法及相关程序法构成。从我国税制结构现状分析，商品和劳务税占主导地位，是主体税，所得税也占重要地位，其他税是辅助税。税制结构的模式要根据经济社会的发展变化趋势，对主体税种、税率的组合和配置方式进行调整。从我国市场经济改革和发展趋势分析，在较长一段时期内，我国税种结构应选择流转税和所得税并重，税种之间合理配置，整体功能优化的模式。

随着改革的深化，我国税制经历了几次较大的变革，其中，1994年的税制改革可以说是一场"革命性"的税制改革，奠定了目前我国的税制结构。改革之后的我国税制，初步实现了税制的简化、规范和高效的统一。目前，我国共设置18个税种，如图1-1所示。

在现行税种中，除企业所得税、个人所得税、车船税、环境保护税等税种设置是以国家法律的形式发布实施以外，其他各税种都是经全国人大或人大常委会授权立法，由国务院以暂行条例的形式发布实施的。授权立法具有国家法律的性质和地位，它的法律效力高于行政法规。

国务院是最高的国家行政机关，拥有广泛的行政立法权，《企业所得税实施条例》《税收征收管理法实施细则》等都是税收行政法规。税收行政法规在法律形式中低于宪法、法律，高于地方法规、部门规章、地方规章。

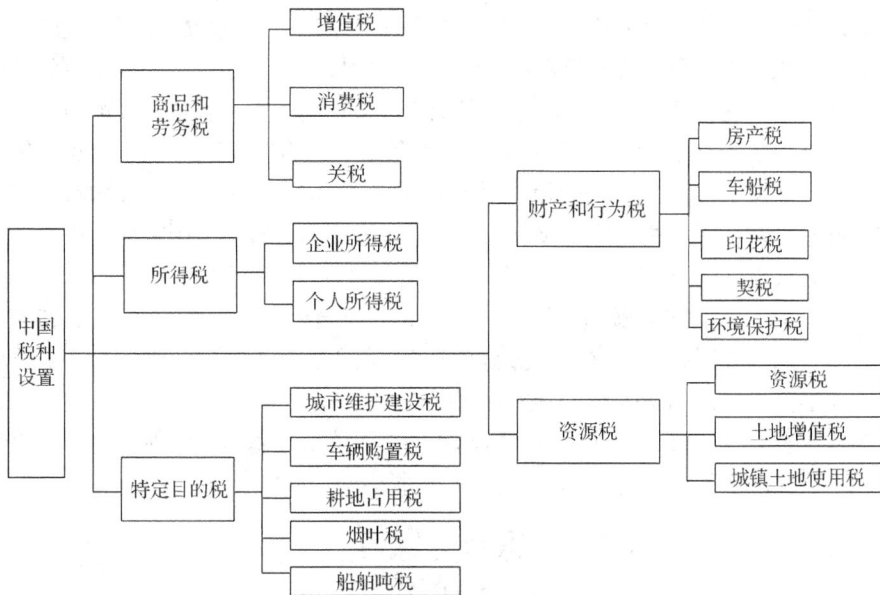

图 1-1 我国现行税种设置

我国在税收立法上坚持"统一税法"的原则，因此地方权力机关制定税收地方法规不是无限制的，而是要严格按照税收法律的授权行事。目前，除了民族自治地区和海南省按照全国人大授权立法的规定，在遵循宪法、法律和行政法规的原则基础上，可以制定有关税收的地方性法规外，其他省、直辖市一般都无权制定税收地方性法规。

税收部门规章由财政部、国家税务总局及海关总署制定，主要包括对有关税收法律、法规的具体解释和税收征收管理的具体规定、办法等，税收部门规章在全国范围内具有普遍适用效力，但是不得与税收法律、行政法规相抵触。《增值税暂行条例实施细则》《税务代理试行办法》等都属于税收部门规章。

省、自治区、直辖市以及省、自治区的人民政府所在地的市和国务院批准的较大的市的人民政府，按照"统一税法"的原则，在税收法律、法规明确授权的前提下制定地方税收规章。例如，国务院发布实施的城市维护建设税、房产税等地方性暂行条例，都规定了省、自治区、直辖市人民政府可根据条例制定实施细则。

以上这些法律、法规共同组成了我国的税收法律体系。从广义概念上来说，税法包括所有调整税收关系的法律、法规、规章和规范性文件，是税法体系的总称；从狭义概念上来说，税法指由全国人民代表大会及其常务委员会制定和颁布的税收法律。由于制定税收法律、法规和规章的机关不同，法律级次不同，法律效力也自然不同。

1.4.3 税收执法

税法的执行即税法的实施，在税法实施过程中，税务机关及税务人员要正确运用税收法律，公民、法人、社会团体及其他组织要严格遵守法律。税收执法权和行政管理权是国家赋予税务机关的基本权利，税法执法权包括税款征收管理权、税务检查权、税务稽查权、税务行政复议裁决权及其他税务管理权。

根据我国经济和社会发展，税务机构设置是中央政府设立国家税务总局，省级和省以下税务机构建立地方税务系统；海关总署及下属机构负责关税征收管理和受托征收进出口增值税、消费税等。近年来，国税和地税部门在便利纳税人方面做了很多工作，但两套税务机构分设给纳税人还是带来了一些不便。因此，改革国税地税征管体制成为税收执法改革的重点，这不仅可以从根本上降低制度性交易成本，对提高税收征管效率也将发挥积极作用。2018 年中共中央办公厅、国务院办公厅印发了《国税地税征管体制改革方案》，明确了省级和省级以下国税地税进行合并，并划转社会保险费和非税收入征管职责。省级和省级以下国税地税机构合并后，将具体承担所辖区域内各项税收、非税收入征管等职责。按照《政府非税收入管理办法》，中国的非税收入具体包括：①行政事业性收费收入；②政府性基金收入；③罚没收入；④国有资源（资产）有偿使用收入；⑤国有资本收益；⑥彩票公益金收入；⑦特许权经营收入；⑧中央银行收入；⑨以政府名义接受的捐赠收入；⑩主管部门集中收入；⑪政府收入的利息收入；⑫其他非税收入。为提高社会保险资金征管效率，将基本养老保险费、基本医疗保险费、失业保险费等各项社会保险费交由税务部门统一征收。

思考与练习

辨析题

1. 税收是政府取得财政收入的一种最重要的形式。（　　）

2. 税法是一系列税收法律规范的总称，用来调整国家与纳税人之间在征纳税方面的权利及义务。（　　）

3. 目前，我国是以商品税为主体的税制结构。（　　）

4. 税收法律关系的主体是征税方。（　　）

5. 我国《宪法》明确规定"中华人民共和国公民有依照法律纳税的义务"。（　　）

6. 纳税人必须在缴纳有争议的税款后，税务行政复议机关才能受理纳税人的复议申请。这体现了"实体法从旧，程序法从新"的税法适用原则。（　　）

7. 每一个公民不一定都是直接纳税人，但人人都是负税人。（　　）

8. 按照税法职能和作用的不同，税法可分为税收实体法和程序法。（　　）

9. 目前，我国税收实体法均由全国人民代表大会及其常委会发布，都属于税收法律级次。（　　）

10. 纳税环节中，多次课征制是指同一税种在商品流转全过程中选择两个或两个以上环节课征的制度。（　　）

第2章

增值税

增值税是对在我国境内销售货物、提供加工和修理修配劳务、销售服务、无形资产及不动产以及进口货物的企业、单位和个人，就其销售货物、提供应税劳务、发生应税行为的增值额和货物进口金额为计税依据征收的一种商品和劳务税。增值税以流通环节产生的增值额为课税对象，避免了传统流转税以销售额为课税对象从而导致重复征税的缺点，因此，世界上许多国家都选择开征增值税，增值税成为主体税种。1979 年我国在部分城市实行了增值税的试点，1984 年国务院正式发布了《中华人民共和国增值税条例草案》。1994 年的税制改革确立了增值税在流转税中的地位，并对增值税进行了重新构造，明确了增值税的货物和劳务征收征税范围。2009 年在全国范围内成功实施了增值税由生产型向消费型的转变。2011 年年底我国在上海试点营业税改征增值税，并将试点范围逐步扩展至全国，2016 年 5 月 1 日起，在全国范围内全面推开"营改增"试点。

我国现行增值税的基本规范是 2017 年 11 月国务院公布的《中华人民共和国增值税暂行条例》，2016 年 3 月发布的《关于全面推开营业税改征增值税试点的通知》。以及 2008 年公布的《中华人民共和国增值税暂行条例实施细则》。

2.1 税种设置

2.1.1 增值税概述

增值税这一概念于 1954 年首先由法国提出，作为流转税中的一种，增值税的征税对象是增值额。所谓的增值额是商品（包括应税劳务和应税服务）在生产经营过程中新创造的那部分价值，理论上对这部分价值的界定为货物或劳务及服务价值中 V＋M 的部分。其中 V 为劳动力的补偿价值，M 是剩余价值。

增值税克服了传统流转税的重复性征税弊端，具有以下特点。

1. 以增值额为课税对象

增值税的征税对象是增值额，尽管在增值额的确定方式上有一定的差别，但增值税与传统商品税最大的区别在于增值税不是以商品的销售全额为征税对象，这是增值税最基本的特点。以增值额为征税对象，可以避免按照销售额计税所造成的重复征税的问题，保持了税收的"中性"，从而使企业不会因为商品周转环节的变化而影响税负的变化，税收负担比较合理，如表 2-1 所示。

表 2-1　　　　　　　某货物销售额、增值额及计税的比较　　　　　　　　　　单位:元

税率（假设）: 10%

	销售额	增值额	按销售额计税	按增值额计税
原材料环节	500	500	50	50
产成品环节	800	300	80	30
批发环节	900	100	90	10

	销售额	增值额	按销售额计税	按增值额计税
零售环节	1 000	100	100	10
合计	—	1 000	320	100

2. 实行普遍征税，多环节征税

对于从事生产经营的单位和个人，只要在生产经营中产生了增值额，就应该缴纳相关税金，因此，征税具有广泛性。同时，一个商品不论在生产中经历一个环节还是多个环节，每个环节都要按照本环节产生的增值额大小纳税。这种普遍征税和多环节征税既发挥了传统流转税的优点，又避免了重复性征税，保证了国家的财政收入。

3. 强化税收制约

传统商品税只按销售额征税，因此各个企业的税款缴纳是独立的，没有相互之间的税收制约关系。增值税在征税方式上比较普遍地选择间接计算方法，即采用税款抵扣的方法，每一道生产流转环节的征税都取决于本环节的销售额及前一环节的销售额，特别是在实行凭发票抵扣税款的情况下，这种方法使具有购销关系的两个纳税人之间形成了一种相互牵制的关系，加强了税收制约。

2.1.2 增值税的类型

生产经营中的增值额是通过每一环节的销售额扣减在这一环节购进的各类资产来确定，包括固定资产和流动资产。增值税可划分为生产型增值税、收入型增值税和消费型增值税三种类型。三种类型的增值税在确定扣除项目时都允许扣除外购流动资产的价款，但对外购固定资产价款的扣除，各国的规定则有所不同。

1. 生产型增值税

生产型增值税，是指在计算增值额时，不允许扣除任何外购固定资产的价款，即法定的增值额包括了纳税人新创造的价值和当期计入成本的外购固定资产价款部分。这一课税基数大体相当于国民生产总值的统计口径，故称为生产型增值税。

2. 收入型增值税

收入型增值税，是指计算增值税时，对外购固定资产价款只允许扣除当期计入产品价值的折旧费部分，即法定增值额相当于当期工资、奖金、利息、租金和利润等各增值项目之和。这一课税基数相当于国民收入部分，因而称为收入型增值税。

3. 消费型增值税

消费型增值税，是指计算增值税时，允许将当期购入的固定资产价款一次性全部扣除，即法定增值额相当于纳税人当期的全部销售额扣除外购的全部生产资料价款后的余额。从整个国民经济来看，这一课税基数仅限于消费资料价值的部分，因而称为消费型增值税。

2.2

纳税义务人

2.2.1 纳税义务人的一般规定

凡在中华人民共和国境内销售货物，提供应税劳务、应税服务以及进口货物的单位和个人为增值税的纳税义务人。单位是指企业、行政单位、事业单位、军事单位、社会团体及其他单位。个人是指个体工商户和其他个人。单位以承包、承租挂靠方式经营的，承包人、承租人、挂靠人（以下统称承包人）以发包人、出租人、被挂靠人名义对外经营并由发包人承担相关法律责任的，以该发包人为纳税人。否则，以承包人为纳税人。两个或两个以上的纳税人，经财政部和国家税务总局批准可以视为同一个纳税人合并纳税。

增值税实行凭增值税专用发票抵扣税款的制度，对于增值税纳税人的会计核算是否健全，是否能够准确核算销项税额、进项税额和应纳税额有较高的要求。因此，为了严格增值税的征收管理，《增值税暂行条例》将纳税人按照经营规模与会计核算健全与否划分为一般纳税人和小规模纳税人。增值税一般纳税人资格实行登记制，符合一般纳税人条件的纳税人应当向主管税务机关办理一般纳税人资格登记。

2.2.2　增值税小规模纳税人

1．小规模纳税人的认定标准

（1）从事货物生产或提供应税劳务的纳税人，以及以从事货物生产或提供应税劳务为主，并兼营货物批发或零售的纳税人，年应税销售额在50万元以下的（含本数，下同）；这里的"以从事货物生产或提供应税劳务为主"是指纳税人的年货物生产或提供劳务的销售额占年销售额的50%以上。

（2）对上述规定以外的纳税人（不含发生应税行为的纳税人），年应税销售额在80万元以下的。

（3）年应税销售额超过小规模纳税人标准的其他个人按小规模纳税人纳税，非企业性单位、不经常发生应税行为的企业，可选择按小规模纳税人纳税。

（4）发生应税行为的纳税人年销售额未超过500万元的纳税人。

自2018年5月1日起，增值税小规模纳税人标准调整为：年应征增值税销售额500万元及以下。

2．小规模纳税人的管理

小规模纳税人实行简易征税办法，一般不使用增值税专用发票。小规模纳税人会计核算健全、能够准确提供税务资料的，可以向税务机关申请资格认定，不作为小规模纳税人。

2.2.3　增值税一般纳税人

1．一般纳税人的认定

一般纳税人是指年应征增值税销售额超过财政部、国家税务总局规定的增值税小规模纳税人标准的企业和企业性单位。这里的年应征增值税销售额是指纳税人在连续不超过12个月或4个季度的经营期内累计应征增值税销售额，包括纳税申报销售额、稽查查补销售额、纳税评估调整销售额。2018年2月《增值税一般纳税人登记管理办法》实施，对一般纳税人的等级管理进行了更为全面的规定。根据《增值税一般纳税人登记管理办法》的规定，增值税纳税人年应税销售额超过财政部、国家税务总局规定的小规模纳税人标准的，除特殊情况外，应当向主管税务机关办理一般纳税人登记。

2. 一般纳税人的登记条件

销售服务、无形资产或者不动产有扣除项目的纳税人，其年应税销售额按未扣除前的销售额计算。纳税人偶然发生的销售无形资产、转让不动产的销售额，不计入年应税销售额。

年应税销售额未超过规定标准的纳税人，会计核算健全，能够提供准确税务资料的，可以向主管税务机关办理一般纳税人登记。这里会计核算健全是指能够按照国家统一的会计制度规定设置账簿，根据合法、有效的凭证进行核算。

纳税人应当向其机构所在地主管税务机关办理一般纳税人登记手续。纳税人登记为一般纳税人后，不得转为小规模纳税人，除另有规定外。

3. 不得办理一般纳税人登记的情形

（1）按照政策规定，选择按照小规模纳税人纳税的；

（2）年应税行为销售额超过规定标准的其他个人。

4. 一般纳税人登记程序

纳税人向主管税务机关填报《增值税一般纳税人登记表》，如实填写固定生产经营场所等信息，并提供税务登记证件；纳税人填报内容与税务登记信息一致的，主管税务机关当场登记；纳税人填报内容与税务登记信息不一致，或者不符合填列要求的，税务机关应当场告知纳税人需要补正的内容。

5. 登记时限

纳税人在年应税销售额超过规定标准的月份（或季度）的所属申报期结束后 15 日内按照规定办理相关手续；未按规定时限办理的，主管税务机关应当在规定时限结束后 5 日内制作《税务事项通知书》，告知纳税人应当在 5 日内向主管税务机关办理相关手续；逾期仍不办理的，次月起按销售额依照增值税税率计算应纳税额，不得抵扣进项税额，直至纳税人办理相关手续为止。

纳税人自一般纳税人生效之日起，按照增值税一般计税方法计算应纳税额，并可以按照规定领用增值税专用发票，财政部、国家税务总局另有规定的除外。这里的生效之日是指纳税人办理登记的当月 1 日或者次月 1 日，由纳税人在办理登记手续时自行选择。

主管税务机关应当加强对税收风险的管理。对税收遵从度低的一般纳税人，主管税务机关可以实行纳税辅导期管理，具体办法由国家税务总局另行制定。

2.2.4　扣缴义务人

中华人民共和国境外的单位或者个人在境内发生应税行为，在境内未设有经营机构的，以其境内代理人为扣缴义务人；在境内没有代理人的，以购买方为增值税扣缴义务人。

2.3　征税范围

根据《增值税暂行条例》《增值税暂行条例实施细则》和其他相关规定，增值税的征税范围是在境内销售货物、提供应税劳务、发生应税行为，以及进口的货物。

2.3.1 征税范围的一般规定

1. 销售或进口的货物

货物是指有形动产，包括电力、热力、气体在内。销售货物，是指有偿转让货物的所有权。进口货物是进入中国国境或关境的货物，在报关进口环节，除了依法缴纳关税之外，还必须缴纳增值税。

2. 销售应税劳务

应税劳务是指纳税人提供的加工、修理修配劳务。加工，是指受托加工货物，即由委托方提供原料及主要材料，受托方按照委托方的要求制造货物并收取加工费的业务。经加工形成的货物，其所有权仍归委托方。修理、修配，是指受托对损伤或丧失功能的货物进行修复，使其恢复原状和功能的业务。

单位或者个体工商户聘用的员工为本单位或者雇主提供的加工、修理修配劳务不属于应税劳务。

3. 应税服务行为

发生的应税行为，包括销售应税服务、销售无形资产和销售不动产。应税服务具体征税范围如下。

（1）交通运输服务

交通运输业，具体包括陆路运输服务、水路运输服务、航空运输服务和管道运输服务。

① 陆路运输服务，是指通过陆路（地上或者地下）运送货物或者旅客的运输业务活动，包括铁路运输、公路运输、缆车运输、索道运输、地铁运输、城市轻轨运输等。

出租公司向使用本公司自有出租车的出租司机收取的管理费用，按照陆路运输服务缴纳增值税。

② 水路运输服务，是指通过江、河、湖、川等天然、人工水道或者海洋航道运送货物或者旅客的运输业务活动，包括水路运输的程租、期租业务。程租业务，是指运输企业为租船人完成某一特定航次的运输任务并收取租赁费的业务。期租业务是指运输企业将配备有操作人员的船舶承租给他人使用一定期限，承租期内听候承租方调遣，不论是否经营，均按天向承租方收取租赁费，发生的固定费用（如人员工资、维修费用等）均由船东负担的业务。

③ 航空运输服务，是指通过空中航线运送货物或者旅客的运输业务活动，包括航空运输的湿租业务。湿租业务是指航空运输企业将配备有机组人员的飞机承租给他人使用一定期限，承租期内听候承租方调遣，不论是否经营，均按一定标准向承租方收取租赁费，发生的固定费用（如人员工资、维修费用等）均由承租方负担的业务。航天运输服务，按照航空运输服务征收增值税。

④ 管道运输服务是指通过管道设施输送气体、液体、固体物质的运输业务活动。

无运输工具承运业务，按照交通运输服务缴纳增值税。无运输工具承运业务，是指经营者以承运人身份与托运人签订运输服务合同，收取运费并承担承运人责任，然后委托实际承运人完成运输服务的经营活动。

纳税人已售票但客户逾期未消费取得的运输预期票证收入，按照按照交通运输服务缴纳增值税。

（2）邮政服务

邮政服务，是指中国邮政集团公司及其所属邮政企业提供邮件寄递、邮政汇兑、机要通信和邮政代理等邮政基本服务的业务活动，包括邮政普遍服务、邮政特殊服务和其他邮政服务（不包括邮政储蓄）。

① 邮政普遍服务是指函件、包裹等邮件寄递，以及邮票发行、报刊发行和邮政汇兑等业务活动。

② 邮政特殊服务是指义务兵平常信函、机要通信、盲人读物和革命烈士遗物的寄递等业务活动。

③ 其他邮政服务是指邮册等邮品销售、邮政代理等业务活动。

（3）电信服务

电信服务，是指利用有线、无线的电磁系统或者光电系统等各种通信网络资源，提供语音通话服务，传送、发射、接收或者应用图像、短信等电子数据和信息的业务活动，包括基础电信服务和增值电信服务。

① 基础电信服务，是指利用固网、移动网、卫星、互联网，提供语音通话服务的业务活动，以及出租或者出售带宽、波长等网络元素的业务活动。

② 增值电信服务，是指利用固网、移动网、卫星、互联网、有线电视网络，提供短信和彩信服务、电子数据和信息的传输及应用服务、互联网接入服务等业务活动。卫星电视信号落地转接服务，按照增值电信服务征税。

（4）建筑服务

建筑服务，是指各类建筑物、构筑物及其附属设施的建造、修缮、装饰，线路、管道、设备、设施等的安装及其他工程作业的业务活动。包括工程服务、安装服务、修缮服务、装饰服务和其他建筑服务。

① 工程服务，是指新建、改建各种建筑物、构筑物的工程作业，包括与之相连的各种设备或者支柱、操作平台的安装或者装设工程作业，以及金属结构工程作业等。

② 安装服务，是指生产设备、动力设备、起重设备、运输设备、传动设备、医疗实验设备及其他各种设备的装配、安装工程作业，包括与设备相连的相关工程作业。固定电话、有线电视、宽带、水、电、燃气、暖气等经营者向用户收取的安装费、初装费、开户费、扩容费以及类似收费，按照安装服务缴纳增值税。

③ 修缮服务，是指对建筑物、构筑物进行修补、加固、养护、改善，使之恢复原来的使用价值或延长其使用期限的工程作业。

④ 装饰服务，是指对建筑物、构筑物进行装修，使之美观或者具有特定用途的工程作业。物业服务企业为业主提供的装修服务，按照"建筑服务"缴纳增值税。

⑤ 其他建筑服务，是指上列工程作业之外的各种工程作业服务，如钻井（打井）、拆除建筑物或者构筑物、平整土地、园林绿化、疏浚（不包括航道疏浚）、建筑物平移、搭脚手架、爆破、矿山穿孔、表面附着物（包括岩层、土层、沙层等）剥离和清理等工程作业。

纳税人将建筑施工设备出租给他人使用并配备操作人员的，按照"建筑服务"缴纳增值税。

（5）金融服务

金融服务，是指经营金融保险的业务活动，包括贷款服务、直接收费金融服务、保险服务等。

① 贷款服务，是指将资金贷与他人使用而取得利息收入的业务活动。

各种占用、拆借资金取得的收入，包括金融商品持有期间（含到期）利息（保本收益、报酬、资金占用费、补偿金等）收入、信用卡透支利息收入、买入返售金融商品利息收入、融资债券收取的利息收入，以及融资性售后回租、押汇、罚息、票据贴现、转贷等业务取得的利息及利息性质的收入，按照贷款服务缴纳增值税。

融资性售后回租，是指承租方以融资为目的，将资产出售给从事融资性售后回租业务的企业后，从事融资性售后回租业务的企业将该资产出租给承租方的业务活动。

② 直接收费金融服务，是指为货币资金融通及其他金融业务提供相关服务并且收取费用的业务活动，包括货币兑换、账户管理、电子银行、信用卡、信用证、财务担保、资产管理、信托管理、基金管理、资金结算、金融支付等服务。

③ 保险服务，是指投保人根据合同约定，向保险人支付保费，保险人对于合同约定的可能发生的事故因发生所造成的财产损失承担赔偿保险金责任，或者当被保险人死亡、伤残、疾病或者达到合同约定的年龄、期限等条件时承担给付保险金责任的商业保险行为，包括人身保险服务和财产保险服务。

④ 金融商品转让，是指转让外汇、有价证券、非期货和其他金融商品所有权的业务活动。

其他金融商品转让包括基金、信托、理财产品等各类资产管理产品和各种金融衍生品的转让。纳税人购入基金、信托、理财产品等各来资产管理产品持有到期，不属于金融商品转让。

（6）现代服务业

现代服务业，是指围绕制造业、文化产业、现代物流产业等提供技术性、知识性服务的业务活动，包括研发和技术服务、信息技术服务、文化创意服务、物流辅助服务、租赁服务、鉴证咨询服务、广播影视服务、商务辅助服务和其他现代服务。

① 研发和技术服务，包括研发服务、专业技术转让服务、合同能源管理服务、工程勘察勘探服务。

研发服务，是指就新技术、新产品、新工艺或者新材料及其系统进行研究与试验开发的业务活动技术转让服务，是指转让专利或者非专利技术的所有权或者使用权的业务活动。

合同能源管理服务，是指节能服务公司与用能单位以契约形式约定节能目标，节能服务公司提供必要的服务，用能单位以节能效果支付节能服务公司投入及其合理报酬的业务活动。

工程勘察勘探服务，是指在采矿、工程施工以前，对地形、地质构造、地下资源蕴藏情况进行实地调查的业务活动。

专业技术服务，是指气象服务、地震服务、海洋服务、测绘服务、城市规划、环境与生态监测服务等专项技术服务。

② 信息技术服务，是指利用计算机、通信网络等技术对信息进行生产、收集、处理、加工、存储、运输、检索和利用，并提供信息服务的业务活动。包括软件服务、电路设计及测试服务、信息系统服务、信息系统增值服务和业务流程管理服务。

信息系统服务，是指提供信息系统集成、网络管理、桌面管理与维护、信息系统应用、基础信息技术管理平台整合、信息技术基础设施管理、数据中心、托管中心、信息安全服务、在线杀毒、虚拟主机等业务活动，包括网站对非自由的网络游戏提供的网络运营服务。

信息系统增值服务，是指利用信息系统资源为用户附加提供的信息技术服务，包括数据处理、分析和整合、数据库管理、数据备份、数据存储、容灾服务、电子商务平台等。

③ 文化创意服务，包括设计服务、商标著作权转让服务、知识产权服务、广告服务和会议展览服务。

宾馆、旅馆、旅社、度假村和其他经营性住宿场所提供会议场地及配套服务的活动，按照

"会议展览服务"缴纳增值税。

④ 物流辅助服务，包括航空服务、港口码头服务、货运客运场站服务、打捞救助服务、收派服务、仓储服务和装卸搬运服务。

⑤ 租赁服务，包括融资租赁和经营租赁服务。

融资租赁服务，是指具有融资性质和所有权转移特点的租赁活动。按照标的物的不同，融资租赁服务可分为有形动产融资租赁服务和不动产融资租赁服务。融资性售后回租不按照本税目缴纳增值税。经营租赁服务，是指在约定时间内将有形动产或不动产转让他人使用且租赁物所有权不变更的业务活动。按照标的物的不同，经营租赁服务可分为有形动产经营租赁服务和不动产经营租赁服务。

将建筑物、构筑物等不动产或飞机、车辆等有形动产的广告位出租给其他单位或者个人用于发布广告的，按照经营租赁服务缴纳增值税。车辆停放服务、道路通行服务（包括过路费、过桥费、过闸费等）按照不动产经营租赁服务缴纳增值税。

水路运输的光租业务、航空运输的干租业务，属于经营租赁。光租业务，是指水路运输企业将船舶在约定的时间内出租给他人使用，不配备操作人员，不承担运输过程中发生的各项费用，只收取固定租赁费的业务活动。干租业务，是指航空运输企业将飞机在约定的时间内出租给他人使用，不配备机组人员，不承担运输过程中发生的各项费用，只收取固定租赁费的业务活动。

⑥ 鉴证咨询服务，包括认证服务、鉴证服务和咨询服务。

认证服务，是指具有专业资质的单位利用检测、检验、计量等技术，证明产品、服务、管理体系符合相关技术规范、相关技术规范的强制性要求或者标准的业务活动。

鉴证服务，是指具有专业资质的单位，为委托方的经济活动及有关资料进行鉴证，发表具有证明力的意见的业务活动，包括会计、税务、资产评估、律师、房地产土地评估、工程造价的鉴证。

咨询服务，是指提供和策划财务、税收、法律、内部管理、业务运作和流程管理等信息或者建议的业务活动。

翻译服务和市场调查服务按照咨询服务缴纳增值税。

⑦ 广播影视服务，包括广播影视节目（作品）的制作服务、发行服务和播映（含放映）服务。

⑧ 商务辅助服务，包括企业管理服务、经纪代理服务、人力资源服务、安全保护服务。

企业管理服务，是指提供总部管理、投资与资产管理、市场管理、物业管理、日常综合管理等服务的业务活动。

经纪代理服务，是指各类经纪、中介、代理服务，包括金融代理、知识产权代理、货物运输代理、代理报关、法律代理、房地产中介、职业中介、婚姻中介、代理记账、拍卖等。

人力资源服务，是指提供公共就业、劳务派遣、人才委托招聘、劳动力外包等服务的业务活动。

安全保护服务，是指提供保护人身安全和财产安全、维护社会治安等的业务活动，具体有场所住宅保安、特种保安、安全系统监控及其他安保服务。纳税人提供武装押运服务，按照"安全保护服务"缴纳增值税。

⑨ 其他现代服务，是指除研发和技术服务、信息技术服务、文化创意服务、物流辅助服务、租赁服务、鉴证咨询服务、广播影视服务、商务辅助服务以外的现代服务。

纳税人为客户办理退票而向客户收取的退票费、手续费等收入，按照"其他现代服务"缴纳增值税。纳税人对安装运行后的电梯提供的维护保养服务，按照"其他现代服务"缴纳增值税。

（7）生活服务

生活服务是指为满足城乡居民日常生活需求而提供的各类服务活动，包括文化体育服务、教育医疗服务、旅游娱乐服务、餐饮住宿服务、居民日常服务和其他生活服务。

① 文化体育服务，包括文化服务和体育服务。

文化服务，是指为满足社会公众文化生活需求而提供的各种服务，包括文艺创作、文艺表演、文艺比赛，图书馆的图书资料借阅，档案馆的档案管理，文物及非物质遗产保护，组织举办宗教活动、科技活动、文化活动，提供游览场所等。

纳税人在游览场所经营索道、摆渡车、电瓶车、游船等取得的收入，按照"文化体育服务"缴纳增值税。

体育服务，是指组织举办各种体育比赛、体育表演、体育活动，以及提供体育训练、体育指导、体育管理的业务活动。

② 教育医疗服务，包括教育服务和医疗服务。

教育服务，是指提供学历教育服务、非学历教育服务、教育辅助服务的业务活动。学历教育服务是指根据教育行政管理部门确定或者认可的招生和教学计划组织教学并颁发相应学历证书的业务活动，包括初等教育、初级中等教育、高级中等教育、高等教育等。非学历教育服务，包括学前教育、各类培训、演讲、讲座、报告会等。教育辅助服务，包括教育测评、考试、招生等服务。

医疗服务，是指提供医学检查、诊断、治疗、康复、预防、保健、接生、计划生育、防疫服务等方面的服务，以及与这些服务有关的提供药品、医用材料器具、救护车、病房住宿和伙食服务。

③ 旅游娱乐服务，包括旅游服务和娱乐服务。

旅游服务，是指根据旅游者的要求，组织安排交通、游览、住宿、餐饮、购物、文娱、商务等服务的业务活动。

娱乐服务，是指为娱乐活动同时提供场所和服务的业务，包括歌厅、舞厅、夜总会、酒吧、台球、高尔夫球、保龄球和游艺（包括射击、狩猎、骑马、游戏机、蹦极、卡丁车、热气球、动力伞、射箭、飞镖）等。

④ 餐饮住宿服务，包括餐饮服务和住宿服务。

餐饮服务，是指通过同时提供饮食和饮食场所的方式为消费者提供饮食消费服务的业务活动。提供餐饮服务的纳税人销售的外卖食品，按照"餐饮服务"缴纳增值税。

住宿服务，是指提供住宿场所及配套服务等的活动，包括宾馆、旅馆、旅社、度假村和其他经营性住宿场所提供的住宿服务。

⑤ 居民日常服务。

它是指主要为满足居民个人及其家庭日常生活需求提供的服务，包括市容市政管理、家政、婚庆、养老、殡葬、照料和护理、救助救济、美容美发、按摩、桑拿、氧吧、足疗、沐浴、洗染、摄影扩印等服务。

⑥ 其他生活服务。

它是指除文化体育服务、教育医疗服务、旅游娱乐服务、餐饮住宿服务、居民日常服务之外的生活服务。

纳税人提供植物养护服务，按照"其他生活服务"缴纳增值税。

（8）销售无形资产

销售无形资产，是指转让无形资产的所有权或使用权的业务活动。无形资产是指不具备实物形态，但能带来经济利益的资产，包括技术、商标、著作权、商誉、自然资源使用权和其他权益性无形资产。

技术包括专利技术和非专利技术。自然资源使用权包括土地使用权、海域使用权、探矿权、采矿权、取水权和其他自然资源使用权。其他权益性无形资产，包括基础设施资产经营权、公共事业特许权、配额、经营权、经销权、分销权、代理权、会员权、席位权、网络游戏虚拟道具、域名、肖像权、冠名权、转会费等。

（9）销售不动产

销售不动产，是指转让不动产所有权的业务活动。不动产，是指不能移动或者移动后会引起性质、形状改变的财产，包括建筑物、构筑物等。

建筑物，包括住宅、商业营业用房、办公楼等可供居住、工作或者进行其他活动的建造物。构筑物，包括道路、桥梁、隧道、水坝等建造物。

转让建筑物有限产权或永久使用权的，转让在建建筑物或者构筑物所有权的，以及在转让建筑物或者构筑物时一并转让其所占土地的使用权的，按照"销售不动产"缴纳增值税。

以不动产投资入股，参与接受投资方的利润分配、共同承担投资风险的行为，不征收营业税，投资后转让的也不再征收营业税。

确定一项经济行为是否需要缴纳增值税，一般应同时具备以下四个条件：一是应税行为发生在中华人民共和国境内；二是应税行为属于相关法律对销售服务、无形资产和不动产规定范围内的业务活动；三是应税服务是为他人提供的；四是应税行为是有偿的。

这里所说的有偿有两种情况属于例外。第一种情况是满足上述四个增值税征税条件但不需要缴纳增值税，主要包括：一是行政单位收取的同时满足条件的政府性基金或行政事业性收费；二是存款利息；三是被保险人获得的保险赔付；四是房地产主管部门或者其指定机构、公积金管理中心、开发企业以及物业管理单位代收的住宅专项维修资金；五是在资产重组过程中，通过合并、分立、出售、置换等方式，将全部或者部分实物资产以及与其相关联的债权、负债和劳动力一并转让给其他单位和个人，其中涉及的不动产、土地使用权转让行为。

第二种情况是不同时满足上述四个增值税征税条件但需要缴纳增值税，主要指某些无偿的应税行为需要缴纳增值税。一是单位或者个体工商户向其他单位或者个人无偿提供服务，但用于公益事业或者以社会公众为对象的除外；二是单位或者个人向其他单位或者个人无偿转让无形资产或者不动产，但用于公益事业或者以社会公众为对象的除外；三是财政部和国家税务总局规定的其他情形。按照第二种情况的规定，向其他单位或者个人无偿提供服务、无偿转让无形资产或者不动产，除用于公益事业或者以社会公众为对象外，应视同发生应税行为，照章缴纳增值税。

4. 非经营活动

销售服务、无形资产或者不动产，是指有偿提供服务、有偿转让无形资产或者不动产，但不包括下列几个非经营活动情形。

（1）行政单位收取的同时满足以下条件的政府性基金或者行政事业性收费。

① 由国务院或者财政部批准设立的政府性基金，由国务院或者省级人民政府及其财政、价格主管部门批准设立的行政事业性收费；

② 收取时开具省级以上（含省级）财政部门监（印）制的财政票据；

③ 所收款项全额上缴财政。

（2）单位或者个体工商户聘用的员工为本单位或者雇主提供取得工资的服务。

（3）单位或者个体户为聘用的员工提供服务。

（4）财政部和国家税务总局规定的其他情形。

5. 境内销售服务、无形资产或者不动产的含义

（1）服务（租赁不动产除外）或者无形资产（自然资源使用权除外）的销售方或者购买方在境内；

（2）所销售或者租赁的不动产在境内；

（3）所销售自然资源使用权的自然资源在境内；

（4）财政部和国家税务总局规定的其他情形。

下列情形不属于在境内销售服务或无形资产：

（1）境外单位或者个人向境内单位或者个人销售完全在境外发生的服务；

（2）境外单位或者个人向境内单位或者个人销售完全在境外使用的无形资产；

（3）境外单位或者个人向境内单位或者个人出租完全在境外使用的有形动产；

（4）财政部和国家税务总局规定的其他情形。具体有：为出境的函件、包裹在境外提供的邮政服务、收派服务；向境内单位或者个人提供的工程施工地点在境外的建筑服务、工程监理服务；向境内单位或者个人提供的工程、矿产资源在境外的工程勘察勘探服务；向境内单位或者个人提供的会议展览地点在境外的会议展览服务。

境外单位或者个人销售的服务（不含租赁不动产）在以下两种情况下属于在我国境内销售服务，应缴纳增值税：

（1）境外单位或者个人向境内单位或者个人销售完全在境内发生的服务，属于在境内销售服务；

（2）境外单位或者个人向境内单位或者个人销售的未完全在境外发生的服务，属于在境内销售服务。

境外单位或者个人销售的无形资产在以下两种情况下属于在我国境内销售无形资产，应缴纳增值税。

（1）境外单位或者个人向境内单位或者个人销售完全在境内使用的无形资产，属于在境内销售无形资产。例如，境外甲公司向境内乙公司转让甲公司在境内的连锁酒店经营权；

（2）境外单位或者个人向境内单位或者个人销售的未完全在境外使用的无形资产，属于在境内销售无形资产。例如，境外丙公司向境内丁公司转让一项专利技术，甲公司在境内的连锁酒店经营权。

上述一般规定中的有偿，是指从购买方取得货币、货物或其他经济利益。其他经济利益是指非货币、货物形式的收益，具体包括固定资产（不含货物）、生物资产（不含货物）、无形资产（包括特许权）、股权投资、存货、不准备持有至到期的债券投资、服务以及有关权益等。例如，甲公司将房屋与乙公司土地进行交换，虽然没有取得货币，但对于甲公司来说，取得了乙公司的土地使用权，而乙公司通过土地换取了甲公司的房屋所有权，这里的土地使用权和房屋所有权即为其他经济利益，因此，甲乙公司的这项业务属于增值税征税范围。

2.3.2 征税范围的特殊规定

增值税的征税范围，除了一般规定之外，还对经济实务中一些特殊项目与特殊行为是否属于增值税的征税范围进行了具体界定。

1. 特殊项目

（1）罚没物品的增值税征收。

执法部门和单位查处的具备拍卖条件、不具备拍卖条件以及属于专营的财物，取得的收入如数上缴财政，不予征税。购入方再销售取得的收入，征收增值税。

（2）航空运输企业已售票但未提供航空运输服务取得的逾期票证收入，按照航空运输服务征收增值税。

（3）纳税人取得的中央财政补贴，不属于增值税应税收入，不征收增值税。

（4）融资性售后回租业务中，承租方出售资产的行为不属于增值税的征税范围，不征收增值税。

（5）存款利息不征收增值税。

（6）被保险人的保险赔付款不征收增值税。

（7）房地产主管部门或其指定机构、公积金管理中心、开发企业以及物业管理单位代收的住宅专项维修资金，不征收增值税。

（8）纳税人在资产重组过程中，通过合并、分立、出售、置换等方式，将全部或者部分实物资产以及与其相关联的债权、负债和劳动力一并转让给其他单位和个人，不属于增值税的征税范围。

【例2-1】 下列各项业务中，属于增值税征收范围的是（ ）。

A. 燃油电厂从政府财政专户取得的发电补贴

B. 甲公司将房屋与乙公司土地交换

C. 转让企业全部产权涉及的应税货物的转让

D. 李某取得的银行定期存款利息

【答案】B

2. 特殊行为

单位或个体工商户的下列行为，视同销售货物或发生应税行为，征收增值税：

（1）将货物交付他人代销；

（2）销售代销货物；

（3）设有两个以上机构并实行统一核算的纳税人，将货物从一个机构移送其他机构用于销售，但相关机构设在同一县（市）的除外；

（4）将自产或委托加工的货物用于非增值税应税项目；

（5）将自产或委托加工的货物用于集体福利或个人消费；

（6）将自产、委托加工或购进的货物分配给股东或投资者；

（7）将自产、委托加工或购进的货物作为投资，提供给其他单位或个体经营者；

（8）将自产、委托加工或购进的货物无偿赠送他人；

（9）单位和个体工商户向其他单位或者个人无偿提供应税服务，无偿转让无形资产或者不动产，但用于公益事业或者以社会公众为对象的除外；

（10）财政部和国家税务总局规定的其他情形。

以上10种视同销售货物行为的确认，一是要保证增值税税款抵扣制度的实施，不致因发生上述行为而造成税款抵扣环节的中断；二是避免因发生上述行为而造成货物销售税收负担不平衡的矛盾，防止利用上述行为逃避纳税的现象；三是体现增值税计算的配比原则，即购进货物、接受应税服务和应税行为已经在购进环节实施了进项税额抵扣，这些购进货物、接受应税服务和应税行为应该产生相应的销售额和销项税额，否则就会产生不配比情况。

2.3.3 征税范围的其他规定

一项销售行为如果既涉及增值税应税货物又涉及应税服务，则为混合销售。混合销售行为涉及的货物和服务只是针对一项销售行为而言，也就是说，应税服务是为了直接销售一批货物而提供的，两者之间是不可分离的从属关系。如果涉及销售货物和涉及服务的行为，不是存在一项销售行为中，那么这种行为就不是混合销售行为。

从事货物的生产、批发或零售的单位和个体工商户的混合销售，以及以从事货物的生产、批发或零售为主，并兼营销售应税服务的单位和个体工商户的混合销售行为，按照销售货物缴纳增值税；其他单位和个体工商户的混合销售行为，按照销售服务缴纳增值税。

例如，某商场向甲单位销售空调，并负责运输、安装空调，并收取一定费用。商场在这笔空调销售业务中，就发生了销售货物和运输、安装服务的混合销售行为。商场属于零售企业，其混合销售行为视为销售货物，征收增值税。

2.4 税率与征收率

为了发挥增值税的中性作用，增值税的税率一般采用比例税率形式且对不同行业不同企业实行单一税率，即基本税率。我国的增值税税率在采用基本税率的同时，为了照顾一些特殊行业或产品，设置了一档低税率。同时，根据国际上通行的做法，为鼓励出口，对出口产品实行零税率。由于我国增值税纳税人分为一般纳税人和小规模纳税人，因此，针对小规模纳税人又设置了相应的征收率。

2.4.1 一般纳税人适用税率

1. 基本税率

纳税人销售或者进口货物，提供加工、修理修配劳务，发生应税行为税率为 13%，这就是通常所说的基本税率。

2. 低税率

（1）纳税人销售或者进口下列货物，按 9% 税率计征增值税：

① 粮食、食用植物油；

② 自来水、暖气、冷气、热水、石油液化气、天然气、沼气、居民用煤炭制品；

③ 图书、报纸、杂志；

④ 饲料、化肥、农药、农机、农膜；

⑤ 国务院及有关部门规定的其他货物。

税率的变化

国务院规定的其他货物包括：农产品，是指种植业、养殖业、林业、牧业、水产业生产的各种植物、动物的初级产品；音像制品，是指正式出版的录有内容的录音带、录像带、唱片、激光唱盘和激光视盘；电子出版物，是指以数字代码方式，使用计算机应用程序，将图文声像等内容信息编辑加工后存储在具有确定的物理形态的磁、光、电等介质上，通过内嵌在计算机、手机、电子阅读设备、电子显示设备、数字音/视频播放设备、电子游戏机、导航仪以及其他具有类似功能的设备上读取使用，具有交互功能，用以表达思想、普及知识和积累文化的大众传播媒体；二甲醚、农用挖掘机、养鸡设备系列、养猪设备系列农机产品等。

（2）增值税一般纳税人提供交通运输、邮政、基础电信、建筑、不动产租赁服务，销售不动产，转让土地使用权，不动产租赁服务税率为9%。

（3）提供有形动产租赁服务，税率为13%。

（4）纳税人提供增值电信服务、金融服务、现代服务（租赁服务除外）、生活服务、销售无形资产（转让土地使用权除外），税率为6%。

3. 纳税人出口货物，境内单位和个人发生符合规定的跨境应税行为，税率为零

（1）中华人民共和国境内（以下简称境内）的单位和个人销售的下列服务和无形资产，适用增值税零税率。

① 国际运输服务。

国际运输服务，是指在境内载运旅客或者货物出境；在境外载运旅客或者货物入境；在境外载运旅客或者货物。

② 航天运输服务。

③ 向境外单位提供的完全在境外消费的服务。

这些服务具体包括：研发服务、合同能源管理服务、设计服务、广播影视节目（作品）的制作和发行服务、软件服务、电路设计及测试服务、信息系统服务、业务流程管理服务、离岸服务外包业务、转让技术。这里的离岸服务外包业务，包括信息技术外包服务、技术性业务流程外包服务、技术性知识流程外包服务等。

④ 财政部和国家税务总局规定的其他服务。

（2）其他零税率政策。

① 按照国家有关规定应取得相关资质的国际运输服务项目，纳税人取得相关资质的，适用增值税零税率政策，未取得的，适用增值税免税政策。

② 境内的单位或个人提供程租服务，如果租赁的交通工具用于国际运输服务和港澳台运输服务，由出租方按规定申请适用增值税零税率。

③ 境内的单位和个人向境内单位或个人提供期租、湿租服务，如果承租方利用租赁的交通工具向其他单位或个人提供国际运输服务和港澳台地区运输服务，由承租方适用增值税零税率。境内的单位或个人向境外单位或个人提供期租、湿租服务，由出租方适用增值税零税率。

④ 境内单位和个人以无运输工具承运方式提供的国际运输服务，由境内实际承运人适用增值税零税率；无运输工具承运业务的经营者适用增值税免税政策。

（3）纳税人发生的与香港、澳门、台湾有关的应税行为，除另有规定外，参照上述规定执行。

税率为零不等同于免税。出口货物和应税服务免税是在出口环节不征收增值税，零税率是要使出口产品和应税服务在出口时完全不含增值税税款，即不但在出口环节不征收增值税，还要退还在出口前缴纳的增值税，使该产品和服务成为无税产品和服务，增强其国际市场竞争力。

2.4.2 增值税征收率

增值税征收率是指对特定的货物或特定的纳税人销售货物、提供应税劳务、发生应税行为在某一生产流通环节应纳税额与销售额的比率。增值税征收率目前主要有 3%和 5%两种,适用于小规模纳税人以及一般纳税人销售货物、提供应税劳务、发生应税行为按照简易计税方法计税的情况。

1. 一般规定

(1)适用 5%增值税征收率情况

下列情况适用 5%的征收率。

① 一般纳税人选择简易计税方法计税的不动产销售;

② 一般纳税人选择简易计税方法计税的不动产租赁;

③ 一般纳税人提供人力资源外包服务,选择简易计税的;

④ 一般纳税人和小规模纳税人提供劳务派遣服务选择差额纳税的;

⑤ 小规模纳税人销售自建或者取得的不动产;

⑥ 房地产开发企业中的小规模纳税人,销售自行开发的房地产项目;

⑦ 其他个人销售其取得(不含自建)的不动产(不含其购买的住房);

⑧ 小规模纳税人出租(经营出租)其取得的不动产(不含个人出租住房);

⑨ 其他个人出租(经营出租)其取得的不动产(不含住房);

⑩ 个人出租住房,应按照 5%的征收率减按 1.5%计算应纳税额。

(2)适用 3%增值税征收率情况

除上述适用 5%征收率以外的纳税人选择简易计税方法销售货物、提供应税劳务、发生应税行为的增值税征收率均为 3%。

2. 纳税人销售自己使用过的物品适用的征收率

(1)一般纳税人

① 一般纳税人销售自己使用过的且未抵扣进项税额的固定资产,按照简易办法依照 3%征收率,但是减按 2%征收率计算缴纳增值税。纳税人销售自己使用过的固定资产,适用简易办法依照 3%征收率,但是减按 2%征收增值税政策的,可以放弃减税,按照简易办法依照 3%征收率缴纳增值税,并可以开具增值税专用发票。

② 一般纳税人销售自己使用过的已抵扣了进项税额的固定资产,应按照适用税率征收增值税。

③ 一般纳税人销售自己使用过的除固定资产以外的物品,应按照适用税率征收增值税。

(2)小规模纳税人

① 小规模纳税人(除其他个人外,下同)销售自己使用过的固定资产,减按 2%征收率征收增值税。

② 小规模纳税人销售自己使用过的除固定资产以外的物品,按 3%的征收率征收增值税。

上述纳税人销售自己使用过的固定资产、物品和旧货适用按照简易办法依照 3%征收率减按 2%征收增值税的,按下列公式确定销售额和应纳税额:

不含税销售额=含税销售额÷(1+3%)

应纳税额=不含税销售额×2%

纳税人销售旧货，按照简易办法依照 3%征收率减按 2%征收增值税。这里的旧货是指进入二次流通的具有部分使用价值的货物（含旧汽车、旧摩托车和旧游艇），但不包括自己使用过的物品。

3．其他特殊政策

（1）非企业性单位中的一般纳税人提供的研发和技术服务、信息技术服务、鉴证咨询服务，以及销售技术、著作权等无形资产，可以选择简易计税方法按照 3%征收率计算缴纳增值税。

（2）一般纳税人提供教育辅助服务，可以选择简易计税方法按照 3%征收率计算缴纳增值税。

（3）提供物业管理服务的纳税人，向服务接受方收取的自来水费，以扣除其对外支付的自来水水费后的余额为销售额，按照简易计税法依 3%的征收率计算缴纳的增值税。

2.4.3　兼营行为税率

纳税人销售货物、提供应税劳务、发生应税行为可能适用不同税率或者征收率，例如，某商店销售税率为 13%的家用电器，又销售税率为 9%的图书、杂志等。

纳税人兼营销售不同税率的货物、应税劳务、发生应税行为的，应当分别核算不同税率或者征收率的销售额。未分别核算销售额的，按照以下方法适用税率或者征收率。

（1）兼有不同税率的销售货物、提供应税劳务、发生应税行为，从高适用税率。

（2）兼有不同征收率的销售货物、提供应税劳务、发生应税行为，从高适用征收率。

（3）兼有不同税率和征收率的销售货物、提供应税劳务、发生应税行为，从高适用税率。

2.5　一般纳税人应纳税额的计算

一般纳税人销售货物、提供应税劳务、发生应税行为的应纳增值税额采取间接计算方法，即实行扣税法，凭增值税专用发票及其他合法扣税凭证注明的税款（进项税额）从当期销项税额中进行扣除。其应纳增值税额的基本计算方法为：

应纳增值税额＝当期销项税额－当期进项税额

一般纳税人应纳增值税额的计算公式表明正确计算增值税额的关键是准确计算出纳税人的销项税额，确定纳税人的进项税额。

2.5.1　当期销项税额的计算

销项税额是纳税人在销售应税货物或提供应税劳务以及发生应税行为时，按照销售额或者应税劳务收入、应税行为收入和适用的税率计算并向购买方收取的增值税额。计算公式为：

销项税额=销售额（收入）×适用税率

在适用税率是既定的前提下，销项税额的正确计算的关键是销售额（收入）的准确判定。

1. 销售额的一般规定

销售额是纳税人销售货物或提供应税劳务、应税行为时向购买方收取的全部价款和价外费用，但是不包括收取的销项税额。销售额的确认如图 2-1 所示。

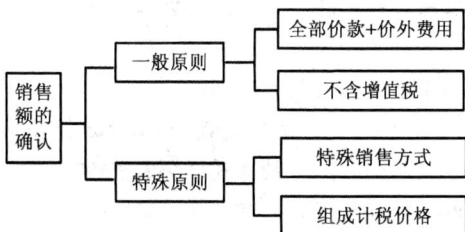

图 2-1　销售额确认

（1）销售额的内涵界定

具体来说，应税销售额包括以下内容。

一是销售货物或提供应税劳务向购买方收取的全部价款；二是向购买方收取的各种价外费用。

价外费用，是指价外向购买方收取的手续费、补贴、基金、集资费、返还利润、奖励费、违约金（延期付款利息）、包装费、包装物租金、储备费、优质费、运输装卸费、代收款项、代垫付款项及其他各种性质的价外收费。但上述价外费用不包括以下四项费用。

① 受托加工应征消费税的消费品，由受托方向委托方代收代缴的消费税。代收代缴消费税只是受托方履行法定义务的一种行为，此项税金虽然构成委托加工货物售价的一部分，但它同受托方的加工业务及其收取的应税加工费没有内在关联。

② 以委托方名义开具发票代委托方收取的款项。

③ 同时符合以下条件代为收取的政府性基金或者行政事业性收费：一是由国务院或者省级人民政府及其财政、价格主管部门批准设立的行政事业性收费；二是收取时开具省级以上财政部门印制的财政票据；三是所受款项全额上缴财政。

④ 销售货物的同时代办保险而向购买方收取的保险费，以及向购买方收取的代购买车缴纳的车辆购置税、车辆牌照费。

除以上四项费用外，凡是随同销售货物或提供应税劳务或者发生应税行为向购买方收取的价外费用，无论其会计制度如何核算，都应并入销售额计税。根据国家税务总局的规定，增值税一般纳税人（包括纳税人自己或代其他部门）向购买方收取的价外费用和逾期包装物押金，应视为含税收入。因此，在将价外费用计入销售额征税时，应当将其换算为不含税收入再进行计算。

（2）含税销售额的转换

现行增值税实行价外税，即纳税人向购买方销售货物或应税劳务所收取的价款中不应包含增值税税款，价款和税款在增值税专用发票上分别注明。作为增值税税基的只是增值税专用发票上单独列明的不含增值税税款的销售额。但是实际经营中一部分纳税人在销售货物或提供应税劳务时，会将价款和税款合并定价，发生销售额和增值税额合并收取的情况。

在这种情况下，应将含税销售额换算成不含税销售额。换算公式为：

$$不含税销售额 = \frac{含增值税的销售额}{1 + 增值税税率（或征收率）}$$

【例2-2】 某企业（一般纳税人）销售工业用原材料100箱（适用税率13%），取得每箱不含税销售额2 000元。

销项税额＝100×2 000×13%＝26 000（元）

【例2-3】 某企业（一般纳税人）向一小规模纳税人销售产品10台（适用税率13%），共收取含税销售额11 300元。

销项税额＝11 300÷（1＋13%）×13%＝1 300（元）

【例2-4】 某企业（一般纳税人）向商场销售100立升冰箱100台，每台不含税销售额2 000元，同时企业向商场又收取了该项销售业务的优质服务费5 650元。

（1）销售额＝100×2 000＋5 650÷（1＋13%）＝205 000（元）

（2）销项税额＝205 000×13%＝26 650（元）

2. 特殊销售方式下销售额的规定

在日常经营中，为了赢得竞争，企业经常采用灵活多变的销售方式，不同的销售方式导致了不同结果的销售额，对于如何确定计税销售额，相关规定如下。

（1）采取折扣方式销售

① 折扣销售的内涵。

折扣销售是销货方在销售货物或应税劳务时，因购货方购货数量较大等原因，而给予购货方的价格优惠。

② 折扣销售的销售额确定。

折扣销售是在实现销售时同时发生的，如果销货者将销售额和折扣额在同一张发票上分别注明的，可按折扣后的余额作为销售额计算增值税；如果将折扣额另开发票，无论其在财务上如何处理，均不得从销售额中减除折扣额。

③ 折扣销售与销售折扣的区别。

销售折扣，又称财务折扣，是销货方在销售货物或提供应税劳务后，为了鼓励购货方尽早偿还货款，而协议许诺给予购货方的一种折扣优待。例如，甲企业销售不含税销售额100万元的货物给乙企业，合同约定30天内付款，若乙企业在10天内付款，则甲企业给予货款的2%折扣；若乙企业在20天内付款，则甲企业给予货款的1%折扣，30天内付全款。销售折扣发生在销货之后，是一种融资性质的理财费用，因此，销售折扣不得从销售额中减除。

④ 折扣销售仅限于货物价格的折扣。

如果销货者将自产、委托加工和购买的货物用于实物折扣的，则该实物的款额不能从货物销售额中减除，且该实物应按增值税中"视同销售货物"中的"赠送他人"计算征收增值税。

【例2-5】 某服装企业（一般纳税人）销售运动服600套，每套不含税价200元，由于购货方购买量较大，服装厂给予每套15元的折扣，并开具一张增值税专用发票。

销项税额＝600×（200－15）×13%＝14 430（元）

纳税人销售货物或提供应税劳务、应税行为，将价款和折扣额在同一张发票上分别注明的，可按照折扣后的价款为销售额；未在同一张发票上注明的，以价款为销售额，不得扣减折扣额。

（2）以旧换新方式销售

① 以旧换新销售的内涵。

以旧换新方式是纳税人在销售新货物时，有偿收回旧货物的行为。

② 以旧换新销售的销售额确定。

采取以旧换新方式销售货物的，应按新货物的同期销售价格确定销售额，不得扣减旧货物的收购价格。销售货物与收购货物是两个不同的业务活动，销售额与收购额不能相互抵减，这样的规定是防止企业出现销售额不实、减少纳税的现象。考虑到金银首饰以旧换新业务的特殊情况，对金银首饰以旧换新业务，可以按照销售方实际收取的不含增值税的全部价款征收增值税。

【例2-6】　某商场（一般纳税人）采取以旧换新方式销售电视机20台，零售价每台6 215元，商场将顾客旧电视机每台折价500元，实际按每台5 715元收取货款。该项销售业务的计税销售额应是6 215元，不能扣除旧电视机的价格，另外零售价是价税合一的销售额，商场在确认销售额时应做价税分离的处理。

销项税额＝6 215÷（1＋13%）×20×13%＝13 000（元）

（3）销售折让

① 销售折让的内涵。

销售折让是在货物销售后，由于货物的品种、质量等原因引起的行为，购货方未要求销货方退货，但销货方需给予购货方一定的价格折让。

② 销售折让销售额的确定。

销售折让与销售折扣比较，二者虽然都是在货物销售后发生的，但因为销售折让的实质是原销售额的减少，因此，对销售折让可以按照折让后的货款为计税销售额。

（4）还本销售方式

① 还本销售的内涵。

还本销售是纳税人在销售货物后，到一定期限由销售方一次或分次退还给购货方全部或部分价款。这种方式实际上是一种筹集资金，以提供货物使用换取本金但不付息的方法。

② 还本销售方式销售额的确定。

采取还本销售方式销售货物，其销售额就是货物的销售价格，不得从销售额中减除还本支出。

（5）以物易物方式销售

① 以物易物的内涵。

以物易物是一种较为特殊的购销活动，是指购销双方以同等价款的货物相互结算，实现货物的购销。

② 以物易物销售额的确定。

以物易物正确的处理方法是以物易物双方都应做购销处理，以各自发出的货物核算销售额计算销项税额，以各自收到的货物核算购货额并计算进项税额。在这里应当特别注意，购销双方均要开具合法的票据，如果换回的货物没有取得增值税专用发票或其他合法票据的，不能抵扣进项税额。

以物易物

（6）包装物押金的规定

包装物是指纳税人包装本单位货物的各种物品，为了使购货方尽早退回包装物再周转使用，纳税人在销售本单位货物时会另收取包装物押金。对于包装物押金是否计入货物的销售额计算销项税额，相关规定如下。

① 纳税人为销售货物而出租、出借包装物收取的押金，单独记账核算的，不并入销售额征税。但对因逾期未收回包装物不再退还的押金，应按所包装货物的适用税率计算销项税额。

② “逾期”是以一年为期限，对收取一年以上的押金，无论是否退还均并入销售额征税。

注意在将包装物押金并入销售额征税时，需要先将该押金换算为不含税价，再并入销售额征税。

③ 包装物押金不同于包装物租金，销售货物时收取的包装物租金作为价外费用，应直接并入销售额计算销项税额。

④ 对销售除啤酒、黄酒外的其他酒类产品而收取的包装物押金，无论是否返还以及会计上如何核算，均应直接并入当期销售额征税。

【例2-7】 某化工厂（增值税一般纳税人）当期销售液体材料一批，取得不含税销售额10万元，另为购货方提供了所售液体材料所需的包装物，购货方承诺60天内返还，并向化工厂支付了0.35万元的包装物押金。则该项业务当期的销售额为10万元，不包含包装物押金。

销项税额＝10×13%＝1.3（万元）

【例2-8】 某酒厂（增值税一般纳税人）销售散装白酒一批，取得不含税销售额65 000元，另为购货方提供了散装白酒的包装物，购货方承诺30天内返还，并向化工厂支付了9 860元的包装物押金。则该项业务当期的销售额应包含包装物押金。

销项税额＝{65 000＋[9 040÷（1＋13%）]}×13%＝9 490（元）

（7）贷款服务的销售额

贷款服务，以提供贷款服务取得的全部利息及利息性质的收入为销售额。银行提供贷款服务按期计收利息的，结息日当日计收的全部利息收入，均应计入结息日所属期的销售额，按照现行规定计算缴纳增值税。

（8）直接收费金融服务的销售额

直接收费金融服务，以提供直接收费金融服务收取的手续费、佣金、酬金、管理费、开户费、过户费、托管费等各类费用为销售额。

3. 按差额确定销售额

引入差额征税办法，目的是解决"营改增"之后，仍然有无法通过抵扣机制避免重复征税的情况。以下项目属于按差额确定销售额。

（1）金融商品转让的销售额

金融商品转让，按照卖出价扣除买入价后的余额为销售额。转让金融商品出现的正负差，按照盈亏相抵后的余额为销售额。如果相抵后出现负差，可以结转至下一纳税期，但是不能结转至下一纳税年度。金融商品的买入价可以选择按照加权平均法或者移动加权平均法进行核算，选择后36个月内不得变更。金融商品转让不得开具增值税专用发票。

（2）经济代理服务的销售额

经纪代理服务，以取得的全部价款和价外费用，扣除向委托方收取并代为支付的政府性基金或者行政事业性收费后的余额为销售额。向委托方收取的政府性基金或者行政事业性收费，不得开具增值税专用发票。

（3）航空运输业的销售额

航空运输业的销售额不包括代收的机场建设费和代售其他航空运输企业客票而代收转付的价款。

自2018年1月1日起，航空运输销售代理企业提供境外航段机票代理服务，以取得的全部价款和价外费用，扣除向客户收取并支付给其他单位或者个人的境外航段机票结算款和相关费用后的余额为销售额。

（4）客运场站服务

试点的一般纳税人提供客运场站服务，以取得的全部价款加价外费用，扣减支付给承运方的费用后的余额为销售额。

（5）旅游服务

试点的纳税人提供旅游服务，可以选择以取得的全部价款和价外费用，扣除向旅游服务购买方收取并支付给其他单位或者个人的住宿费、餐饮费、交通费、签证费、门票费和支付给其他接团旅游企业的旅游费用后的余额为销售额。

按照以上办法计算销售额的试点纳税人，向旅游服务购买方收取并支付的上述费用，不得开具增值税专用发票，可以开具普通发票。

（6）建筑服务

试点的纳税人提供建筑服务适用简易计税方法的，以取得的全部价款和价外费用扣除支付的分包款后的余额为销售额。

（7）销售房地产项目

房地产开发企业中的一般纳税人销售其开发的房地产项目（选择简易计税方法的房地产老项目除外。房地产老项目，是指合同开工日期在 2016 年 4 月 30 日前的房地产项目），以取得的全部价款和价外费用，扣除受让土地时向政府部门支付的土地价款后的余额为销售额。

房地产开发企业中的一般纳税人销售其开发的房地产项目（选择简易计税方法的房地产老项目除外），在取得土地时向其他单位或个人支付的拆迁补偿费用也允许在计算销售额时扣除。

4. 视同销售货物和发生应税行为的销售额确定

纳税人发生视同销售货物或者视同发生应税行为的情形，间隔明显偏低或者偏高且不具有合理商业目的，或无销售额的，主管税务机关有权核定其销售额。确定销售额的方法及顺序如下：

（1）按照纳税人最近时期同类货物或者应税行为的平均销售价格确定；

（2）按照其他纳税人最近时期同类货物或者应税行为的平均销售价格确定；

（3）用以上两种方法均不能确定其销售额的情况下，按照组成计税价格确定销售额。

① 只征收增值税不征收消费税的货物的组成计税价格公式：

$$组成计税价格 = 成本 \times （1 + 成本利润率）$$

② 既征收增值税又征收消费税的货物的组成计税价格公式：

属于既征收增值税又应征收消费税的货物，其组成计税价格应加计消费税税额。组成计税价格公式为：

$$组成计税价格 = 成本 \times （1 + 成本利润率） + 消费税税额$$

或

$$组成计税价格 = 成本 \times （1 + 成本利润率） \div （1 - 消费税税率）$$

或

$$组成计税价格 = [成本 \times （1 + 成本利润率） + 课税数量 \times 消费税定额税率] \div （1 - 消费税税率）$$

在组成计税价格的公式中，"成本"指销售自产货物的实际生产成本和销售外购货物的采购成本。成本利润率由国家税务总局确定，现行成本利润率确定为 10%。属于应从价定率征收消费税的货物，其组成计税价格中的成本利润率为《消费税若干具体问题的规定》中规定的成本利润率。

【例2-9】　某机械厂（增值税一般纳税人）将30台自产甲产品（适用税率13%，不属于征收消费税的货物）作为投资提供给其他单位，每台甲产品的单位成本是5 000元，无同类产品的销售价格。该机械厂发生了视同销售行为，应计算销项税额，无同类产品的价格，所以用组成计税价格。

组成计税价格＝5 000×30×（1＋10%）＝165 000（元）

销项税额＝165 000×13%＝21 450（元）

2.5.2　当期进项税额的确定

增值税的进项税额是纳税人在购进货物、加工修理修配劳务、服务、无形资产或者不动产时所支付或者负担的增值税额。进项税额与销项税额实质上是相互对应的。在一项购销业务中，销售方收取的销项税额，就是购买方支付的进项税额。因此，同一个税额，对于销售方来说是销项税额，对于购货方来说是进项税额。在实际经营活动中，任何一个一般纳税人都会发生销售货物或提供应税劳务、购进货物或接受应税劳务的行为，因此，每一个一般纳税人都会有收取的销项税额和支付的进项税额。

增值税一般纳税人实际缴纳的增值税额就是用纳税人收取的销项税额抵扣其支付的进项税额。因此，可抵扣的进项税额的大小对纳税人实际纳税的多少产生重要的影响。然而，纳税人支付的进项税额并不是可以全部从销项税额中抵扣，这就需要正确区分准予抵扣与不准予抵扣的进项税额。进项税额的处理情况如图2-2所示。

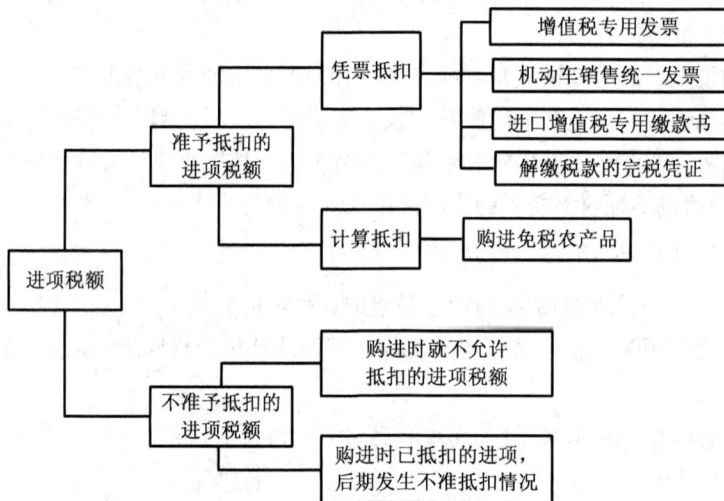

图 2-2　进项税额的处理

1. 准予从销项税额中抵扣的进项税额

根据规定准予从销项税额中抵扣的进项税额有两种情况，一是凭票（证、书）的抵扣；二是计算抵扣。

（1）凭票（证、书）抵扣的进项税额

① 一般纳税人在购买货物或应税劳务、应税行为时从销售方或提供方取得的增值税专用发票上注明的增值税额；

② 一般纳税人在购买机动车时从销售方或提供方取得的机动车销售统一发票上注明的增

值税额；

③ 从海关取得的海关进口增值税专用缴款书上注明的增值税额；

④ 从境外单位或者个人购进服务、无形资产或者不动产，从税务机关或者扣缴义务人取得的解缴税款的完税凭证上注明的增值税额。

（2）购买农产品计算抵扣的进项税额

除了持有增值税专用发票或海关完税凭证可抵扣进项税额之外，纳税人购进免税农产品时可计算出准予抵扣的进项税额。

增值税一般纳税人向农业生产者购买的农业产品，或者向小规模纳税人购买的农业产品，准予按照买价和9%扣除率计算进项税额，从当期销项税额中扣除。其进项税额的计算公式为：

准予抵扣的进项税额＝买价×扣除率

这里的农产品指直接从事植物的种植、收割和动物的饲养、捕捞的单位和个人销售的自产而且免征增值税的农业产品。

自2019年4月1日起，纳税人购进农产品，用于生产销售或委托加工13%税率货物的农产品，按照10%的扣除率计算进项税额。

若增值税一般纳税人收购烟叶，则计算准予抵扣进项税额的买价应包括烟叶税，具体计算公式如下：

准予抵扣的进项税额＝（收购烟叶实际支付的价款总额＋烟叶税）×扣除率

烟叶税＝收购烟叶实际支付的价款总额×20%

【例2-10】 某商业企业为增值税一般纳税人，2019年5月购进免税农产品的收购凭证上注明收购价为20 000元。计算该企业准予抵扣的进项税额。

准予抵扣的进项税额＝20 000×9%＝1 800（元）

假若该企业2019年5月购进该批免税农产品，收购凭证上注明收购价为20 000元，并用于继续生产包装类食品（适用增值税税率为13%），则

准予抵扣的进项税额＝20 000×10%＝2 000（元）

【例2-11】 卷烟厂2019年6月收购烟叶生产卷烟，收购凭证上注明实际支付的价款总额为55万元。计算烟厂收购烟叶可抵扣的进项税额。

可抵扣的进项税额＝55×（1＋20%）×10%＝6.6（万元）

2. 不准予从销项税额中抵扣的进项税额

纳税人购进货物或者接受劳务或应税行为，取得的增值税扣税凭证不符合法律、行政法规或国务院税务主管部门有关规定的，其进项税额不得从销项税额中抵扣。按照相关规定，下列项目的进项税额不得从销项税额中抵扣。

（1）用于简易计税方法的计税项目、免征增值税项目、集体福利和个人消费的购进货物、劳务、服务、无形资产和不动产。

其中涉及的固定资产、无形资产、不动产，仅指专用于上述项目的固定资产、无形资产（不包括其他权益性无形资产）、不动产。但是发生兼用于上述不允许抵扣项目情况的，该进项税额准予全部抵扣。（购进其他权益性无形资产专用于还是兼用于均可以抵扣进项税额）

纳税人的交际应酬消费属于个人消费。

（2）非正常损失的购进货物及相关的加工修理修配劳务和交通运输服务。非正常损失，是指生产经营过程中正常损耗外的损失，包括自然灾害损失，因管理不善造成货物被盗窃、发生

霉烂变质等的损失，其他非正常损失。

（3）非正常损失的在产品、产成品所耗用的购进货物（不包括固定资产）及相关的加工修理修配劳务和交通运输服务。

（4）非正常损失的不动产，以及该不动产所耗用的购进货物、设计服务和建筑服务。

（5）非正常损失的不动产在建工程所耗用的购进货物、设计服务和建筑服务。纳税人新建、改建、扩建修缮、装饰不动产，均属于不动产在建工程。

以上非正常损失是指因管理不善造成货物被盗、丢失、霉烂变质，以及因违反法律规定造成货物或者不动产被依法没收、销毁、拆除的情形。税法对非正常损失的购进货物的进项税额和非正常损失的在产品、产成品所耗用的购进货物或相关应税劳务、服务的进项税额不准予从销项税额中抵扣，是考虑到纳税人的这部分损失与其生产经营活动没有直接的关系，这部分非正常损失中的进项税额不应由国家承担。

（6）购进的贷款服务、餐饮服务、居民日常服务和娱乐服务。

对于一般纳税人购买的贷款服务、餐饮服务、居民日常服务和娱乐服务，很难界定接受劳务的对象是企业还是个人，因此，一般纳税人购进的贷款服务、餐饮服务、居民日常服务和娱乐服务的进项税额不得从销项税额中抵扣。

（7）纳税人接受贷款服务向贷款方支付的与该笔贷款直接相关的投融资顾问费、手续费、咨询费等费用，其进项税额不得从销项税额中抵扣。

（8）财政部和国家税务总局规定的其他情形。

（9）一般纳税人因兼营简易计税项目、免征增值税项目而无法准确划分不得抵扣进项税额的，按下列公式计算不得抵扣的进项税额：

$$不得抵扣的进项税额 = 当期无法划分的全部进项税额 \times \frac{当期简易计税方法计税项目销售额 + 免征增值税项目销售额}{当期全部销售额}$$

【例2-12】 某增值税一般纳税人某月外购液体材料10 000千克，支付每千克材料不含税价款30元。在运输途中因包装不严，遗漏100千克。计算该批货物准予抵扣的进项税额。

准予抵扣的进项税额＝（10 000－100）×30×13%＝35 100（元）

3. 有下列情形之一者，应当按照销售额和增值税率计算应纳税额，不得抵扣进项税额，也不得使用增值税专用发票：

（1）一般纳税人会计核算不健全，或者不能提供准确税务资料的；

（2）应当办理一般纳税人资格登记而未办理的。

4. 进项税额的调整规定

由于增值税实行以当期销项税额抵扣当期进项税额的"购进扣税法"，对于当期购进的货物或应税劳务，如果事先并未确定将用于简易计税项目、免税项目等，其进项税额会在当期销项税额中予以抵扣。然而已抵扣进项税额的购进货物或应税劳务等如果随后改变用途，发生以下情况：

（1）用于简易计税项目、免征增值税项目；

（2）用于集体福利或者个人消费；

（3）购进货物、加工修理修配劳务、交通运输服务发生非正常损失；

（4）非正常损失的在产品、产成品所耗用的在产品或产成品发生非正常损失；

（5）非正常损失的不动产及不动产在建工程，所耗用的购进货物、设计服务和建筑服务。

应将该项购进货物、加工修理修配劳务、交通运输服务的进项税额从当期发生的进项税额中扣减，无法准确确定该项进项税额的，按当期实际成本计算应扣减的进项税额。从当期发生的进项税额中扣减，是指已抵扣进项税额的购进货物、加工修理修配劳务、交通运输服务是在哪一个时期发生上述五种情况的，就从这个发生期内纳税人的进项税额中扣减，而无须追溯到这些购进货物或应税劳务抵扣进项税额的那个时期。

对无法准确确定该项进项税额的，"按当期实际成本计算应扣减的进项税额"，是指其扣减进项税额的计算依据不是按该货物或应税劳务、服务的原进价，而是按发生上述情况的当期该货物或应税劳务、服务的实际成本：

实际成本＝进价＋运费＋保险费＋其他有关费用

【例2-13】 某果酱厂2019年4月发生下列业务：

（1）三个月前向农民收购水果20 000千克，收购凭证注明金额为20 000元（每千克1元），进项税额已按10%抵扣。本月，由于管理不善水果腐烂2 000千克；

（2）本月又向农民收购水果20 000千克，收购凭证注明金额为40 000元（每千克2元），用于发放职工福利400千克。假设本月未发生其他购进业务，计算当月准予抵扣的进项税额。

解析： 三个月前收购的水果，其进项税额已抵扣，但本月其中的2 000千克发生腐烂，按照增值税规定，腐烂水果（非正常损失）的进项税额不准予抵扣，应在本期进项税额中进行转出；本月收购的水果中有400千克用于职工福利，属于不准予抵扣进项税额的情形。

本月准予抵扣的进项税额＝（40 000－400×2）×10%－2 000×1×10%

＝3 720（元）

2.5.3 应纳税额的计算

一般纳税人根据计算出的销项税额和确定的进项税额就可以计算出实际的应纳税额。在计算的过程中还应注意以下问题。

1. 增值税销项税额的"当期"时间确定

当期销项税额的"当期"与纳税义务发生时间和增值税专用发票的开具时限相呼应。例如，采取直接收款方式销售货物，不论货物是否发出，"当期"均为收到销售额或取得索取销售额的凭据，并将提货单交给买方的当天；采取托收承付和委托银行收款方式销售货物，"当期"为发出货物并办妥托收手续的当天。

2. 增值税进项税额的"当期"时间确定

（1）增值税专用发票进项税额抵扣的时间

增值税一般纳税人取得的增值税专用发票，应在开具之日起 180 日内到税务机关办理认证，并在认证通过的次月申报期内，向主管税务机关申报抵扣进项税额。值得注意的是，自 2016 年 3 月 1 日起对于纳税信用 A 级增值税一般纳税人取消增值税发票认证；自 2016 年 5 月 1 日起对于纳税信用 B 级增值税一般纳税人取得销售方使用新系统开具的增值税发票，可以不再进行认证。

纳税信用等级

（2）海关进口增值税专用缴款书进项税额抵扣的时间

自 2013 年 7 月 1 日起，增值税一般纳税人进口货物取得的属于增值税扣税范围的海关进口增值税专用缴款书，需经过税务机关稽核比对相符后，其增值税额才能作为进项税额在销项税

额中抵扣。

增值税一般纳税人取得的 2017 年 7 月 1 日以后开具的海关进口增值税专用缴款书，应自开具之日起 360 日内向主管国税机关报送《海关完税凭证抵扣清单》，申请稽核比对，比对相符后，其增值税额才能作为进项税额在销项税额中抵扣。

3. 未按期申报抵扣增值税扣税凭证抵扣的规定

增值税一般纳税人取得的增值税专用发票以及海关进口增值税专用缴款书，未在规定期限内到税务机关办理认证或者申报抵扣的（免于认证的纳税人除外），不得作为合法的纳税凭证，不得计算进项税额抵扣。

增值税一般纳税人未在规定期限认证，符合规定客观原因的，经审核后，可申报抵扣。客观原因包括如下类型：

（1）因自然灾害、社会突发事件等不可抗力原因造成增值税扣税凭证未按期申报抵扣；

（2）有关司法、行政机关在办理业务或者检查中，扣押、封存纳税人账簿资料，导致纳税人未能按期办理申报手续；

（3）税务机关信息系统、网络故障，导致纳税人未能及时取得认证结果通知书或稽核结果通知书，未能及时办理申报抵扣；

（4）由于企业办税人员伤亡、突发危重疾病或者擅自离职，未能办理交接手续，导致未能按期申报抵扣；

（5）国家税务总局规定的其他情形。

4. 计算应纳税额时进项税额不足抵扣的规定

增值税一般纳税人采取购进扣税法，有时企业购进的货物很多，在计算应纳税额时会出现当期销项税额小于当期进项税额而不足抵扣的情况。税法规定，当期进项税额不足抵扣的部分可以结转至下期继续抵扣。

5. 销货退回或折让的相关规定

纳税人适用一般计税方法计税的，在货物购销活动中，因货物质量、规格等原因常会发生销售折让、中止、退回的情况。由于销售折让、中止、退回不仅涉及销货价款或折让价款的退回，还涉及增值税的退回，这样，销货方和购货方应相应地对当期的销项税额或进项税额进行调整。一般纳税人因销售折让、中止、退回而退还给购买方的增值税额，应从发生当期的销项税额中扣减；因销售折让、中止、退回而收回的增值税额，应从发生当期的进项税额中扣减。

一般纳税人销售货物或提供应税劳务或发生应税行为，开具增值税专用发票后，发生销售货物退回或者折让、开票有误等情形，应按规定开具红字增值税专用发票。未按规定开具红字增值税专用发票的，不得扣减销项税额或者销售额。

纳税人进货退出或折让而不扣减当期进项税额，造成不纳税或少纳税的，都将被认定为是逃避缴纳税款行为，并按逃避缴纳税款予以处罚。

6. 向供货方取得返还收入的相关规定

对商业企业向供货方收取的与商品销售量、销售额挂钩的各种返还收入，按照平销返利行为的有关规定冲减当期进项税额。应冲减进项税额的计算公式如下：

$$\text{当期应冲减进项税额} = \frac{\text{当期取得的返还资金}}{1 + \text{所购货物适用增值税税率}} \times \text{所购货物适用增值税税率}$$

商业企业向供货方收取的各种返还收入，一律不准予开具增值税专用发票。

7. 一般纳税人注销时进项税额的规定

一般纳税人注销或被取消辅导期一般纳税人资格，转为小规模纳税人时，其存货不做进项税额转出处理，其留抵税额也不予以退税。

【例2-14】 某规模性企业为增值税一般纳税人，产品适用税率13%，2019年7月发生下列经济业务：

（1）销售A产品60台，开具增值税专用发票，不含税单价0.78万元；

（2）销售B产品，开具普通发票，取得含税销售额5.65万元

（3）将30台C产品作为投资提供给其他单位，单位成本0.5万元，成本利润率10%，无同类产品的销售价格；

（4）销售2015年2月购进作为固定资产使用过的进口汽车1辆，开具增值税专用发票，注明取得不含税销售额37.29万元；

（5）购进一批生产用原材料，取得增值税专用发票，注明税款6.6万元；

（6）支付运输公司的运输费用9万元，取得运输公司开具的增值税专用发票，上面注明的税金为0.9万元；

（7）本月购进型号一致的手提式监测仪器2部，取得销售方开具的增值税专用发票，注明税额0.96万元，其中一部由于运输途中发生意外导致设备毁损。

要求：计算该企业2019年7月应纳增值税税额。以上相关票据都符合税法的规定。

（1）销售A产品销项税额为：

$0.78 \times 60 \times 13\% = 6.084$（万元）

（2）销售B产品销项税额为：

$5.8 \div (1+13\%) \times 16\% = 0.65$（万元）

（3）将本企业产品用于对外投资视同销售，销项税额为：

$0.5 \times 30 \times (1+10\%) \times 13\% = 2.145$（万元）

（4）销售使用过的汽车销项税额为：

$37.29 \div (1+13\%) \times 13\% = 4.29$（万元）

（5）购进生产用的原材料进项税额＝6.6（万元）

（6）购进运输服务的进项税额＝0.9（万元）

（7）购进的手提式监测仪器，可抵扣的进项税额：$0.96 \div 2 = 0.48$（万元）

（8）企业当期销项税额＝$6.084+0.65+2.145+4.29 = 13.169$（万元）

（9）企业当期准予抵扣的进项税额＝$6.6+0.9+0.48 = 7.98$（万元）

（10）企业当期应纳增值税税额＝当期销项税额－当期进项税额

$$= 13.169 - 7.98 = 5.189（万元）$$

【例2-15】 某食品加工厂为增值税一般纳税人，适用税率13%，2019年7月发生下列经济业务：

（1）销售A食品给某商场，开具增值税专用发票，取得不含税销售额100万元；销售A商品给某个体商户，开具普通发票，取得含税销售额11.3万元；

（2）将本厂新开发的B食品一批，成本价为30万元，发放给职工作为春节福利，该商品无同类产品市场销售价格；

（3）购进生产原料一批，取得增值税专用发票，注明价款50万元，进项税额8.5万元，货已验收入库，专用发票已通过认证；

税法：理论、案例与实务（微课版）

（4）从农业生产者处购进免税农产品一批，用于生产速冻食品，支付收购价200万元；

（5）购进包装流水线设备一套，取得增值税专用发票，注明税款5.1万元，专用发票已通过认证。

要求：计算该食品加工厂7月留抵的增值税税额。

（1）销售A食品销项税额：

$100 \times 13\% + 11.3 \div (1 + 13\%) \times 13\% = 14.3$（万元）

（2）将本产品用于职工福利视同销售，销项税额为：

$30 \times (1 + 10\%) \times 13\% = 4.29$（万元）

（3）外购货物应准予抵扣进项税额=8.5（万元）

（4）外购免税农产品准予抵扣进项税额为：

$200 \times 10\% = 20$（万元）

（5）外购生产设备应抵扣进项税额=5.1（万元）

（6）企业当期销项税额=14.3+4.29=18.59（万元）

（7）企业当期准予抵扣的进项税额=8.5+20+5.1=33.6（万元）

（8）企业当期进项税额大于销项税额，留待下期继续抵扣的增值税税额为：

$33.6 - 18.59 = 15.01$（万元）

【例2-16】 H公司为增值税一般纳税人，2018年12月生产经营情况如下。

（1）购进一台生产用机器设备，取得的增值税专用发票上注明增值税税额27万元；另外支付运费30万元（不含税），取得的增值税专用发票上注明增值税税额3万元。

（2）购进水泥一批用于修建产品仓库，取得的增值税专用发票上注明增值税税额34万元。

（3）接受乙公司提供的设计服务，取得的增值税专用发票上注明增值税税额0.3万元。

（4）从丙银行贷款1 000万元，支付利息60万元。

（5）接受丁公司提供的旅客运输服务和餐饮服务，合计支出0.4万元。

（6）企业职工食堂领用本年度4月购进的已经抵扣进项税额的材料，成本10万元，该材料适用的增值税税率为13%。

（7）销售自产货物一批（适用的增值税税率为13%），取得不含税销售额共计600万元，另收取优质费3.39万元和包装物押金1.13万元（合同约定3个月后收回包装物并退还押金）。

要求：计算H公司12月应缴纳的增值税税额。

（1）购进生产用机器设备的进项税额：27+3=30（万元）

（2）购进水泥的进项税额：34万元

（3）接受设计服务的进项税额：0.3万元

（4）职工食堂4月领用材料转出的进项税额：

$10 \times 13\% = 1.3$（万元）

（5）销售自产货物的销项税额：

$600 \times 13\% + 3.39 \div (1 + 13\%) \times 13\% = 78.39$（万元）

（6）企业当期销项税额=78.39（万元）

（7）企业当期准予抵扣的进项税额=30+34+0.3-1.3=63（万元）

（8）企业当期应纳增值税额=当期销项税额-当期进项税额

$= 78.39 - 63 = 15.39$（万元）

2.6

简易计税法及进口货物应纳税额的计算

纳税人发生应税销售行为适用简易计税方法的，按照销售额和征收率计算应纳增值税税额，并且不得抵扣进项税额。计算公式为：

应纳税额＝销售额（不含增值税）×征收率

2.6.1 小规模纳税人应纳税额的计算

小规模纳税人销售货物或提供应税劳务或是发生应税行为，实行按照销售额和征收率计算应纳税额的简易办法，并且不得抵扣进项税额。计算公式为：

应纳税额＝销售额×征收率

小规模纳税人在销售货物或提供应税劳务或是发生应税行为时，只能开具普通发票，所以，其取得的销售收入均为含税销售额，小规模纳税人在计算应纳税额时，必须将含税销售额换算为不含税销售额后才能进行计算。换算公式为：

不含税销售额＝含税销售额÷（1＋征收率）

【例2-17】 某商店为增值税小规模纳税人，2月取得含税销售额20 600元，计算该商店应纳增值税税额。

（1）不含税销售额＝20 600÷（1＋3%）＝20 000（元）

（2）应纳增值税额＝20 000×3%＝600（元）

【例2-18】 甲运输公司（小规模纳税人）2018年1月取得运费收入15.45万元，支付车辆修理费2万元、路桥费2万元，借用乙运输公司司机一人，向该司机支付劳务费1万元。计算甲运输公司1月应纳的增值税税额。

（1）甲运输公司取得的不含税销售额：

15.45÷（1＋3%）＝15（万元）

（2）甲运输公司应纳增值税额：

15×3%＝0.45（万元）

2.6.2 资管产品的增值税计算规定

资管产品管理人（以下称管理人）运营资管产品过程中发生的增值税应税行为（以下称资管产品运营业务），暂适用简易计税方法，按照3%的征收率缴纳增值。

资管产品管理人，包括银行、信托公司、公募基金管理公司及其子公司、证券公司及其子公司、期货公司及其子公司、私募基金管理人、保险资产管理公司、专业保险资产管理机构、养老保险公司。

资管产品，包括银行理财产品、资金信托（包括集合资金信托、单一资金信托）、财产权信托、公开募集证券投资基金、特定客户资产管理计划、集合资产管理计划、定向资产管理计划、私募投资基金、债权投资计划、股权投资计划、股债结合型投资计划、资产支持计划、组合类保险资产管理产品、养老保障管理产品。

管理人应分别核算资管产品运营业务和其他业务的销售额和增值税应纳税额。未分别核算的，不适用简易征税规定。对资管产品在 2018 年 1 月 1 日前运营过程中发生的增值税应税行为，未缴纳增值税的，不再缴纳；已缴纳增值税的，已纳税额从资管产品管理人以后月份的增值税应纳税额中抵减。

2.6.3 进口货物应纳税额的计算

1. 进口货物的征税范围和纳税人

（1）进口货物的征税范围

《增值税暂行条例》规定申报进入中华人民共和国海关境内的货物，均应缴纳增值税。一项货物是否属于进口货物，必须首先看其是否有报关进口手续。一般来说，境外产品要输入境内，都必须向我国海关申报进口，并办理有关报关手续。只要是报关进口的应税货物，不论其是境外产制还是我国已出口而转销境内的货物，是进口者自行采购还是境外捐赠的货物，是进口者自用还是作为贸易或其他用途等，均应按照规定缴纳进口环节的增值税。

从其他国家或地区进口《跨境电子商务零售进口商品清单》范围内的以下商品适用于跨境电子商务零售进口增值税政策：

① 所有通过与海关联网的电子商务交易平台交易，能够实现交易、支付、物流电子信息"三单"比对的跨境电子商务零售进口商品；

② 未通过与海关联网的电子商务交易平台交易，但快递、邮政企业能够统一提供交易、支付、物流等电子信息，并承诺承担相应法律责任进境的跨境电子商务零售进口商品。

不属于跨境电子商务零售进口的个人物品以及无法提供交易、支付、物流等电子信息的跨境电子商务零售进口商品，按现行规定执行。

（2）进口货物的纳税人

进口货物的收货人或办理报关手续的单位和个人，为进口货物增值税的纳税义务人。进口货物增值税纳税人的范围较宽，包括了境内一切从事进口业务的企事业单位、机关团体和个人。对于企业、单位和个人委托代理进口应征增值税的货物，以海关开具的完税凭证上的纳税人为增值税纳税人。

跨境电子商务零售进口商品按照货物征收关税和进口环节增值税、消费税，购买跨境电子商务零售进口商品的个人作为纳税义务人。电子商务企业、电子商务交易平台企业或物流企业可作为代收代缴义务人。跨境电子商务零售进口商品的单次交易限值为人民币 2 000 元，个人年度交易限值为人民币 20 000 元以内进口的跨境电子商务零售进口商品，关税税率为 0%。

2. 应纳税额的计算

纳税人进口货物，按照组成计税价格和适用税率计算应纳税额，不得抵扣任何税额。若进口货物不属于消费税应税消费品，组成计税价格公式为：

组成计税价格＝关税完税价格＋关税

若进口货物属于消费税应税消费品，其组成计税价格中还要包括已纳消费税税额。组成计税价格公式为：

组成计税价格＝关税完税价格＋关税＋消费税

进口环节应纳增值税税额＝组成计税价格×税率

进口货物应纳税额的计算中需要注意的是，进口货物增值税的组成计税价格中包括已纳关税税额。不得抵扣任何税额，是指在计算进口环节的应纳增值税税额时，不得抵扣发生在我国境外的各种税金。另外，按照我国《海关法》和《进出口关税条例》的规定，一般贸易下进口货物的关税完税价格是以海关审定的成交价格为基础的到岸价格。这里的成交价格是一般贸易项下进口货物的买方为购买该项货物向卖方实际支付或应当支付的价格；到岸价格，包括货价，加上货物运抵我国关境内输入地点起卸前的包装费、运费、保险费和其他劳务费等费用构成的价格。

纳税人进口货物取得的合法海关完税凭证，是计算增值税进项税额的唯一依据，其价格差额部分以及从境外供应商取得的退还或返还的资金，不做进项税额转出处理。跨境电子商务零售进口商品按照货物征收关税、消费税，以实际交易价格（包括货物零售价格、运费和保险费）作为完税价格。

跨境电子商务零售进口商品的进口环节增值税、消费税取消免征税额，暂按法定应纳税额的 70%征收。超过单次限值、累加后超过个人年度限值的单次交易，以及完税价格超过 2 000 元限值的单个不可分割商品，均按照一般贸易方式全额征税。

【例2-19】 某商贸进出口公司为增值税一般纳税人，9月进口货物一批。货物的进口关税完税价格为600 000美元，当日外汇牌价（中间价）为1美元＝6.27元人民币，关税税率12%，增值税税率为13%。要求：计算该公司应缴纳的进口环节增值税税额（关税＝关税完税价格×关税税率）。

（1）关税＝600 000×6.27×12%＝451 440（元）

（2）应纳增值税额＝（关税完税价格＋关税）×税率

　　　　　　　　＝（600 000×6.27＋451 440）×13%

　　　　　　　　＝547 747.2（元）

【例2-20】 某进出口公司进口卷烟一批，到岸价80 000元，在海关缴纳关税160 000元，应缴纳消费税197 263.63元。计算该批货物应缴纳的进口环节增值税税额。

（1）组成计税价格＝关税完税价格＋关税＋消费税

　　　　　　　　＝80 000＋160 000＋197 263.63

　　　　　　　　＝437 263.63（元）

（2）应纳增值税税额＝组成计税价格×税率

　　　　　　　　＝437 263.63×13%＝56 844.271 9（元）

2.7 出口货物、劳务和跨境应税行为的退（免）税

在经济全球化的进程中，出口货物退（免）税是国际贸易中通常采用的并为世界各国普遍接受的措施，通过退还或免征间接税（目前我国主要包括增值税、消费税），鼓励各国出口货物公平竞争。

我国的出口货物、劳务和跨境应税行为退（免）增值税是指在国际贸易业务中，对我国报

关出口的货物、劳务和跨境应税行为退还或免征其在境内各生产和流转环节按税法规定缴纳的增值税，即对应征增值税的出口货物、劳务和跨境应税行为实行零税率。增值税出口货物的零税率有两层含义：一是对本道环节生产或销售货物、劳务和跨境应税行为的增值部分免征增值税；二是对出口货物、劳务和跨境应税行为的前道环节所含的进项税额进行退付。

2.7.1　出口货物、劳务和跨境应税行为退（免）增值税基本政策

目前，我国的出口货物、劳务和跨境应税行为退（免）增值税政策分为以下三种类型。

1. 出口免税并退税

出口免税，是指对货物、劳务和跨境应税行为在出口销售环节免征增值税，这是把货物、劳务和跨境应税行为出口环节与出口前的销售环节都同样视为一个征税环节；出口退税是指对货物、劳务和跨境应税行为在出口前实际承担的税收负担，按规定的退税率计算后予以退还。

按照税法相关规定，出口企业是指依法办理工商登记、税务登记、对外贸易经营者备案登记，自营或委托加工出口货物的单位或个体工商户，以及依法办理工商登记、税务登记但未办理对外贸易经营者备案登记，委托出口货物的生产企业；出口货物是指向海关报关后实际离境并销售给境外单位或个人的货物，分为自营出口和委托出口货物。出口企业对外援助、对外承包、境外投资的出口货物视同出口货物。出口企业对外提供加工修理修配劳务，是指对进境复出口的货物或从事国际运输的运输工具进行的加工修理修配。

2. 出口免税不退税

出口免税，仍然是指对货物、劳务和跨境应税行为在出口销售环节免征增值税；出口不退税是指适用这个政策的出口货物、劳务和跨境应税行为因在前一道生产、销售环节或进口环节是免税的，因此，出口时该货物、劳务和跨境应税行为的价格中本身就不含税，也无须退税。

对符合下列条件的出口货物、劳务和应税行为，实行免征增值税政策。

（1）出口企业或其他单位出口规定的货物

① 增值税小规模纳税人出口的货物。

② 避孕药品和用具。

③ 古旧图书。

④ 符合条件的软件产品。

⑤ 含黄金、铂金成分的货物，钻石及其饰品。

⑥ 国家计划内出口的卷烟。

⑦ 非出口企业委托出口的货物。

⑧ 农业生产者自产农产品。

⑨ 来料加工复出口的货物。

⑩ 外贸企业取得普通发票、废旧物资收购凭证、农产品收购发票、政府非税收入票据的货物。

（2）出口企业或其他单位视同出口的货物和劳务

① 国家批准设立的免税店销售的免税货物。

② 特殊区域内的企业为境外单位或个人提供加工修理修配劳务。

③ 同一特殊区域，不同特殊区域内的企业之间销售特殊区域内的货物。

（3）境内单位和个人销售的下列服务和无形资产免征增值税，但财政部和国家税务总局规

定的适用增值税零税率的除外，具体包括。

1）销售的下列服务：

① 工程项目在境外的建筑服务；

② 工程项目在境外的工程监理服务；

③ 工程、矿产资源在境外的工程勘察勘探服务；

④ 会议展览地点在境外的会议展览服务；

⑤ 存储地点在境外的仓储服务；

⑥ 标的物在境外使用的有形动产租赁服务；

⑦ 在境外提供的广播影视节目（作品）的播映服务；

⑧ 在境外提供的文化体育服务、教育医疗服务、旅游服务。

2）为出口货物提供的邮政服务、收派服务、保险服务；为出口货物提供的保险服务，包括出口货物保险和出口信用保险。

3）向境外单位提供的完全在境外消费的下列服务和无形资产：

① 电信服务；

② 知识产权服务；

③ 物流辅助服务（仓储服务、收派服务除外）；

④ 鉴证咨询服务；

⑤ 专业技术服务；

⑥ 商务辅助服务；

⑦ 广告投放地在境外的广告服务；

⑧ 无形资产。

4）境内单位或个人以无运输工具承运方式提供的国际运输服务，无运输工具承运业务的经营者适用增值税免税政策。

5）为境外单位之间的货币资金融通及其他金融业务提供的直接收费金融服务，且该服务与境内的货物、无形资产和不动产无关。

6）境内单位或个人提供适用增值税零税率的服务或者无形资产，如果属于简易计征方法的，实行免征增值税办法。

7）财政部和国家税务总局规定的其他服务。

3. 出口不免税也不退税

出口不免税，是指对国家限制或禁止出口的某些货物、劳务和跨境应税行为的出口环节视同内销环节，照常征税；出口不退税是指对这些货物、劳务和跨境应税行为出口不退还出口前其所负担的税款。

下列出口货物和劳务不实行增值税退（免）税和免税政策，按照规定征收增值税：

（1）出口企业出口或视同出口财政部和国家税务总局根据国务院决定明确的取消出口退（免）税的货物。

（2）出口企业或其他单位销售给特殊区域内的生活消费用品和交通运输工具。

（3）出口企业或其他单位因骗取出口退税被税务机关停止办理增值税退（免）税期间出口的货物。

（4）出口企业或其他单位提供虚假备案单证的货物。

（5）出口企业或其他单位增值税退（免）税凭证有伪造或内容不实的货物。

（6）出口企业或其他单位未在国家税务总局规定期限内申报免税核销以及经主管税务机关审核不予免税核销的出口卷烟。

2.7.2　出口货物的退税率

1. 增值税出口退税率

出口货物的退税率，是出口货物的实际退税额与退税计税依据的比例。由于出口退税率的高低受一定时期该货物的实际税负、实际征收水平和外汇兑换等诸多因素影响，因此，我国的出口退税率一直在不断进行着调整。增值税出口退税率共分五档，16%、13%、10%、6%和0。自2019年4月1日起，原适用16%税率且出口退税率为16%的出口货物和劳务，出口退税率调整为13%；原适用10%税率且出口退税率为10%的出口货物、跨境应税行为，出口退税率调整为9%。因此，现行出口退税率为13%、10%、9%、6%和0。

此外，适用13%税率的境外旅客购物离境退税物品，退税率为11%；适用9%税率的境外旅客购物离境退税物品，退税率为8%。

2. 退税率的特殊规定

（1）外贸企业按照简易办法征税的出口货物、从小规模纳税人处购进的出口货物，其退税率分别为简易办法实际执行的征收率、小规模纳税人的征收率。上述出口货物取得增值税专用发票的，退税率按照增值税专用发票上的税率和出口货物退税率孰低的原则确定。

（2）出口企业委托加工修理修配货物，其加工修理修配费用的退税率，为出口货物的退税率。

适用不同退税率的货物、劳务和跨境应税行为，应分开报关、核算并申报退（免）税，未分开报关、核算或划分不清的，从低适用退税率。

2.7.3　出口货物退税的计算

出口货物、劳务的增值税退（免）税的计税依据，按照出口货物、劳务的出口发票（外销发票）、其他普通发票或购进出口货物、劳务的增值税专用发票、海关进口增值税专用缴款书确定。

出口货物只有在适用既免税又退税的政策时，才会涉及如何计算退税的问题。我国出口货物规定如下两种退税计算办法。

1. "免、抵、退"税计算方法

"免"税，是指对生产企业出口的自产货物，免征本企业生产销售环节的增值税；"抵"税，是指生产企业出口自产货物所耗用的原材料、零部件、燃料、动力等所含应予退还的进项税额，抵扣内销货物的应纳税额；"退"税，是指生产企业出口的自产货物在当月内应抵扣的进项税额大于应纳税额时，对未抵扣完的部分予以退税。具体计算如下。

（1）当期应纳税额的计算

当期应纳税额的计算是用内销货物销项税额与全部进项税额相抵，同时剔除掉不可抵扣的因素。如果计算结果为正数，则不涉及退税；如果计算结果为负数，则需要与免抵退税额对比大小并计算应退税额。

$$
\begin{array}{c}
当期应纳 \\ 税额
\end{array} = \begin{array}{c}
当期内销货物 \\ 的销项税额
\end{array} - \left(\begin{array}{c}
当期进项 \\ 税额
\end{array} - \begin{array}{c}
当期免抵退税不得 \\ 免税和抵扣税额
\end{array} \right) - \begin{array}{c}
上期留 \\ 抵税额
\end{array}
$$

其中：

$$
\begin{array}{c}
当期免抵退税不得 \\ 免税和抵扣税额
\end{array} = \begin{array}{c}
出口货物 \\ 离岸价
\end{array} \times \begin{array}{c}
外汇人民币 \\ 折合率
\end{array} \times \left(\begin{array}{c}
出口货物 \\ 征税率
\end{array} - \begin{array}{c}
出口货物 \\ 退税率
\end{array} \right)
$$

$$
- \begin{array}{c}
免抵退税不得免征 \\ 和抵扣税额抵减额
\end{array}
$$

出口货物离岸价以出口发票计算的离岸价为准。出口发票不能如实反映实际离岸价的，企业必须按照实际离岸价向主管国税机关申报，同时主管税务机关有权依照《税收征收管理法》《增值税暂行条例》等有关规定予以核定。

$$
\begin{array}{c}
免抵退税不得免征 \\ 和抵扣税额抵减额
\end{array} = \begin{array}{c}
免税购进 \\ 原材料价格
\end{array} \times \left(\begin{array}{c}
出口货物 \\ 征税率
\end{array} - \begin{array}{c}
出口货物 \\ 退税率
\end{array} \right)
$$

当期免税购进原材料包括当期从国内购进的无进项税额且不计提进项税额的免税原材料和当期进料加工保税进口料件，其中当期进料加工保税进口料件的价格为进料加工出口货物耗用的保税进口料件金额：

$$
\begin{array}{c}
进料加工出口货物耗用的 \\ 保税进口料件金额
\end{array} = \begin{array}{c}
进料加工货物 \\ 人民币离岸价
\end{array} \times \begin{array}{c}
进料加工 \\ 计划分配率
\end{array}
$$

计划分配率＝计划进口总值÷计划出口总值×100%

需要注意的是，如果没有免税购进原材料，前面公式中的不得免征和抵扣税额抵减额，后面公式中的免抵退税抵减额，就不需要计算。

（2）免抵退税额的计算

免抵退税额的计算是为了确认纳税人当期可以享受的免抵退税的总限度。公式为：

$$
免抵退税额 = \begin{array}{c}
当期出口 \\ 货物离岸价
\end{array} \times \begin{array}{c}
外汇人民币 \\ 折合率
\end{array} \times \begin{array}{c}
出口货物 \\ 退税率
\end{array} - \begin{array}{c}
免抵退税 \\ 抵减额
\end{array}
$$

免抵退税抵减额＝免税购进原材料价格×出口货物退税率

（3）当期应退税额和免抵税额的计算

用当期应纳税额计算出的留抵税额［即当期应纳税额＜0］的绝对值与当期可免抵退税额比大小，选择结果较小的值确认出口退税。

① 当期期末留抵税额≤当期免抵退税额，则：

当期退税额＝未抵完的期末留抵税额

当期免抵税额＝当期免抵退税额－当期应退税额

② 当期期末留抵税额＞当期免抵退税额，则：

当期退税额＝当期免抵退税额

当期免抵税额＝0

【例2-21】 自营出口甲生产企业为增值税一般纳税人，出口货物的征税率为13%，退税率为10%。2019年5月企业有关经营业务如下：购进原材料一批，取得的增值税专用发票注明税额68

万元，发票已通过认证。上月末留抵税款6万元，本月内销货物，取得含税销售额226万元，本月出口货物的销售额折合人民币400万元。计算该企业当期的"免、抵、退"税额。

（1）当期免抵退税不得免征和抵扣税额＝400×（13%－10%）＝12（万元）

（2）当期应纳税额＝226÷（1＋13%）×13%－（68－12）－6

$$＝26－56－6＝－36（万元）$$

（3）出口货物免抵退税额＝400×10%＝40（万元）

（4）因为，当期期末留抵税额≤当期免抵退税额

当期应退税额＝当期期末留抵税额

则该企业当期应退税额＝36（万元）

（5）因为，当期免抵税额＝当期免抵退税额－当期应退税额

则当期免抵税额＝40－36＝4（万元）

【例2-22】 A公司为符合"免、抵、退"税政策的一家生产企业，2019年7月发生以下经济业务：自营出口产品1万台，离岸价格（FOB）为每台100美元，外汇人民币牌价为1美元：6.7元人民币，内销货物不含税的销售额为6 000万元。本期购入材料的进项税额为600万元。假设该公司无上月留抵待扣的增值税进项税额，无免税购进的原材料，出口退税率为13%。计算A公司2月的免、抵、退税额。

（1）应纳税额＝6 000×13%－600＝180（万元）

（2）出口货物免抵退税额＝1×100×6.7×13%＝87.1（万元）

（3）因为，应纳税额≥0，则

当期应退税额＝0（万元）

当期免抵税额＝87.1（万元）

【例2-23】 B公司为符合免、抵、退政策的一家生产企业，2019年9月发生以下经济业务：自营出口产品1万台，离岸价格（FOB）为每台100美元，外汇人民币牌价为1美元：6.7元人民币，内销货物不含税的销售额为4 000万元，本期购入材料的增值税进项税额为800万元。B公司上月留抵待扣的增值税进项税额为10万元，B公司本期免税购进的原材料为进料加工免税进口料件，其组成计税价格为100万元，假设出口退税率为6%。计算B公司2019年9月的免、抵、退税额。

（1）免抵退税不得免征和抵扣税额抵减额＝

免税进口料件的组成计税价格×（出口货物征税率－出口货物退税率）

＝100×（13%－6%）

＝7（万元）

（2）免抵退税不得免征和抵扣税额＝

当期出口货物离岸价×外汇人民币牌价×（出口货物征税率－出口货物退税率）－免抵退税不得免征和抵扣税额抵减额

＝100×6.7×（13%－6%）－7

＝39.9（万元）

（3）当期应纳税额＝4 000×13%－（800－39.9）－10＝－250.1（万元）

（4）免抵退税额＝100×6.7×6%－100×6%＝34.2（万元）

（5）因为，当期期末留抵税额＞当期免抵退税额，则

当期退税额＝当期免抵退税额＝34.2（万元）

当期免抵税额＝0

2. 外贸企业出口货物、劳务和应税行为的退免税计算

外贸企业出口货物、劳务和应税行为增值税免退税，按照下列公式计算：

（1）外贸企业出口委托加工修理修配货物以外的货物

外贸企业出口委托加工修理修配货物以外的货物，增值税免退税的计算按照以下公式计算：

$$增值税应退税额＝增值税退（免）税计税依据×出口货物退税率$$

【例2-24】 某进出口公司2019年6月从工具厂采购2 000件工具出口至国外，取得增值税专用发票，注明每件不含税价格280元人民币，退税率9%，计算应退税额。

应退税额＝280×2 000×9%＝50 400（元）

（2）外贸企业出口委托加工修理修配货物

外贸企业出口委托加工修理修配的货物，增值税免退税按照以下公式计算：

$$增值税应退税额＝委托加工修理修配的增值税退（免）税计税依据×出口货物退税率$$

【例2-25】 某进出口公司2018年1月从国内购进一批高纤维原料委托加工成内衣出口，取得原料增值税专用发票，注明计税金额50 000元；取得加工费计税金额20 000元，受托方将原料成本并入加工修理修配并开具了增值税专用发票。假设出口退税率13%，计算应退的增值税税额。

应退税额＝（50 000＋20 000）×13%＝9 100（元）

（3）外贸企业兼营的零税率应税行为

外贸企业兼营的零税率应税行为增值税免退税按照以下公式计算：

$$增值税应退税额＝外贸企业兼营的零税率应税行为计税依据×零税率应税行为增值税退税率$$

出口货物、劳务的增值税退（免）税的计税依据，按出口货物、劳务的出口发票（外销发票）、其他普通发票或购进出口货物、劳务的增值税专用发票、海关进口增值税专用缴款书确定。

3. 其他规定

（1）退税率低于适用税率的，相应计算出的差额部分的税款计入出口货物劳务成本。

（2）实行"免、抵、退"税办法的零税率应税行为提供者如同时有货物、劳务（劳务指对外加工修理修配）出口且未分别计算的，可一并计算"免、抵、退"税额。

2.8 税收优惠

2.8.1 《增值税暂行条例》规定的免税项目

《增值税暂行条例》规定的免税项目如下。

（1）农业生产者销售的自产农业产品。

农业生产者，包括从事农业生产的单位和个人。农业产品是指种植业、养殖业、林业、牧业、水产业生产的各类植物、动物的初级产品。

（2）避孕药品和用具。

（3）古旧图书，是指向社会收购的古书和旧书。

（4）直接用于科学研究、科学试验和教学的进口仪器、设备。

（5）外国政府、国际组织无偿援助的进口物资和设备。

（6）由残疾人组织直接进口供残疾人专用的物品。

（7）销售自己使用过的物品，是指其他个人销售自己使用过的物品。

2.8.2 试点期间规定的增值税税收优惠政策

1. 下列项目免征增值税

（1）托儿所、幼儿园提供的保育和教育服务。

（2）养老机构提供的养老服务。

（3）残疾人福利机构提供的育养服务。

（4）婚姻介绍服务。

（5）殡葬服务。

（6）残疾人员本人为社会提供的服务。

（7）医疗机构提供的医疗服务。

（8）从事学历教育的学校提供的教育服务。

学历教育是指受教育者经过国家教育考试或者国家规定的其他入学方式，进入国家有关部门批准的学校或者其他教育机构学习，获得国家承认的学历证书的教育形式。

（9）学生勤工俭学提供的服务。

（10）农业机耕、排灌、病虫害防治、植物保护、农牧保险以及相关技术培训业务，家禽、牲畜、水生动物的配种和疾病防治。

（11）纪念馆、博物馆、文化馆、文物保护单位管理机构、美术馆、展览馆、书画院、图书馆在自己的场所提供文化体育服务取得的第一道门票收入。

（12）寺院和教堂举办文化、宗教活动的门票收入。

（13）行政单位之外的其他单位收取的符合条件的政府性基金和行政事业性收费。

（14）个人转让著作权。

（15）个人销售自建自用住房。

（16）纳税人提供的直接或者间接国际货物运输代理服务。

（17）保险公司开展的 1 年期以上返还性人身保险业务的保费收入。

一年期以上人身保险，是指保期在 1 年以上，到期返还本利的普通人寿保险、养老年金保险和健康保险。

（18）再保险服务。

境内保险公司向境外保险公司提供的完全在境外消费的再保险服务，免征增值税。

（19）金融同业往来利息收入。

金融机构往来，包括金融机构与人民银行发生的资金往来业务、银行联行往来业务、金融机构间的资金往来业务、金融机构间开展的转贴现业务等。

（20）下列金融商品转让收入。

① 合格境外投资者（QFII）委托境内公司在我国从事证券买卖业务；

② 我国香港地区市场投资者（包括单位和个人）通过沪港通、深港通买卖上海、深圳证券交易所上市 A 股；

③ 对我国香港地区市场投资者（包括单位和个人）通过基金互认买卖内地基金份额；

④ 证券投资基金（封闭式证券投资基金，开放式证券投资基金）管理人运用基金买卖股票、债券；

⑤ 个人从事金融商品转让业务。

（21）国家商品储备管理单位及其直属企业承担商品储蓄任务，从中央或者地方财政取得的利息补贴收入和价差补贴收入。

（22）纳税人提供技术转让、技术开发和与之相关的技术咨询、技术服务。

（23）符合条件的合同能源管理服务。

（24）政府举办的从事学历教育的高等、中等和初等学校（不含下属单位），举办进修班、培训班取得的全部归该学校所有的收入。

（25）家政服务企业由员工制家政服务员提供家政服务取得的收入。

（26）福利彩票、体育彩票的发行收入。

（27）军队空余房产租赁收入。

（28）为了配合国家住房制度改革，企业、行政事业单位按房改成本价、标准价出售住房取得的收入。

（29）将土地使用权转让给农业生产者用于农业生产。

（30）涉及家庭财产分割的个人无偿转让不动产、土地使用权。

（31）土地所有者出让土地使用权和土地使用者将土地使用权归还给土地所有者。

（32）县级以上地方人民政府或自然资源行政管理主管部门出让、转让或收回自然资源使用权（不含土地使用权）。

（33）随军家属就业。

① 为安置随军家属就业而新开办的企业，自领取税务登记证之日起，其提供的应税服务 3 年内免征增值税。享受税收优惠政策的企业，随军家属必须占企业总人数的 60%（含）以上，并有军（含）以上政治和后勤机关出具的证明。

② 从事个体经营的随军家属，自领取税务登记证之日起，其提供的应税服务 3 年内免征增值税。

（34）军队转业干部就业。

① 从事个体经营的军队转业干部，自领取税务登记证之日起，3 年内免征增值税。

② 为安置自主择业的军队转业干部就业而新开办的企业，凡安置自主择业的军队转业干部占企业总人数 60%（含）以上的，自领取税务登记证之日起，其提供的应税服务 3 年内免征增值税。

（35）各党派、共青团、工会、妇联、中科协、青联、台联、侨联收取党费、团费、会费，以及政府间国际组织收取会费，属于非经营活动，不征收增值税。

（36）青藏铁路公司提供的铁路运输服务免征增值税。

（37）中国邮政集团公司及其所属邮政企业提供的邮政普遍服务和邮政特殊服务，免征增值税。

（38）全国社会保障基金理事会、全国社会保障基金投资管理人运用全国社会保障基金买卖证券投资基金、股票、债券取得的商品转让收入，免征增值税。

2. 增值税即征即退

（1）增值税一般纳税人销售其自行开发生产的软件产品，按 13%的税率征收增值税后，对实际税负超过 3%的部分实行即征即退政策。

增值税一般纳税人将进口软件产品进行本地化改造后对外销售，其销售的软件产品可享受增值税即征即退政策。本地化改造是指对进口软件产品进行重新设计、改进、转换等，单纯对进口软件产品进行汉字化处理不包括在内。

（2）一般纳税人提供管道运输服务，对其增值税实际税负超过 3%的部分实行增值税即征即退政策。

（3）经人民银行、银监会或者商务部批准从事融资租赁业务的试点纳税人中的一般纳税人，提供有形动产融资租赁服务和有形动产融资性售后回租服务，对其增值税实际税负超过 3%的部分实行增值税即征即退政策。

（4）纳税人享受安置残疾人增值税即征即退优惠政策。

纳税人本期应退增值税税额与月应退增值税税额计算公式如下：

本期应退增值税税额＝本期所含月份每月应退增值税税额之和

月应退增值税税额＝纳税人本月安置残疾人员人数×本月月最低工资标准的 4 倍

月最低工资标准是指纳税人所在区县适用的经省（含自治区、直辖市、计划单列市）人民政府批准的月最低工资标准。

（5）增值税的退还。

纳税人本期已缴增值税税额小于本期应退税额不足退还的，可在本年度内以前纳税期已缴增值税税额扣除已退增值税税额的余额中退还，仍不足退还的可结转至本年度内以后纳税期退还。年度已缴增值税税额小于或等于年度应退税额的，退税额为年度已缴增值税税额；年度已缴增值税税额大于年度应退税额的，退税额为年度应退税额。年度已缴增值税税额不足退还的，不得结转至以后年度退还。

3. 金融企业贷款利率优惠

金融企业发放贷款后，自结息日期 90 天内发生的应收未收利息按现行规定缴纳增值税，自结息日起 90 天后发生的应收未收利息暂不缴纳增值税，待实际收到利息时按规定缴纳增值税。

4. 增值税加计抵减政策

自 2019 年 4 月 1 日至 2021 年 12 月 31 日，允许生产、生活性服务业纳税人按照当期可抵扣进项税额加计 10%，抵减应纳税额（以下称加计抵减政策）。

（1）一般规定

生产、生活性服务业纳税人，是指提供邮政服务、电信服务、现代服务、生活服务（以下称四项服务）取得的销售额占全部销售额的比重超过 50%的纳税人。

2019 年 3 月 31 日前设立的纳税人，自 2018 年 4 月至 2019 年 3 月期间的销售额（经营期不满 12 个月的，按照实际经营期的销售额）符合上述规定条件的，自 2019 年 4 月 1 日起适用加计抵减政策。2019 年 4 月 1 日后设立的纳税人，自设立之日起 3 个月的销售额符合上述规定条件的，自登记为一般纳税人之日起适用加计抵减政策。纳税人确定适用加计抵减政策后，当年内不再调整，以后年度是否适用，根据上年度销售额计算确定。

（2）计算方法

纳税人应按照当期可抵扣进项税额的10%计提当期加计抵减额。按照现行规定不得从销项税额中抵扣的进项税额，不得计提加计抵减额；已计提加计抵减额的进项税额，按规定作进项税额转出的，应在进项税额转出当期，相应调减加计抵减额。计算公式如下：

$$当期计提加计抵减额＝当期可抵扣进项税额×10\%$$

$$当期可抵减加计抵减额＝上期末加计抵减额余额＋当期计提加计抵减额－当期调减加计抵减额$$

纳税人出口货物劳务、发生跨境应税行为不适用加计抵减政策，其对应的进项税额不得计提加计抵减额。

纳税人兼营出口货物劳务、发生跨境应税行为且无法划分不得计提加计抵减额的进项税额，按照以下公式计算：

$$不得计提加计抵减额的进项税额＝当期无法划分的全部进项税额×当期出口货物劳务和发生跨境应税行为的销售额÷当期全部销售额$$

2.8.3 财政部、国家税务总局规定的其他部分征免税项目

1. 资源综合利用产品和劳务增值税优惠政策

纳税人销售自产的资源综合利用产品和提供资源综合利用劳务，可享受增值税即征即退政策。综合利用的资源名称、综合利用的产品和劳务名称、技术标准和相关条件应当符合《资源综合利用产品和劳务增值税优惠目录》的规定，退税比例按照30%、50%、70%和100%四个档次执行。

2. 免征蔬菜流通环节增值税

自 2012 年 10 月 1 日起，对从事蔬菜批发、零售的纳税人销售的蔬菜免征增值税。纳税人既销售蔬菜又销售其他增值税应税货物的，应分别核算；未分别核算蔬菜和其他增值税应税货物的销售额，不得享受蔬菜增值税免税政策。

3. 债转股企业增值税优惠

按债转股企业与金融资产管理公司签订的债转股协议，债转股原企业将货物资产作为投资提供给债转股新公司的，免征增值税。

4. 小微企业增值税优惠政策

为支持小微企业的发展，根据相关规定，2019 年 1 月 1 日至 2021 年 12 月 31 日，小规模纳税人发生增值税应税销售行为，合计月销售额未超过 10 万元（以 1 个季度为 1 个纳税期的，季度销售额未超过 30 万元，下同）的，免征增值税。

小规模纳税人发生增值税应税销售行为，合计月销售额超过 10 万元，但扣除本期发生的销售不动产的销售额后未超过 10 万元的，其销售货物、劳务、服务、无形资产取得的销售额免征增值税。

适用增值税差额征税政策的小规模纳税人，以差额后的销售额确定是否可以享受本公告规定的免征增值税政策。

5. 社会团体会费的增值税优惠政策

自 2016 年 5 月 1 日起，社会团体收取的会费，免征增值税。

社会团体，是指依照国家有关法律法规设立或登记并取得《社会团体法人登记证书》的非营利法人。会费，是指社会团体在国家法律法规、政策许可的范围内，依照社团章程的规定，收取的个人会员、单位会员和团体会员的会费。

社会团体开展经营服务性活动取得的其他收入，一律照章缴纳增值税。

2.8.4 增值税起征点的规定

个人发生销售货物、劳务和应税行为的销售额未达到增值税起征点的，免征增值税；达到起征点的，全额计算缴纳增值税。

增值税的起征点规定仅适用于个人，包括个体工商户和其他个人，但不适用于认定为一般纳税人的个体工商户。增值税起征点幅度如下：

（1）按期纳税的，为月销售额5 000～20 000元（含本数）；

（2）按次纳税的，为每次（日）销售额300～500元（含本数）。

起征点的调整由财政部和国家税务总局规定。省、自治区、直辖市财政厅（局）和国家税务局应当在规定的幅度内，根据实际情况确定本地区适用的起征点，并报财政部和国家税务总局备案。

2.8.5 其他有关减免税规定

（1）纳税人兼营减、免税项目的，应当分开核算减免税项目的销售额；未分别核算销售额的，不得免税、减税。

（2）纳税人销售货物、劳务和应税行为适用免税规定的，可以放弃免税。放弃免税后，36个月内不得再申请免税。

纳税人销售货物、提供劳务和发生应税行为同时适用免税和零税率规定的，优先适用零税率。

（3）安置残疾人单位既符合促进残疾人就业增值税的优惠政策条件，又符合其他增值税优惠政策条件的，可同时享受多项增值税优惠政策，但年度申请退还增值税总额不得超过本年度内应纳增值税总额。

（4）纳税人既享受增值税即征即退、先征后退政策，又享受免抵退税政策。

① 纳税人既有增值税即征即退、先征后退项目，也有出口等其他增值税应税项目的，增值税即征即退和先征后退项目不参与出口项目免抵退税计算。纳税人应分别核算增值税即征即退、先征后退和出口等其他增值税应税项目，分别申请享受增值税即征即退、先征后退和免抵退税政策。

② 用于增值税即征即退、先征后退项目的进项税额无法划分的，按照以下公式计算：

$$\begin{array}{l}\text{无法划分进项税额中用于增值税} \\ \text{即征即退或先征后退项目的部分}\end{array} = \begin{array}{l}\text{当月无法划分的} \\ \text{全部进项税额}\end{array} \times \dfrac{\begin{array}{c}\text{当月增值税即征即退}\\ \text{或先征后退项目销售额}\end{array}}{\text{当月全部销售额、营业额合计}}$$

2.9

征收管理

2.9.1 纳税义务发生时间

纳税义务发生时间，是纳税人销售货物、提供应税劳务和发生应税行为应当承担纳税义务的起始时间。明确纳税义务发生时间一方面有利于正式确认纳税义务人已经发生属于税法规定的应税行为，另一方面有利于税务机关实施税务管理，监督纳税人切实履行纳税义务。增值税的纳税义务发生时间，明确了企业在计算应纳税额时，对"当期销项税额"中"当期"时间的限定。

1. 销售货物或提供应税劳务的纳税义务发生时间

销售货物或提供应税劳务的纳税义务发生时间，为收到销售额或取得索取销售额凭据的当天；先开具发票的，为开具发票的当天。按销售结算方式的不同，具体确定如下。

（1）采取直接收款方式销售货物，不论货物是否发出，纳税义务发生时间均为收到销售额或取得索取销售额凭据的当天。

纳税人生产经营活动中采取直接收款方式销售货物，已将货物移送对方并暂估销售收入入账，但既未取得销售款或取得索取销售款凭据也未开具销售发票的，其增值税纳税义务发生时间为取得销售款或取得索取销售款凭据的当天；先开具发票的，为开具发票的当天。

（2）采取托收承付和委托银行收款方式销售货物的，纳税义务发生时间为发出货物并办妥托收手续的当天。

（3）采取赊销和分期收款方式销售货物的，纳税义务发生时间为书面合同约定的收款日期的当天；没有书面合同或者书面合同没有约定收款日期的，纳税义务发生时间为发出货物的当天。

（4）采取预收货款方式销售货物的，纳税义务发生时间为货物发出的当天，生产销售生产工期超过 12 个月的大型设备机械货物，纳税义务发生时间为收到预收货款或者书面合同约定的收款日期的当天。

（5）委托其他纳税人代销货物的，纳税义务发生时间为收到代销单位销售的代销清单的当天；未收到代销清单及货款的，纳税义务发生时间为发出代销货物满 180 天的当天。

（6）销售应税劳务的，纳税义务发生时间为提供劳务同时收讫销售额或取得索取销售额凭据的当天。

（7）纳税人发生除将货物交付其他单位或者个人代销和销售代销货物以外的视同销售货物行为的，纳税义务发生时间为货物移送的当天。

（8）纳税人进口货物的纳税义务发生时间，为报关进口的当天。

2. 发生应税行为的纳税义务发生时间

纳税人发生应税行为并收讫销售额或取得索取销售额凭据的当天为纳税义务发生时间；先开具发票的，为开具发票的当天。

收讫销售款项，是指纳税人销售服务、无形资产、不动产过程中或者完成后收到款项。取得索取销售款项凭据的当天，是指书面合同确定的付款日期；未签订书面合同或者书面合同未确定付款日期的，纳税义务发生时间为服务、无形资产转让完成的当天或者不动产权属变更的当天。

纳税人提供建筑服务、租赁服务采取预收货款方式的，其纳税义务发生时间为收到预收款的当天。纳税人从事金融商品转让的，纳税义务发生时间为金融商品所有权转移的当天。纳税人发生视同销售服务、无形资产、不动产情形的，其纳税义务发生时间为服务、无形资产转让完成的当天或者不动产权属变更的当天。

3. 增值税扣缴义务发生时间

增值税扣缴义务发生时间为纳税人增值税纳税义务发生的当天。

2.9.2 纳税期限

增值税的纳税期限分别为1日、3日、5日、10日、15日、1个月或者1个季度。纳税人的具体纳税期限，由主管税务机关根据纳税人应纳税额的大小分别核定，不能按照固定期限纳税的，可以按次纳税。以1个季度为纳税期限的规定适用于小规模纳税人、银行、财务公司、信托投资公司、信用社，以及财政部和国家税务总局规定的其他纳税人。

纳税人以1个月、1个季度为一期纳税的，自期满之日起15日内申报纳税；以1日、3日、5日、10日或者15日为一期纳税的，自期满之日起5日内预缴税款，于次月1日起15日内申报纳税并结清上月应纳税款。

纳税人进口货物，应当自海关填发进口增值税专用缴纳书之日起15日内缴纳税款。

纳税人出口货物适用退（免）税规定的，应当向海关办理出口手续，凭出口报关单等有关凭证，在规定的出口退（免）税申报期内按月向税务机关申报办理该项出口货物的退（免）税。

2.9.3 纳税地点

（1）固定业户应当向其机构所在地主管税务机关申报纳税。总机构和分支机构不在同一县（市）的，应当分别向各自所在地主管税务机关申报纳税；经财政部和国家税务总局或其授权的财政和税务机关批准，可以由总机构汇总向总机构所在地主管税务机关申报纳税。

总机构和分支机构不在同一县（市），但在同一省、自治区、直辖市范围内的，经省、自治区、直辖市财政厅（局）、国家税务局审批同意，可以由总机构汇总向总机构所在地的主管税务机关申报纳税。

总机构和分支机构不在同一省、自治区、直辖市的，经财政部、国家税务总局批准，可以由总机构汇总向总机构所在地的主管税务机关申报纳税。

（2）非固定业户销售货物、提供劳务和发生应税行为，应当向销售地、劳务发生地和应税行为发生地主管税务机关申报纳税；未申报纳税的，由其机构所在地或者居住地的主管税务机关补征税款。

（3）进口货物，应当由进口人或其代理人向报关地海关申报纳税。

（4）扣缴义务人应当向其机构所在地或者居住地主管税务机关申报缴纳扣缴的税款。

2.9.4 增值税发票的使用及管理

增值税一般纳税人销售货物、提供加工修理修配劳务和发生应税行为，应使用增值税发票管理系统开具增值税专用发票、增值税普通发票、增值税电子普通发票或者机动车销售统一发票。

1. 增值税专用发票

（1）增值税专用发票的联次

增值税专用发票由基本联次或者基本联次附加其他联次构成，基本联次为三联：发票联、抵扣联和记账联。发票联，作为购买方核算成本和增值税进项税额的记账凭证；抵扣联，作为购买方报送主管税务机关认证和留存备查的凭证；记账联，作为销货方核算销售收入和增值税销项税额的记账凭证。其他联次用途，由一般纳税人自行确定。

（2）增值税专用发票的开具

增值税专用发票的开具要求如下：

① 字迹清楚，不得涂改，各项目内容正确无误；

② 项目填写齐全，票面金额与实际收取的金额相符；

③ 发票联和抵扣联加盖发票专用章；

④ 全部联次一次填开，上、下联的内容和金额一致；

⑤ 按照规定的时限开具专用发票；

开具的专用发票有不符合上列要求者，不得作为扣税凭证，购买方有权拒收。

一般纳税人销售货物或提供应税劳务可汇总开具专用发票。汇总开具专用发票的，同时适用防伪税控系统开具《销售货物或提供应税劳务清单》，并加盖财务专用章或者发票专用章。

保险机构作为车船税扣缴义务人，在代收车船税并开具增值税发票时，应在增值税发票备注栏中注明代收车船税税款信息。

（3）增值税专用发票的领购使用范围

增值税专用发票只限于增值税的一般纳税人领购使用，增值税的小规模纳税人和非增值税纳税人不得领购使用。增值税的一般纳税人凭《发票领购簿》、IC卡和经办人身份证明领购专用发票。

一般纳税人有下列情形之一者，不得领购使用专用发票。

1）会计核算不健全，不能向税务机关准确提供增值税销项税额、进项税额、应纳税额数据及其他有关增值税税务资料者。

2）有《税收征收管理法》规定的税收违法行为，拒不接受税务机关处理的。

3）有以下行为，经税务机关责令限期改正而仍未改正者：

① 虚开增值税专用发票；

② 私自印制专用发票；

③ 向个人或税务机关以外的单位买取专用发票；

④ 借用他人专用发票；

⑤ 向他人提供专用发票；

⑥ 未按规定要求开具专用发票；

⑦ 未按规定保管专用发票和专用设备；

⑧ 未按规定申请办理防伪税控系统变更运行情况；

⑨ 未按规定接受税务机关检查。

（4）增值税专用发票的开具范围

① 一般纳税人销售货物或提供应税劳务，应向购买方开具专用发票；

② 商业企业一般纳税人零售的烟、酒、食品、服装、鞋帽（不包括劳保专用的部分）、化妆品等消费品不得开具专用发票；

③ 增值税小规模纳税人需要开具专用发票的，可向主管税务机关申请代开；

④ 销售免税货物不得开具专用发票；

⑤ 纳税人提供应税服务，应当向索取增值税专用发票的接受方开具专用发票，并在专用发票上注明销售额和销项税额，但向消费者个人提供应税服务除外。

（5）开具专用发票后发生退货或销售折让的处理

销售货物并向购买方开具专用发票后，如发生退货或销售折让及开票有误等情况，应视不同情况分别按以下规定办理。

① 购买方取得专用发票已用于申报抵扣的，购买方可在增值税发票管理新系统中填开并上传《开具红字增值税专用发票信息表》（以下简称《信息表》），并在填开《信息表》时不填写相对应蓝字专用发票的信息，应暂按照《信息表》所列增值税税额从当期进项税额中转出，待取得销售方开具的红字增值税专用发票后，与《信息表》一并作为记账凭证。

购买方取得专用发票未用于申报抵扣，但发票联或抵扣联无法退回的，购买方填开《信息表》时应填写相对应蓝字专用发票的信息。

发生销货退回或销售折让的，销售方还应在开具红字专用发票后将该笔业务的相应记账凭证复印件报送主管税务机关备案。

② 税务机关为小规模纳税人代开专用发票需要开具红字专用发票的，比照一般纳税人开具红字专用发票的处理办法。

③ 纳税人需要开具红字增值税普通发票的，可以在所对应的蓝字发票金额范围内开具多份红字发票。红字机动车销售统一发票需与原蓝字机动车销售统一发票一一对应。

（6）增值税专用发票不得抵扣进项税额的规定

有下列情形之一的，不得作为增值税进项税额的抵扣凭证。

① 无法认证。无法认证是指专用发票所列密文或者明文不能辨认，无法产生认证结果。

② 纳税人识别号证不符。纳税人识别号证不符是指专用发票所列购买方纳税人识别号有误。

③ 专用发票代码、号码认证不符。专用发票代码、号码认证不符是指专用发票所列密文解译后与明文的代码或者号码不一致。

（7）关于被盗、丢失增值税专用发票的规定

纳税人必须严格按照《增值税专用发票使用规定》保管使用专用发票，对违反规定发生被盗、丢失增值税专用发票的纳税人，按《税收征收管理办法》和《发票管理办法》的规定，处以 1 万元以下的罚款，并根据实际情况，对丢失发票的纳税人，在一定期限内（最长不超过半年）停止领购专用发票；对纳税人申报遗失的专用发票，如发现非法代开、虚开问题的，该纳税人应承担偷税、骗税的连带责任。

纳税人丢失专用发票后，必须按规定程序向当地主管税务机关、公安机关报失。

（8）关于代开、虚开增值税专用发票的规定

代开发票是指为与自己没有发生直接购销关系的他人开具发票的行为，虚开发票是指在没有任何购销事实的前提下，为他人、为自己、让他人为自己、介绍他人开具增值税专用发票的行为。代开、虚开增值税专用发票的行为都是严重的违法行为。对代开、虚开专用发票的，一律按照票面所列货物的适用税率全额征补税款，并按照《税收征收管理办法》的规定对偷税给予处罚。对纳税人取得代开、虚开的增值税专用发票，不得作为增值税合法抵扣凭证抵扣进项税额。

2. 增值税普通发票

增值税普通发票，是将除商业零售以外的增值税一般纳税人纳入增值税防伪税控系统开具和管理，也就是说一般纳税人可以使用同一套增值税防伪税控系统开具增值税专用发票、增值税普通发票等，俗称"一机多票"。

增值税普通发票的格式、字体、栏次、内容与增值税专用发票完全一致，按发票联次分为两联票和五联票两种，基本联次为两联，第一联为记账联，销货方用作记账凭证；第二联为发票联，购货方用作记账凭证。此外，为满足部分纳税人的需要，在基本联次后添加了三联的附加联次，即五联票，供企业选择使用。

3. 增值税电子普通发票

为满足纳税人开具增值税电子普通发票的需求，降低纳税人经营成本，节约社会资源，营造健康公平的税收环境。2015 年 11 月国家税务总局发布了《关于推行通过增值税电子发票系统开具的增值税电子普通发票有关问题的公告》，推行通过增值税电子发票系统开具增值税电子普通发票。

增值税电子普通发票的开票方和受票方需要纸质发票的，可以自行打印增值税电子普通发票的版式文件，其法律效力、基本用途和基本使用规定等与税务机关监制的增值税普通发票相同。

4. 机动车销售统一发票

凡从事机动车零售业务的单位和个人，从 2006 年 8 月 1 日起，在销售机动车（不包括销售旧机动车）收取款项时，必须开具税务机关统一印制的新版《机动车销售统一发票》，并在发票联加盖财务专用章或发票专用章，抵扣联和报税联不得加盖印章。

普通发票和专用发票、电子发票

机动车销售发票，为计算机六联式发票。即第一联发票联（购货单位付款凭证），第二联抵扣联（购货单位扣税凭证），第三联报税联（车购税征收单位留存），第四联注册登记联（车辆登记单位留存），第五联记账联（销货单位记账凭证），第六联存根联（销货单位留存）。

思考与练习

一、辨析题

1. 增值税纳税人收取的会员费收入应征收增值税。（   ）

2. 某商店将4月购进的一批饮料在7月作为防暑降温用品发放给本企业职工，应视同销售计算销项税额。（   ）

3. 某服装厂接受一饭店委托，为其员工量体裁衣制作工作服，饭店指定了工装面料质地、颜色和价格，并由服装厂采购，则服装厂此项业务为提供增值税加工劳务的行为。（   ）

4. 增值税的征收率仅适用于小规模纳税人。（   ）

5. 所有缴纳增值税的货物，其计算缴纳增值税的组成计税价格中，成本利润率为10%。（   ）

6. 增值税一般纳税人甲企业未按照合同约定时间向一般纳税人乙企业支付货款，因此，甲企业向乙企业支付5万元的违约金。由于违约金是在销货后发生的，因而不征收增值税。（   ）

7. 光租和干租业务按照应税服务业中的有形动产租赁业务征收增值税。（   ）

8. 纳税人生产或销售不同税率的货物，或者既销售货物又提供应税劳务和应税行为的，应当分别核算不同税率货物或者应税劳务、应税行为的销售额。未分别核算销售额的，一律从高适用税率。（   ）

9. 已抵扣了进项税额的购进货物，如果发生非正常损失，应将进项税额在发生当期进行转出，无须追溯到前期。（   ）

10. 货物期货应当征收增值税，在期货的实物交割环节纳税，由期货交易所开具发票的，以

期货交易所为纳税人。（　　　）

11. 增值税的起征点规定仅适用于自然人。（　　　）

12. 如果增值税一般纳税人将以前购进的货物以原进价销售，由于没有产生增值额，不需要计算增值税。（　　　）

13. 在以物易物中，购销双方均要开具合法的票据，如果换回的货物没有取得增值税专用发票或其他合法票据的，不能抵扣进项税额。（　　　）

14. 纳税人将自产、委托加工或购买的货物用于实物折扣，属于折扣销售的一种形式，折扣的实物款额只要与销售额同开在一张发票上，可从销售额中扣除。（　　　）

15. 进口货物的增值税税率一般为13%，但是对于小规模纳税人，进口货物计税时采用征收率计算增值税。（　　　）

二、单项计算题

1. 某一般纳税人销售一批面粉，取得含税销售额226万元，计算销项税额。

2. 甲商店为小规模纳税人，零售货物取得销售额3.03万元，计算其应纳增值税额。

3. 某一般纳税人外购一批货物，取得增值税专用发票注明税额5万元，外购一批零部件，取得普通发票注明价格1.39万元，计算其进项税额。

4. 某百货商场国庆节期间取得零售销售额1 020万元，购进商品取得增值税专用发票注明税额100万元，取得普通发票注明购进额113万元，计算商场缴纳的增值税。

5. 某一般纳税人2019年6月21日取得交通运输收入109万元（含税），计算增值税销项税额。

6. 一大型超市2019年4月从草莓农业合作社收购一批草莓，买价38.8万元，计算其准予抵扣的增值税进项税额。

7. 一特大型机车生产企业，本月将自产的特殊机车2台无偿捐赠给某山区。该机车当月市场零售价格为234万元/台，计算该业务涉及的增值税销项税额。

8. 某公司是增值税小规模纳税人，销售自己使用过的固定资产使用设备，原购买发票注明价款50 000元，今年9月出售开具普通发票，票面金额38 500元，则该企业转让设备行为的增值税税额如何计算？

三、综合计算题

1. 某公司为增值税一般纳税人（适用增值税率13%），当期发生下列经济业务：

（1）销售甲产品120台，不含税单价8 125元，并开出增值税专用发票；

（2）当期国内购进全部材料的进项税额为76 830元；

（3）将15台甲产品无偿赠送给其他单位，每台单位成本8 000元，无同类产品的销售价格；

（4）改建职工宿舍领用甲产品2台；

（5）由于仓库保管不善，丢失本期外购材料1 250千克，不含税单价60元；

（6）进口生产设备一台，完税价格120 000元人民币，关税税率7%。

要求：（假设购进货物的发票已在本期通过认证）

（1）计算进口环节海关代征的增值税税额；

（2）计算当期准予抵扣的进项税额；

（3）计算当期销项税额；

（4）计算该公司当期应纳增值税税额。

2. 某商业企业是增值税一般纳税人，4月初留抵税额3 000元，4月发生如下业务：

（1）采购商品一批，取得增值税专用发票，注明税款1 700元；

（2）零售日用商品，取得收入130 000元；

（3）从农民手中收购大豆一吨，税务机关规定的收购凭证上注明收购价款15 000元；

（4）从小规模纳税人处购买商品一批，取得税务机关代开的增值税专用发票，价款30 000元，税款900元；

（5）购买一批生产用原料，取得运输公司开具的增值税专用发票，注明税款3 400元。

要求：

（1）计算当期准予抵扣的进项税额；

（2）计算当期销项税额；

（3）计算该企业当期应纳增值税税额。

3．某玩具企业（一般纳税人）12月发生如下经济业务：

（1）销售玩具一批，取得不含税收入300万元；

（2）以折扣方式销售玩具，取得不含税销售收入60万元，开具增值税专用发票，另将折扣金额6万元开具红字专用发票；

（3）以旧换新方式销售新玩具一批，不含税价70万元，扣除换回的旧玩具价格5万元，实收价款65万元；

（4）购进原材料取得增值税专用发票上注明的价款为150万元；

（5）为职工食堂举办的新年联欢会购进一批饮料，取得的增值税专用发票上注明的增值税税额为0.3万元；

（6）3个月前购进的一批原材料，不含税购进价为14万元，本月其中50%的原材料被火烧毁。

要求：

（1）计算当期准予抵扣的进项税额；

（2）计算当期销项税额；

（3）计算该企业当期应纳增值税税额。

4．某设计公司为增值税一般纳税人，当月发生以下经济业务：

（1）为甲企业提供服装设计服务，取得收入100 000元；

（2）为乙企业提供创意策划服务，取得收入80 000元；

（3）为丙企业提供环境设计服务，取得收入60 000元；

（4）为丁企业提供美容服务时一并提供发型设计服务，收入2 000元；

（5）提供的创意策划服务，取得收入10 000元；

（6）购买办公用计算机，取得的增值税专用发票上注明税款为5 000元；购买公司小轿车用汽油，取得的增值税专用发票上注明税款为2 000元；购买接待用礼品，取得的增值税专用发票上注明税款为4 000元。所有收入为含税价款，取得的各类发票均已认证相符。

要求：计算该设计公司8月应纳增值税税额。

5．某商业企业属于小规模纳税人，3月发生如下业务：

（1）销售服装一批，开具普通发票，取得含税销售额为3 200元；

（2）购进洗衣粉，支付价款12 000元；当月将部分洗衣粉销售给消费者个人，取得销售额2 300元；

（3）销售仪器2台，取得不含税销售额12 300元，已由税务所代开增值税专用发票。

要求：计算该商业企业当期应纳增值税税额。

第3章

消费税

消费税是对特定的消费品和消费行为在特定的环节征收的一种商品税。消费税的开征具有一定的宏观调控作用，发挥着矫正因消费行为而产生的外部效应的作用，调节着因收入分配不同而产生的消费差异行为，引导着资源稀缺产品的节约消费行为等。因此，我国目前消费税征税范围仅限于 15 类消费品，选择在某一环节征收，并对同类产品设置有差别的税率，以实现宏观调控目标。

3.1 | 税种设置

3.1.1 消费税概述

消费税是国际上普遍开征的一种税。从征税范围看，消费税可分为一般消费税和特种消费税。一般消费税是对所有消费品普遍征收的一种税，特种消费税则是就某些特定的消费品和消费行为征收。从世界范围来看，一般都是选择对某些特定的消费品和消费行为征收，即各国开征的消费税基本上都是特种消费税。我国目前开征的消费税属于特种消费税，是对在我国境内从事生产、委托加工和进口应税消费品的单位和个人，就其销售额或销售数量，在特定环节征收的一种税。

1994 年税制改革时，配合流转税制的改革开征了消费税。2006 年，针对消费税实施中的一些问题，我国对消费税原有的应税产品与税率进行了调整。现行消费税基本规范是 2009 年 1 月 1 日起施行的《中华人民共和国消费税暂行条例》，以及 2008 年 12 月 15 日财政部、国家税务总局颁布的《中华人民共和国消费税暂行条例实施细则》。

3.1.2 消费税特点

1. 征税范围的选择性

从各国开征消费税的实践看，消费税不是对所有的消费品和消费行为都征税，我国消费税是选择一部分消费品征税，而不是普遍课征。在征税范围的选择上，具有明确的政策导向，它是在国家宏观目标的调控下确定的。此外，征税范围的选择具有相对灵活性，根据社会经济发展的水平可能会进行适当调整。例如，1994 年消费税设置时选择了护肤护发品作为征税对象之一，但十多年之后，护肤护发品已经成为大众的基本生活必需品，因此 2006 年进行消费税税目调整时，取消了护肤护发品税目。根据实现社会可持续发展的要求，2006 年消费税中增加了木质一次性筷子、实木地板等税目，希望通过税收的手段促使资源得到最有效的利用。

2. 征税环节的单一性

由于消费税的征税对象大多为最终消费品，故一般采用单一环节课税制，可以选择生产、流通和消费领域的某一个环节征收一次，这样做可以提高征管效率。我国除个别应税消费品选择在零售环节征收之外，其他应税消费品都确定在生产环节征收。

3. 宏观调控目标明确

消费税属于国家运用税收杠杆对某些消费品进行特殊调节的税种，因此消费税征税范围的选择性、灵活性都能够很好地体现国家的宏观调控目标，适时地根据社会经济发展的需要对征税对象、征税税率等进行调整。

4. 平均税率水平比较高

开征消费税是为了对特殊消费品或消费行为进行调节，增加财政收入。因此，消费税的平均税率水平一般比较高，且不同征税项目的税负差异较大，对需要限制或控制消费的消费品，通常税负较重。

3.1.3 消费税的作用

1. 缩小贫富差距，缓解社会分配不公

消费税的征税范围中选择对某些奢侈品或特殊消费品征税，目的是从调节个人支付能力的角度间接增加某些消费者的税收负担，体现收入多者多缴税的政策，这样做有利于配合个人所得税及其他税种，在缩小贫富差距、缓解社会分配不公方面发挥作用。

2. 矫正外部成本，优化资源配置

消费税的征税范围中选择对一些消费需求弹性大的非必需消费品及一些资源消耗大的消费品征税，通过设置较高的税率，增加税收负担，一方面改变人们的消费观念，另一方面矫正消费所产生的外部成本，有利于平衡供求关系，稳定市场价格，优化社会的资源配置。

3. 调节消费结构，缓解供求矛盾

消费税的征税范围只限于少数商品，国家能够通过消费税课征范围的选择和税目、税率的设计，调节纳税人的经济利益，影响其消费活动的方向和内容，进而调节整个社会的消费结构，在一定程度上缓解部分消费品的供求矛盾，体现国家的消费政策。

4. 保证财政收入

尽管消费税只对部分商品实行一次征收，但由于平均税率水平比较高，且以应税消费品的销售额或销售数量及组成计税价格为计税依据，税额会随着销售额的增加而不断增长。因此，消费税税收数额不小，对及时、足额地保证财政收入发挥着重要作用。

消费税与增值税的
区别与联系

3.2 | 纳税义务人与征税范围

3.2.1 纳税义务人

消费税的纳税义务人，是指在中华人民共和国境内生产、委托加工和进口应税消费品的单

位和个人。

"单位"是指企业、行政单位、事业单位、军事单位、社会团体和其他单位；"个人"是指个体工商户及其他个人。

在中华人民共和国境内，是指生产、委托加工和进口应税消费品的起运地或所在地在境内。此外，根据消费税制度的规定，对委托加工的应税消费品，以委托方为纳税人，受托方为代收代缴义务人；对进口的应税消费品，以进口人或其代理人为纳税人。

3.2.2 征税范围

1. 消费税征税范围的产品类型

我国的消费税征税范围的选择是根据社会经济发展状况、居民消费水平和结构等因素确定的。消费税征税范围的选择集中于以下产品类型：

（1）奢侈品和非生活必需品，如化妆品、贵重首饰及珠宝玉石等；

（2）高能耗消费品，如小汽车、摩托车等；

（3）过度消费会对身体健康，社会秩序、环境保护等方面带来不利影响的消费品，如烟、酒及酒精、鞭炮焰火等；

（4）不可再生的稀缺资源消费品，如汽油、柴油。

2. 消费税征税范围分布环节

（1）对生产应税消费品在生产销售环节征税

生产应税消费品是消费税征收的主要环节，在一般情况下，消费税具有单一环节征税的特点，对于大多数消费税应税商品来说，在生产销售环节征税以后，流通环节不用再缴纳消费税。纳税人生产应税消费品除了直接对外销售应征收消费税外，纳税人将生产的应税消费品用于其他方面，如用于换取生产资料、抵偿债务、投资入股等，都应该缴纳消费税。

工业企业以外的单位和个人的行为视为应税消费品的生产行为，按规定征收消费税，包括：一是将外购的消费税非应税商品以消费税应税商品对外销售的；二是将外购的消费税低税率应税商品以高税率应税商品对外销售的。

（2）对委托加工应税消费品在委托加工环节征税

委托加工应税消费品是指委托方提供原料和主要材料，受托方只收取加工费和代垫部分辅助材料加工的应税消费品。委托加工应税消费品收回后，再继续用于生产应税消费品销售且符合税法规定的，其加工环节缴纳的消费税款可以扣除。

（3）对进口应税消费品在进口环节征税

单位和个人进口货物属于应税消费品的，在进口环节要缴纳消费税，并由海关代征进口环节的消费税。

（4）对零售应税消费品在零售环节征税

金银首饰的消费税征税环节为零售环节，此处的金银首饰仅限于金基、银基合金首饰以及金、银和金基、银基合金的镶嵌首饰，进口环节暂不征收，零售环节适用税率为5%，在纳税人销售金、银首饰、钻石及钻石饰品时征收。

（5）对移送使用应税消费品在移送使用环节征税

企业在生产经营的过程中，将应税消费品移送用于加工非应税消费品，则应对移送部分征收消费税。

（6）对批发卷烟在卷烟的批发环节征税

自 2009 年 5 月 1 日起，卷烟除了在生产销售环节征收消费税外，还在批发环节征收一次。纳税人兼营批发和零售业务的，应当分别核算批发和零售环节的销售额、销售数量；未分别核算批发和零售环节的销售额、销售数量的，按照全部销售额、销售数量计征批发环节消费税。

3.3 税目与税率

3.3.1 消费税税目

税目是按照一定的标准和范围对课税对象进行划分从而确定的具体征税品种或项目，反映了征收的具体范围。目前，征收消费税的消费品包括：烟、酒、化妆品、贵重首饰及珠宝玉石、鞭炮焰火、成品油、摩托车、小汽车、高尔夫球及球具、高档手表、游艇、木制一次性筷子、实木地板、电池、涂料 15 个税目，有的税目还进一步划分为若干子税目。

1. 烟

凡是以烟叶为原料加工生产的产品，不论使用何种辅料，均属于本税目的征收范围。其包括卷烟（进口卷烟、白包卷烟、手工卷烟和未经国务院批准纳入计划的企业及个人生产的卷烟）、雪茄烟和烟丝。

2. 酒

本税目所指酒是指酒精度在 1 度以上的各种酒类饮料。酒类包括粮食白酒、薯类白酒、黄酒、啤酒和其他酒。对饮食业、商业、娱乐业举办的啤酒屋利用啤酒生产设备生产的啤酒，应当征收消费税，果啤属于啤酒，应当征收消费税。

3. 高档化妆品

自 2016 年 10 月 1 日起，化妆品税目征收范围包括高档美容、修饰类化妆品、高档护肤类化妆品和成套化妆品。

高档美容、修饰类化妆品和高档护肤类化妆品是指生产（进口）环节销售（完税）价格（不含增值税）在 10 元/毫升（克）或 15 元/片（张）及以上的美容、修饰类化妆品和护肤类化妆品。

美容、修饰类化妆品是指香水、香水精、香粉、口红、指甲油、胭脂、眉笔、唇笔、蓝眼油、假睫毛以及成套化妆品。

舞台、戏剧、影视演员化妆用的上妆油、卸装油、油彩不属于本税目的征收范围。

4. 贵重首饰及珠宝玉石

本税目的征收范围包括以金、银、白金、宝石、珍珠、钻石、翡翠、珊瑚、玛瑙等高贵稀有物质以及其他金属、人造宝石等制作的各种纯金银首饰及镶嵌首饰和经采掘、打磨、加工的各种珠宝玉石。对出国人员免税商店销售的金银首饰征收消费税。

5. 鞭炮、焰火

本税目的征收范围包括各种鞭炮、焰火。体育上用的发令纸、鞭炮药引线，不按本税目征收。

6. 成品油

本税目包括汽油、柴油、石脑油、溶剂油、航空煤油、润滑油、燃料油 7 个子税目，但航空煤油暂缓征收。

（1）汽油

汽油是指用原油或其他原料加工生产的辛烷值不小于 66 的可用作汽油发动机燃料的各种轻质油。取消车用含铅汽油消费税，统一按照无铅汽油税率征收消费税。

（2）柴油

柴油是指用原油或其他原料加工生产的倾点或凝点在-50 至 30 的可用作柴油发动机燃料的各种轻质油和以柴油组分为主、经调和精制可用作柴油发动机燃料的非标油。以柴油、柴油组分调和生产的生物柴油也属于本税目征税范围。

（3）石脑油

石脑油又叫轻汽油、化工轻油，是以原油或其他原料加工生产的用于化工原料的轻质油。石脑油的征收范围包括除汽油、柴油、航空煤油、溶剂油以外的各种轻质油。

（4）溶剂油

溶剂油是以原油或其他原料加工生产的用于涂料和油漆生产、食用油加工、印刷油墨、皮革、农药、橡胶、化妆品生产和机械清洗、胶粘行业的轻质油。橡胶填充油、溶剂油原料，属于溶剂油征收范围。

（5）航空煤油

航空煤油也叫喷气燃料，是以原油或其他原料加工生产的用于喷气发动机和喷气推进系统燃料的各种轻质油。航空煤油的消费税暂缓征收。

（6）润滑油

润滑油是以原油或其他原料加工生产的用于内燃机、机械加工过程的润滑产品。润滑油分为矿物性润滑油、植物性润滑油、动物性润滑油和化工原料合成润滑油。

（7）燃料油

燃料油也称重油、渣油，是以原油或其他原料加工生产，主要用于电厂发电、船舶锅炉燃料、加热炉燃料、冶金和其他工业炉燃料的各类燃料。

7．小汽车

小汽车是指由动力驱动，具有 4 个或 4 个以上车轮的非轨道承载的车辆。

本税目的征税范围包括含驾驶员座位在内最多不超过 9 个座位（含 9 座）的，在设计和技术特性上用于载运乘客和货物的各类乘用车和含驾驶员座位在内的座位数在 10～23 座（含 23 座）的，在设计和技术特性上用于载运乘客和货物的各类中轻型商用客车。

用排气量小于 1.5 升（含）的乘用车底盘（车架）改装、改制的车辆，属于乘用车征收范围。用排气量大于 1.5 升的乘用车底盘（车架）改装、改制的车辆，或用中轻型商用客车底盘（车架）改装、改制的车辆属于中轻型商用客车征收范围。

电动汽车不属于本税目征收范围。车身长度大于 7 米（含），并且座位在 10～23 座（含）以下的商用客车，不属于中轻型商用客车征收范围，不征收消费税。沙滩车、雪地车、卡丁车、高尔夫车不属于消费税征收范围，不征收消费税。

8．摩托车

本税目的征收范围包括轻便摩托车和摩托车两种。对最大设计车速不超过 50 千米/小时，发动机气缸总工作容量不超过 50 毫升的三轮摩托车不征收消费税。气缸容量 250 毫升（不含）以下的小排量摩托车不征消费税。

9. 高尔夫球及球具

高尔夫球及球具是指从事高尔夫球运动所需的各种专用装备，包括高尔夫球、高尔夫球杆及高尔夫球包（袋）等。

高尔夫球是指重量不超过 45.93 克、直径不超过 42.67 毫米的高尔夫球运动比赛、练习用球；高尔夫球杆是指被设计用来打高尔夫球的工具，由杆头、杆身和握把三部分组成；高尔夫球包（袋）是指专用于盛装高尔夫球及球杆的包（袋）。

本税目征收范围包括高尔夫球、高尔夫球杆、高尔夫球包（袋）。高尔夫球杆的杆头、杆身和握把属于本税目的征收范围。

10. 高档手表

高档手表是指销售价格（不含增值税）每只在 10 000 元（含）以上的各类手表。本税目征收范围包括符合以上标准的各类手表。

11. 游艇

游艇是指长度大于 8 米小于 90 米，船体由玻璃钢、钢、铝合金、塑料等多种材料制作，可以在水上移动的水上浮载体。按照动力划分为无动力艇、帆艇和机动艇。

本税目征收范围包括艇身长度大于 8 米（含）小于 90 米（含），内置发动机，可以在水上移动，一般为私人或团体购置，主要用于水上运动和休闲娱乐等非牟利活动的各类机动艇。

12. 木制一次性筷子

木制一次性筷子，又称卫生筷子，是指以木材为原料经过锯段、浸泡、旋切、刨切、烘干、筛选、打磨、倒角、包装等环节加工而成的各类一次性使用的筷子。

本税目征收范围包括各种规格的木制一次性筷子。未经打磨、倒角的木制一次性筷子属于本税目征税范围。

13. 实木地板

实木地板是指以木材为原料，经锯割、干燥、刨光、截断、开榫、涂漆等工序加工而成的块状或条状的地面装饰材料。

本税目征收范围包括各类规格的实木地板、实木指接地板、实木复合地板及用于装饰墙壁、天棚的侧端面为榫、槽的实木装饰板。未经涂饰的素板也属于本税目征税范围。

14. 电池

电池范围包括原电池、蓄电池、燃料电池、太阳能电池和其他电池。自 2015 年 2 月 1 日起对电池（铅蓄电池除外）征收消费税；对无汞原电池、金属氢化物镍蓄电池（又称"氢镍蓄电池"或"镍氢蓄电池"）、锂原电池、锂离子蓄电池、太阳能电池、燃料电池和全钒液流电池免征消费税。自 2016 年 1 月 1 日起，对铅蓄电池按 4%税率征收消费税。

15. 涂料

涂料是指涂于物体表面能形成具有保护、装饰或特殊性能的固态涂膜的一类液体或固体材料总称。自 2015 年 2 月 1 日起对涂料征收消费税，对施工状态下挥发性有机物（Volatile Organic Compounds，VOC）含量低于 420 克/升（含）的涂料免征消费税。

3.3.2 消费税税率

1. 税率形式

消费税的税率有三种形式，比例税率、定额税率和复合税率，以适应不同应税消费品的实际情况。根据不同的税目或子税目确定相应的税率或单位税额。

（1）比例税率，如化妆品、摩托车、小汽车等适用比例税率，按照销售收入的一定比例课税。

（2）定额税率，如啤酒、汽油、柴油等适用定额税率，即按照销售数量课征消费税。

（3）复合税率，在 15 类征税消费品中，只有白酒和卷烟适用复合税率，即在征税的过程中，不仅按照销售收入的比例征收一部分税款，还要按照销售数量征收一部分税款。

2. 税目、税率表

消费税税目、税率表如表 3-1 所示。

表 3-1   消费税税目、税率表

税　　目	税　　率
一、烟	
1. 卷烟	
（1）甲类卷烟	56%加 0.003 元/支
（2）乙类卷烟	36%加 0.003 元/支
（3）批发环节	11%加 0.005 元/支
2. 雪茄烟	36%
3. 烟丝	30%
二、酒	
1. 白酒	20%加 0.5 元/500 克（或者 500 毫升）
2. 黄酒	240 元/吨
3. 啤酒	
（1）甲类啤酒	250 元/吨
（2）乙类啤酒	220 元/吨
4. 其他酒	10%
三、高档化妆品	15%
四、贵重首饰及珠宝玉石	
1. 金银首饰、铂金首饰和钻石及钻石饰品	5%
2. 其他贵重首饰和珠宝玉石	10%
五、鞭炮、焰火	15%
六、成品油	
1. 汽油	1.52 元/升
2. 柴油	1.2 元/升
3. 航空煤油	1.2 元/升
4. 石脑油	1.52 元/升
5. 溶剂油	1.52 元/升
6. 润滑油	1.52 元/升
7. 燃料油	1.2 元/升
七、摩托车	
1. 气缸容量为 250 毫升的	3%
2. 气缸容量为 250 毫升以上的	10%
八、小汽车	
1. 乘用车	
（1）气缸容量（排气量，下同）在 1.0 升（含 1.0 升）以下的	1%
（2）气缸容量在 1.0 升至 1.5 升（含 1.5 升）的	3%
（3）气缸容量在 1.5 升以上至 2.0 升（含 2.0 升）的	5%
（4）气缸容量在 2.0 升以上至 2.5 升（含 2.5 升）的	9%

续表

税　目	税　率
（5）气缸容量在 2.5 升以上至 3.0 升（含 3.0 升）的	12%
（6）气缸容量在 3.0 升以上至 4.0 升（含 4.0 升）的	25%
（7）气缸容量在 4.0 升以上的	40%
2. 中轻型商用客车	5%
九、高尔夫球及球具	10%
十、高档手表	20%
十一、游艇	10%
十二、木制一次性筷子	5%
十三、实木地板	5%
十四、电池	4%
十五、涂料	4%

3. 税率的一些特殊规定

（1）卷烟产品税率

由于卷烟分为甲类和乙类卷烟，因此其适用的税率不同。每标准条调拨价（不含增值税）在 70 元以上的（含 70 元），即为甲类卷烟，适用 56% 的税率；每标准条调拨价（不含增值税）在 70 元以下的，即为乙类卷烟，适用 36% 的税率。每标准条指 200 支/条。卷烟从量定额征收的税额是 0.003 元/支，每标准箱 50 000 支，即每标准箱 150 元。卷烟批发环节加征一道消费税，按照批发环节不含增值税销售额的 11% 比例税率和 0.005 元/支的定额税率征收。

（2）啤酒产品税额

由于啤酒按照每吨的出厂价格被分为甲类和乙类啤酒，因此其适用的税额不同。甲类啤酒每吨的出厂价格（包括包装物及包装物押金，不含增值税）在 3 000 元以上（含 3 000 元），适用 250 元/吨的税额；乙类啤酒每吨的出厂价格（包括包装物及包装物押金，不含增值税）在 3 000 元以下，适用 220 元/吨的税额。对于娱乐业和饮食业自制的啤酒按照甲类啤酒 250 元/吨征收消费税。

（3）兼营不同税率消费品税率的确定

纳税人兼营两种以上的应税消费品，应当分别核算不同税率应税消费品的销售额和销售数量；未分别核算销售额、销售数量或者将不同税率的应税消费品组成成套消费品销售的，一律从高适用税率。

纳税人兼营不同税率的应税消费品，是指纳税人生产销售两种税率以上的应税消费品。从高适用税率是指兼营高低不同税率的应税消费品，当不能分别核算销售额、销售数量，或者将不同税率的应税消费品组成成套消费品销售的，就以应税消费品中适用的最高税率作为计算消费税的税率。

3.4

计税依据

按照消费税的税率设置，消费税有从价定率、从量定额和复合征税三种征收方法。从价定率征收的计税依据为应税消费品的销售额；从量定额征收的消费税，计税依据是应税消费品的销售数量；复合征收的计税依据为消费品的销售收入与销售数量。

3.4.1 从价定率计征

从价定率计征方法适用于消费税率为比例税率的形式，应纳税额等于销售额乘以适用比例税率。因此，销售额的大小决定了最终应纳消费税额的大小。销售额为纳税人销售应税消费品向购买方收取的全部价款和价外费用。在确定销售额时应注意以下几个方面。

1. 销售额为不含增值税的销售额

销售额为纳税人销售应税消费品向购买方收取的全部价款和价外费用，但不包括向货方收取的增值税税款，即销售额为不含增值税的销售额。这样规定是避免出现税上加税的现象。如果纳税人应税消费品的销售额中未扣除增值税税款或者因不得开具增值税专用发票而发生价款和增值税税款合并收取的，在计算消费税时，应当换算为不含增值税税款的销售额。其换算公式为：

$$\text{应税消费品}\atop\text{的销售额} = {\text{含增值税的}\atop\text{销售额}} \div \left(1 + {\text{增值税税率}\atop\text{或征收率}}\right)$$

如果消费税的纳税人同时又是增值税一般纳税人的，应适用 13%的增值税税率；如果消费税的纳税人是小规模纳税人的，应适用 3%的增值税征收率。

2. 销售额包含价外费用

价外费用，是指价外收取的手续费、补贴、基金、集资费、返还利润、奖励费、违约金、滞纳金、延期付款利息、赔偿金、包装物租金、包装费、储备费、优质费、运输装卸费、代收款项、代垫款项以及其他各种性质的价外收费。但下列款项不包括在内：

① 承运部门的运费发票开具给购货方的；

② 纳税人将该项发票转交给购货方的。

其他价外费用，无论是否属于纳税人的收入，均并入销售额计算征税。

3. 应税消费品包装物的处理

应税消费品连同包装物销售的，无论包装物如何计价，也不论在会计上如何核算，均应并入应税消费品的销售额中征收消费税。对于包装物只收取押金、不作价随同产品销售的，其押金则不并入应税消费品的销售额中征税。但对因逾期未收回的包装物不再退还的押金和已收取一年以上的押金，应并入应税消费品的销售额，按应税消费品的适用税率征收消费税。

对既作价随同应税消费品销售，又另外收取的包装物押金，凡纳税人在规定的期限内不予退还的，均应并入应税消费品的销售额，按照应税消费品的适用税率征收消费税。

对酒类产品生产企业销售酒类产品（黄酒、啤酒除外）而收取的包装物押金，无论押金是否返还与会计上如何核算，均需并入酒类产品销售额中，依酒类产品的适用税率征收消费税。

4. 以外汇结算销售额的应税消费品

纳税人销售的应税消费品，以外汇结算销售额的，其销售额的人民币折合率可以选择结算的当天或者当月1日的国家外汇牌价（原则上为中间价）。纳税人应事先确定采取何种折合率，确定后1年内不得变更。

3.4.2 从量定额计征

适用于从量定额计征消费税的商品应纳消费税额等于应税数量与单位税额的乘积。销售数量是指纳税人生产、加工和进口应税消费品的数量。具体规定为：

（1）销售应税消费品的，为应税消费品的销售数量；

（2）自产自用应税消费品的，为应税消费品的移送使用数量；

（3）委托加工应税消费品的，为纳税人收回的应税消费品数量；

（4）进口的应税消费品，为海关核定的应税消费品进口征税数量。

另外，在实际经营中由于计量单位与计税单位可能存在一定的差异，例如，吨与升两个单位混用，为了规范不同产品的计税单位，需要明确它们之间的换算关系，具体规定如表3-2所示。

表 3-2   吨、升换算

名称	换算标准
黄酒	1 吨＝962 升
啤酒	1 吨＝988 升
汽油	1 吨＝1 388 升
柴油	1 吨＝1 176 升
航空煤油	1 吨＝1 246 升
石脑油	1 吨＝1 385 升
溶剂油	1 吨＝1 282 升
润滑油	1 吨＝1 126 升
燃料油	1 吨＝1 015 升

3.4.3 复合计征

在所有消费品中只有卷烟和白酒适用于复合征收消费税。复合计征的计税依据为消费品的销售额与销售数量，它们的确定原则基本上与从价定率、从量定额是相同的。应纳税额等于应税销售数量乘以定额税率再加上应税销售额乘以比例税率。

3.4.4 计税依据的特殊规定

（1）纳税人通过自设非独立核算门市部销售自产应税消费品，应按照门市部对外销售额或销售数量征收消费税。

（2）纳税人以自产的应税消费品换取生产资料或消费资料、投资入股和抵偿债务的，应以同类应税消费品的最高销售价格为计税依据。

【例3-1】 电池生产厂为增值税一般纳税人，下设一个非独立核算的门市部，8月该厂将生产的一批电池交给门市部，计价60万元。门市部将其零售，取得含税销售额74.58万元，则该批电池计税销售额应是74.58÷（1＋13%）＝66（万元）。

【例3-2】 某汽车制造厂3月生产的A型号小轿车，6日销售35辆，不含税价格是16万元/辆；14日销售55辆，不含税价格是15.5万元/辆；19日销售68辆，不含税价格是15万元/辆。28日该厂将A型号小轿车10辆用于投资入股，则其计税销售额应为16万元/辆。

（3）白酒生产企业向商业销售单位收取的"品牌使用费"是随着应税白酒的销售而向购货方收取的，属于应税白酒销售价款的组成部分，因此，无论企业采取何种方式或以何种名义收取价款，均应并入白酒的销售额中缴纳消费税。

（4）对既销售金银首饰，又销售非金银首饰的生产、经营单位，应将两类商品划分清楚，分别核算销售额。凡划分不清楚或不能分别核算的，在生产环节销售的，一律从高使用税率征

收消费税；在零售环节销售的，一律按金银首饰征收消费税。金银首饰与其他产品成套消费品销售的，应按销售额全额征收消费税。

金银首饰连同包装物销售的，无论包装是否单独计价，也无论会计上如何核算，均应并入金银首饰的销售额，计征消费税。

纳税人采用以旧换新（含翻新改制）方式销售的金银首饰，应按实际收取的不含增值税的全部价款确定计税依据征收消费税。

3.5 应纳税额的计算

3.5.1 生产销售环节应纳税额的计算

1. 从价定率计算方法

应纳消费税税额＝应税消费品的销售额×适用比例税率

【例3-3】 某化妆品生产企业为增值税一般纳税人，8月销售化妆品一批，开具增值税专用发票，取得不含税销售额1 000万元，增值税税额130万元，另销售给一个体经营者，开具普通发票，价税合并收取113万元，化妆品适用税率15%。计算该化妆品厂8月应纳消费税税额。

应纳消费税税额＝1 000×15%＋113/（1＋13%）×15%＝165（万元）

2. 从量定额计算方法

应纳消费税税额＝应税消费品的销售数量×单位税额

【例3-4】 某啤酒厂7月销售啤酒1 000吨，每吨出厂价为4 500元，计算该啤酒厂7月应纳消费税税额。

应纳消费税税额＝1 000×250＝250 000（元）

3. 复合计算方法

应纳消费税税额＝应税销售数量×定额税率＋应税销售额×适用比例税率

【例3-5】 某酒厂当期销售粮食白酒300吨，每吨出厂不含税价格为3 750元，计算该酒厂应纳消费税税额。粮食白酒适用税率为20%，单位税额每斤0.5元（1斤＝0.5千克）。

应纳消费税税额＝300×2 000×0.5＋300×3 750×20%＝525 000（元）

4. 外购已税消费品已纳税款的扣除

在实际经营中，某些应税消费品用外购已缴纳消费税的应税消费品作为原材料连续生产新的应税消费品，由于消费税实行一次课征，在对这些连续生产出来的应税消费品计征消费税时，应将外购已税消费品缴纳的消费税予以扣除。扣除方法是按当期生产领用数量计算准予扣除外购的应税消费品已纳的消费税税款。

（1）准予扣税的范围

在消费税15个税目中，除酒、电池、涂料、小汽车、摩托车、高档手表、游艇税目外，其他税目有扣税规定，具体范围如下：

① 外购已税烟丝生产的卷烟；

② 外购已税化妆品生产的化妆品；

③ 外购已税珠宝玉石生产的贵重首饰及珠宝玉石；

④ 外购已税鞭炮焰火生产的鞭炮焰火；

⑤ 外购已税杆头、杆身和握把为原料生产的高尔夫球杆；

⑥ 外购已税木制一次性筷子为原料生产的木制一次性筷子；

⑦ 外购已税实木地板为原料生产的实木地板；

⑧ 外购已税汽油、柴油、石脑油、润滑油为原料生产的应税消费品。

（2）准予扣除消费税款的计算

当期准予扣除外购应税消费品已纳消费税税款的计算公式为：

$$\text{当期准予扣除的外购应税消费品已纳税款} = \text{当期准予扣除的外购应税消费品买价} \times \text{外购应税消费品适用税率}$$

$$\text{当期准予扣除的外购应税消费品买价} = \text{期初库存的外购应税消费品的买价} + \text{当期购进的应税消费品的买价} - \text{期末库存的外购应税消费品的买价}$$

外购已税消费品买价是指购货发票上注明的销售额（不包括增值税税款）。对自己不生产应税消费品，而只是购进后再销售应税消费品的工业企业，其销售的化妆品、鞭炮火焰和珠宝玉石，凡不能构成最终消费品直接进入消费品市场，而需要进一步生产加工、包装、贴标的或组合的珠宝玉石、化妆品、鞭炮火焰等，应当征收消费税，同时允许扣除上述外购应税消费品的已纳税款。

【例3-6】 某化妆品企业为增值税一般纳税人，长期以来一直用外购已税高档化妆品继续生产应税化妆品。2月销售化妆品一批，开具增值税专用发票，取得不含税销售额860万元；当月从某化妆品生产企业外购初级化妆品一批，取得增值税专用发票注明价款700万元。期初初级化妆品原材料库存买价200万元，期末库存买价400万元。计算该化妆品企业2月应纳消费税税额。高档化妆品适用税率15%。

（1）当期准予扣除的外购应税消费品买价＝200＋700－400＝500（万元）

（2）当期准予扣除的外购应税消费品已纳税款＝500×15%＝75（万元）

（3）当期应纳消费税税额＝860×15%－75＝54（万元）

3.5.2 自产自用应税消费品应纳税额的计算

自产自用，是指纳税人生产应税消费品后，不是用于直接对外销售，而是用于自己连续生产新的应税消费品，或用于其他方面。因生产后的用途不同，其计算消费税的方法也不同。

1. 用于连续生产的应税消费品

当纳税人自产自用的应税消费品，用于连续生产应税消费品时不征收消费税。这里"纳税人自产自用的应税消费品，用于连续生产应税消费品"，是指作为生产最终应税消费品的直接材料、并构成最终产品实体的应税消费品。这样做体现了不重复性征税的原则。

2. 用于其他方面的应税消费品

当纳税人自产的应税消费品，除用于连续生产新的应税消费品外，凡用于其他方面的，于移送使用时纳税。这里的其他方面，是指纳税人用于生产非应税消费品和在建工程，为管理部门、非生产机构提供劳务，以及用于馈赠、赞助、集资、广告、样品、职工福利、奖励等方面的应税消费品。这里的"用于非应税消费品"，是指把自产的应税品用于生产消费税条例税目表所列15类以外的产品。

企业自产的应税消费品，虽然没用于销售或连续生产应税消费品，但只要是用于税法所规定的范围的都要视同销售，依法缴纳消费税。自产自用应税消费品税务处理方法如表3-3所示。

表 3-3 自产自用应税消费品税务处理

	用途		消费税	增值税
自产消费品	1. 正常销售		正常计算缴纳消费税	缴纳增值税
	2. 企业自用	连续生产应税消费品	自用消费品不缴纳消费税	不缴纳增值税
		用于其他方面	视同销售，计算缴纳消费税	缴纳增值税

3. 组成计税价格

纳税人自产自用的应税消费品，凡用于其他方面，应当征收消费税的，纳税人应按照生产的同类消费品的销售价格计算消费税。同类消费品的销售价格是指纳税人当月销售的同类消费品的销售价格，如果当月同类消费品的销售价格高低不同，应按照销售数量加权平均计算。但销售应税消费品有下列情况之一的，不得列入加权平均计算：

① 销售价格明显偏低又无正当理由的；

② 无销售价格的。

如果当月无销售或当月未完结，应按照同类消费品上月或最近月份的销售价格计算纳税。

没有同类消费品销售价格的，按照组成计税价格计算纳税。组成计税价格的计算公式如下：

（1）从价定率消费品的组成计税价格

$$组成计税价格 = \frac{成本 + 利润}{1 - 消费税税率}$$

或 $$组成计税价格 = \frac{成本 \times （1 + 成本利润率）}{1 - 消费税税率}$$

应纳消费税额 = 组成计税价格 × 适用比例税率

（2）复合计税消费品的组成计税价格

$$组成计税价格 = \frac{成本 \times （1 + 成本利润率） + （视同销售数量 \times 单位定额税）}{1 - 消费税比例税率}$$

应纳消费税额 = 组成计税价格 × 适用比例税率 + 视同销售数量 × 单位定额税

在组成计税价格公式中的"成本"，是指应税消费品的产品生产成本；"利润"，是指根据应税消费品的全国平均成本利润率计算的利润。应税消费品全国平均成本利润率，由国家税务总局确定。应税消费品全国平均成本利润率规定如表 3-4 所示。

表 3-4 应税消费品的全国平均成本利润率

货物名称	利润率	货物名称	利润率
甲类卷烟	10%	贵重首饰及珠宝玉石	6%
乙类卷烟	5%	高尔夫球及球具	10%
雪茄烟	5%	摩托车	6%
烟丝	5%	乘用车	8%
粮食白酒	10%	中轻型商用客车	5%
薯类白酒	5%	高档手表	20%
其他酒	5%	游艇	10%
化妆品	5%	木制一次性筷子	5%
鞭炮、焰火	5%	实木地板	5%

【例3-7】 某汽车制造厂将自产汽缸容量为3.5升的小轿车10辆用于赞助汽车拉力赛，同类型小轿车每辆出厂不含税售价300 000元。计算该厂应纳消费税。小轿车适用税率25%。

小轿车应纳消费税税额=10×300 000×25%=750 000（元）

【例3-8】 某酒厂将一批自产的红葡萄酒作为中秋节礼品发放给本厂职工。该种红葡萄酒无同类产品销售价格，生产成本为9 000元。计算该批红葡萄酒应缴纳的消费税税额。

（1）组成计税价格=（9 000+9 000×5%）/（1−10%）=10 500（元）

（2）红葡萄酒应缴纳消费税税额=10 500×10%=1 050（元）

3.5.3 委托加工环节应税消费品应纳税额的计算

企业、单位和个人经常委托其他单位代为加工应税消费品，然后将收回的应税消费品直接销售或自己使用。这是生产应税消费品的另一种形式，也属于消费税的征税范围。

1. **委托加工应税消费品的确定**

委托加工的应税消费品是指由委托方提供原料和主要材料，受托方只收取加工费和代垫部分辅助材料加工的应税消费品。在实际的生产经营中，某些企业为了逃避纳税义务，常常将自制销售应税消费品与委托加工应税消费品混淆，因此，必须明确相关规定。对于由受托方提供原材料生产的应税消费品，或者受托方先将原材料卖给委托方，然后再接受加工的应税消费品，以及由受托方以委托方名义购进原材料生产的应税消费品，无论纳税人在财务上是否做销售处理，都不得作为委托加工应税消费品，而应当按照销售自制应税消费品缴纳消费税。

2. **代收代缴税款的规定**

对于确实属于委托方提供原料和主要材料，受托方只收取加工费和代垫部分辅助材料加工的应税消费品，税法规定，由受托方在向委托方交货时代收代缴消费税，也就是说受托方是法定的代收代缴义务人。如果受托方对委托加工的应税消费品没有代收代缴或少代收代缴消费税，应当按照《税收征收管理法》的规定，承担代收代缴法律责任。

纳税人委托个体经营者加工应税消费品，一律于委托方收回后在委托方所在地缴纳消费税。对于受托方没有按规定代收代缴税款的，并不能因此免除委托方补缴税款的责任。在对委托方进行税务检查中，如果发现其委托加工的应税消费品受托方没有代收代缴税款，委托方要补缴税款。

委托加工的应税消费品，受托方在交货时已代收代缴消费税，委托方收回后直接对外销售的，不再征收消费税。

3. **应纳税额的计算**

委托加工的应税消费品，按照受托方的同类消费品的销售价格计算纳税。同类消费品的销售价格，是指受托方（即代收代缴义务人）当月销售的同类消费品的销售价格，如果当月同类消费品的销售价格高低不同，应按照销售数量加权平均计算。如果当月同类消费品各期销售价格高低不同，应按销售数量加权平均计算。但销售的应税消费品有下列情况之一的，不得列入加权平均计算：

（1）销售价格明显偏低又无正当理由的；

（2）无销售价格的。

如果当月无销售或当月未完结，应按照同类消费品上月或最近月份的销售价格计算纳税。没有同类消费品销售价格的，按照组成计税价格计算纳税。组成计税价格计算公式因从价定率与复合计税的消费品而不同：

（1）实行从价定率方法消费品税额计算

组成计税价格＝（材料成本＋加工费）÷（1－消费税税率）

应纳消费税税额＝组成计税价格×适用税率

（2）实行复合计税方法消费品税额计算

$$组成计税价格＝\frac{材料成本＋加工费＋委托加工数量×单位定额税}{1－消费税税率}$$

应纳消费税税额＝组成计税价格×适用税率＋委托加工数量×单位定额税

《消费税暂行条例实施细则》中规定，在组成计税价格公式中，材料成本是指委托方所提供加工材料的实际成本。委托加工应税消费品的纳税人，必须在委托加工合同上如实注明（或以其他方式提供）材料成本，凡未提供材料成本的，受托方所在地主管税务机关有权核定其材料成本。加工费是指受托方加工应税消费品向委托方所收取的全部费用，包括代垫辅助材料的实际成本，但不包括增值税税金。

【例3-9】 某卷烟厂为增值税一般纳税人，7月将成本为60 000元的烟叶委托给异地的一烟丝加工厂生产加工烟丝，烟丝加工完毕后，企业收回烟丝，并取得异地受托烟丝厂开具的增值税专用发票，注明加工费2 500元，代垫辅料500元，对于加工的烟丝，当地无同类产品市场价格。（烟丝的比例税率为30%）。计算烟丝加工厂应代收代缴的消费税。

（1）组成计税价格＝（60 000＋2 500＋500）÷（1－30%）＝90 000（元）

（2）代收代缴的消费税税额＝90 000×30%＝27 000（元）

委托加工环节——涉及增值税税额的计算

4. 委托加工收回的应税消费品已纳税款的扣除

对于委托加工收回的货物，由于用途不同，所以税务处理方式也不同。如果将委托加工收回的货物直接对外销售，将不再缴纳消费税。

如果委托后加工收回的应税消费品用于连续生产应税消费品的，为保证消费税不重复征收，加工收回的应税消费品已纳税款准予按照规定从连续生产的应税消费品应纳消费税税额中抵扣。

（1）准予扣税的范围

下列连续生产的应税消费品准予从应纳消费税税额中按当期生产领用数量计算扣除委托加工收回的应税消费品已纳消费税税额：

① 以委托加工收回的已税烟丝为原料生产的卷烟；

② 以委托加工收回的已税化妆品为原料生产的化妆品；

③ 以委托加工收回的已税珠宝玉石为原料生产的贵重首饰及珠宝玉石；

④ 以委托加工收回的已税鞭炮焰火为原料生产的鞭炮焰火；

⑤ 以委托加工收回的已税杆头、杆身和握把为原料生产的高尔夫球杆；

⑥ 以委托加工收回的已税摩托车连续生产应税摩托车（如外购两轮摩托车改装为三轮摩托车）；

⑦ 以委托加工收回的已税木制一次性筷子为原料生产的木制一次性筷子；

⑧ 以委托加工收回的已税实木地板为原料生产的实木地板；

⑨ 以委托加工收回的已税汽油、柴油、石脑油、燃料油、润滑油为原料生产的应税消费品。

（2）准予扣除消费税税款的计算

上述当期准予扣除委托加工收回的应税消费品已纳消费税税额的计算公式为：

$$
\begin{array}{l}
\text{当期准予扣除的} \\
\text{委托加工应税消费品} \\
\text{已纳消费税税额}
\end{array}
=
\begin{array}{l}
\text{期初库存的委托} \\
\text{加工应税消费品} \\
\text{已纳消费税税额}
\end{array}
+
\begin{array}{l}
\text{当期收回的委托} \\
\text{加工应税消费品} \\
\text{已纳消费税税额}
\end{array}
-
\begin{array}{l}
\text{期末库存的委托} \\
\text{加工应税消费品} \\
\text{已纳消费税税额}
\end{array}
$$

（3）纳税人用委托加工收回的已税珠宝玉石生产的改在零售环节征收消费税的金银首饰，在计税时一律不得扣除委托加工收回的珠宝玉石的已纳消费税税额。

对于委托加工环节的税务处理，总结如表 3-5 所示。

表 3-5 委托加工环节的相关税务处理

委托加工关系成立		委托方	受托方
		提供主要原材料	收取加工费，代垫部分辅助材料
加工完毕时涉及的税务处理	① 消费税缴纳	提货时缴纳消费税	代收代缴消费税（受托方为个体户的除外）
	② 增值税缴纳	支付加工费（和代垫辅助材料费用）及其增值税税额	收取加工费（和代垫辅助材料费用）及其增值税税额
收回加工货物后涉及的税务处理	① 用途一：直接出售	不再缴纳消费税	
	② 用途二：连续加工应税消费品	可按生产领用数量从应纳消费税税额中抵减委托加工收回货物已纳消费税税额	

【例3-10】 高尔夫球杆生产企业，某月初委托加工收回的高尔夫球杆握把已纳消费税税额15万元，当月委托加工收回的高尔夫球杆握把已纳消费税税额25万元，月末委托加工收回的高尔夫球杆握把已纳消费税税额10万元。当月销售一批由委托加工收回的高尔夫球杆握把生产的高尔夫球杆，取得不含税销售额580万元。要求：计算高尔夫球杆生产企业当月准予扣除的外购高尔夫球杆握把已缴纳的消费税税额；当月销售高尔夫球杆应纳消费税税额。（高尔夫球杆握把适用10%税率）

（1）当月准予扣除外购高尔夫球杆握把已纳消费税税额＝15＋25－10＝30（万元）

（2）当月销售高尔夫球杆应纳消费税税额＝580×10%－30＝28（万元）

3.5.4 特殊环节应纳税额的计算

1. 卷烟批发环节应纳消费税的计算

在中华人民共和国境内从事卷烟批发业务的单位和个人批发销售的所有牌号规格的，按照从价税税率 11% 和从量税税率 0.005 元/支，计算应纳消费税。纳税人兼营卷烟批发和零售业务的，应当分别核算批发和零售环节的销售额、销售数量；未分别核算批发环节、零售环节销售额、销售数量的，按照全部销售额、销售数量计征批发环节消费税。

2. 超豪华小汽车零售环节应纳消费税的计算

自 2016 年 12 月 1 日起，对超豪华小汽车在零售环节加征一道消费税。超豪华小汽车是指每辆零售价格在 130 万元（不含增值税）及以上的乘用车和中轻型商用客车，税率为 10%。

3.5.5 进口环节应纳税额的计算

进口的应税消费品，在报关进口时缴纳消费税。进口的应税消费品的消费税由海关代征。进口的应税消费品，由进口人或者其代理人向报关地海关申报纳税；纳税人进口应税消费品，按照关税征收管理的相关规定，应当自海关填发海关进口消费税专用缴款书之日起15日内缴纳税款。

1. 从价定率方法的进口应税消费品税额计算

实行从价定率计税方法的应税消费品，在报关进口时，按照下列组成计税价格计算缴纳消费税税额：

组成计税价格＝（关税完税价格＋关税）÷（1－消费税税率）

应纳消费税税额＝组成计税价格×消费税税率

在组成计税价格公式中，关税完税价格，是指海关核定的关税计税价格。凡是以外汇结算销售价款的，应当折合为人民币计算应纳税额。

【例3-11】 某商贸公司2018年1月从其他国家进口一批应税消费品，关税完税价格为200 000元，计算该批化妆品应纳消费税税额。关税税率为40%，消费税税率为30%。

（1）组成计税价格＝（200 000＋200 000×40%）÷（1－30%）＝400 000（元）

（2）应纳消费税税额＝400 000×30%＝120 000（元）

2. 从量定额方法的进口应税消费品税额计算

实行从量定额计税方法的应税消费品，在报关进口时，按照下列公式计算缴纳消费税。

应纳消费税税额＝应税消费品数量×消费税定额税率

公式中，应税消费品的数量，为海关核定的应税消费品进口征税数量。

3. 复合计税方法的进口应税消费品税额计算

实行复合计税方法的应税消费品，在报关进口时，按照下列公式计算缴纳消费税。

$$组成计税价格＝\frac{关税完税价格＋关税＋进口消费品数量×单位定额税}{1－消费税税率}$$

应纳消费税税额＝组成计税价格×消费税税率＋进口消费品数量×单位定额税

3.6

消费税出口退税的计算

3.6.1 出口退税基本政策

出口应税消费品，免征消费税；国务院另有规定的除外。

1. 出口免税并退税

适用出口免税并退税政策的是有出口经营权的外贸企业购进应税消费品直接出口，以及外贸企业受其他外贸企业委托代理出口应税消费品。外贸企业受其他外贸企业（主要是非生产性的商贸企业）委托，代理出口应税消费品是不予退（免）税的。

2. 出口免税但不退税

适用出口免税但不退税政策的是有出口经营权的生产性企业自营出口或生产企业委托外贸企业代理出口自产的应税消费品，依据其实际出口数量免征消费税，但不予办理退还消费税。免征消费税是指对生产性企业按其实际出口数量免征生产环节的消费税。不予办理退还消费税是因为已免征生产环节的消费税，该应税消费品出口时，已不含有消费税，所以不需要再办理退还消费税。

3. 出口不免税也不退税

除生产企业、外贸企业外的其他企业，即一般商贸企业，委托外贸企业代理出口应税消费品的，不予退（免）消费税。

增值税与消费税出口退（免）税政策比较如表 3-6 所示。

表 3-6 增值税与消费税出口退（免）税的比较

		出口免税并退税		出口免税但不退税	出口不免税也不退税
增值税	适用货物	符合规定的所有货物		出口环节之前不含有税负的货物	国家限制或禁止出口的某些货物
	退税计算	① "免抵退"方法			
		② "先征后退"方法			
消费税	适用企业	有出口经营权的外贸企业		有出口经营权的生产性企业	一般商贸企业
	适用状况	① 购进应税消费品直接出口		① 自营出口	委托外贸企业代理出口
		② 受其他外贸企业委托代理出口		② 委托外贸企业代理出口	
	退税率	与征税率相同			
	退税计算	① 从价定率			
		② 从量定额			
		③ 复合计税			

3.6.2 出口货物退税计算

1. 出口退税税率

与增值税退税率不同，计算出口应税消费品应退消费税的税率和单位税额，依据《消费税暂行条例》的税目税率表执行，即消费税实行征多少退多少的原则。

2. 出口退税计算

出口应税消费品应退消费税的计算，有以下两种情况。

（1）实行从价定率计征消费税的应税消费品

属于从价定率应税消费品，按照外贸企业从工厂购进货物时征收消费税的价格计算应退消费税税额，计算公式为：

应退消费税税额＝出口货物的工厂销售额×退税率

（2）实行从量定额计征消费税的应税消费品

属于从量定额计征消费税的应税消费品，按照货物购进和报关出口的数量计算应退消费税税额，计算公式为：

应退消费税税额＝出口数量×单位税额

（3）实行复合计税消费税的应税消费品

属于复合计征消费税的，按从价定率和从量定额的计税依据分别确定应退消费税税额。

$$应退消费税税额＝从价定率计征消费税的退税依据×退税率$$
$$＋从量定额计征消费税的退税依据×单位定额税$$

【例3-12】 具有出口经营权的外贸企业从生产企业购进一批实木地板出口到国外，从生产企业取得的增值税专用发票注明不含增值税价格380万元，计算该批实木地板应退消费税税额。实木地板消费税退税率为5%。

$$应退消费税税额＝380×5\%＝19（万元）$$

3.7 征收管理

3.7.1 纳税环节

消费税实行单一环节一次征收，征税环节选择在生产经营的起始环节或最终消费环节，具体包括应税消费品的生产环节、委托加工环节、进口环节、移送使用环节和零售环节等几种情形。具体规定如下：

（1）纳税人生产的应税消费品，由生产者于销售时纳税；

（2）生产者自产自用的应税消费品，用于本企业连续生产的不征税；用于其他方面的，于移送使用时纳税；

（3）委托加工的应税消费品，由受托方在向委托方交货时代收代缴；

（4）进口的应税消费品，于报关进口环节由海关代征消费税；

（5）金银首饰、钻石及钻石饰品消费税在零售环节征收；

（6）卷烟在批发环节再加征一道消费税。

3.7.2 纳税义务发生时间

消费税的纳税义务发生时间以货款结算方式或行为发生时间分别确定。

（1）纳税人生产的应税消费品于销售时纳税，具体规定如下：

① 纳税人采用赊销及分期收款方式的，其纳税义务发生时间为销售合同规定的收款日期的当天；

② 纳税人采用预收货款结算的，其纳税义务发生时间为发出应税消费品的当天；

③ 纳税人采用托收承付和委托银行收款的结算方式销售的应税消费品，其纳税义务发生时间为发出消费品并办妥托收手续当天；

④ 纳税人采用其他方式结算的，其纳税义务发生时间为收讫销售款或取得索取销售款凭证的当天。

（2）纳税人自产自用的应税消费品，其纳税义务发生时间为移送使用的当天。

（3）纳税人委托加工的应税消费品，其纳税义务发生时间为纳税人提货的当天。

（4）纳税人进口的应税消费品，其纳税义务发生时间为报关进口的当天。

3.7.3 纳税期限与纳税地点

1. 纳税期限

消费税的纳税期限分别为 1 日、3 日、5 日、10 日、15 日、1 个月或者 1 个季度。纳税人的具体纳税期限，由主管税务机关根据纳税人应纳税额的多少分别核定；不能按照固定期限纳税的，可以按次纳税。

以 1 个月或者 1 个季度为一期纳税的，自期满之日起 15 日内申报纳税；以 1 日、3 日、5 日、10 日或 15 日为一期纳税的，自期满之日起 5 日内预缴税款，于次月 1 日起 15 日内申报纳税并结清上月应纳税款。

纳税人进口应税消费品的，应当自海关填发海关进口消费税专用缴款书之日起 15 日内缴纳税款。

2. 纳税地点

消费税的纳税地点具体规定如下。

（1）纳税人销售的应税消费品以及自产自用的应税消费品，除国家另有规定的以外，应当向纳税人机构所在地或者居住地的主管税务机关申报纳税。

（2）委托加工的应税消费品，除受托方为个人外，由受托方所在地主管税务机关代收代缴消费税税款；受托方为个体经营者的，一律于委托方收回后在委托方所在地缴纳税款。

（3）进口的应税消费品，由进口人或代理人向报关地海关申报纳税。

（4）纳税人到外县（市）销售或委托外县（市）代销自产应税消费品的，于应税消费品销售后，应当向机构所在地或者居住地的主管税务机关申报纳税。

纳税人总机构和分支机构不在同一县（市）的，但在同一省（自治区、直辖市）范围内，经省（自治区、直辖市）财政厅（局）、国家税务局审批同意，可以由总机构汇总向机构所在地主管税务机关申报纳税。

（5）纳税人销售的应税消费品，因质量等原因发生退货的，其已缴纳的消费税税款可予以退还。

（6）纳税人直接出口的应税消费品办理免税后，发生退关或者国外退货，复进口时已予以免税的，可暂不办理补税，待其转为国内销售的当月申报缴纳消费税。

思考与练习

一、辨析题

1. 当货物为应税消费品时，对其征收增值税的同时也对其征收消费税。（　　）

2. 百货商场销售金银首饰，应缴纳增值税和消费税。（　　）

3. 消费税与增值税销项税额的计税依据均为含消费税税额，不含增值税税额的销售额。（　　）

4. 进口的从价定率应税消费品，计算进口消费税的组成计税价格也就是计算进口增值税的组成计税价格。（　　）

5. 所有缴纳消费税的货物，其计算缴纳消费税的组成计税价格中，成本利润率均为10%。

（　　　）

6. 消费税和增值税的出口退税率一样。（　　　）

7. 用于换取生产资料的卷烟，应按同类商品的平均售价作为计税依据，计算消费税。（　　　）

8. 纳税人除委托个人加工应税消费品，一律于委托方收回后在委托方所在地缴纳消费税外，其余的委托加工应税消费品均由受托方在向委托方交货时代收代缴消费税。（　　　）

9. 所有外购的已税消费品，用于继续生产应税消费品的，生产耗用的外购应税消费品的已纳消费税税款准予扣除。（　　　）

10. 消费税是一种价内税，是税负转嫁的间接税。（　　　）

11. 所有酒类产品生产企业销售酒类产品而收取的包装物押金，无论会计上如何核算，无论是否逾期，均应并入到销售额中计算消费税。（　　　）

12. 受托代收代缴消费税的委托加工的应税消费品，委托方收回后直接出售的，不再征收消费税和增值税。（　　　）

13. 兼营不同税率的应税消费品，应当分别核算，不分别核算的，一律从高税率计税。（　　　）

14. 金银镶嵌宝石首饰、钻石及钻石饰品在零售环节缴纳消费税时，应扣除外购宝石、钻石已支付的消费税。（　　　）

15. 纳税人将自产应税消费品用于馈赠、赞助、集资、广告、样品、职工福利、奖励等方面时，应视同销售缴纳消费税。（　　　）

二、单项计算题

1. 某化妆品厂进口化妆品一批，关税完税价格100万元，关税税率15%，消费税税率15%，进口环节缴纳的消费税是多少？

2. 某白酒企业12月销售粮食白酒（适用20%比例税率）5 000吨，取得含税销售额9 360万元，另收取包装物押金113万元，计算该白酒企业应纳的消费税税额。

3. 白云进出口贸易公司是一家拥有进出口资质的大型外贸企业，10月从国内一家生产企业购进一批消费税税率为10%的摩托车，不含税价格为1 000万元，当月即将此摩托车出口至东南亚某国，取得不含税销售额1 585万元，计算白云公司出口摩托车的应退消费税税额。

4. 某电池生产商将成本为40万元的应征消费税的电池，作为广告样品进行了捐赠，计算其应纳消费税额。（成本利润率10%）

5. 某饭店举行夏日啤酒节，在活动现场自制5吨啤酒全部销售，取得零售收入2.26万元，计算此项业务应缴纳的消费税税额。

三、综合计算题

1. 某橡胶厂为增值税一般纳税人，5月销售给汽车修理厂（小规模纳税人）一批轮胎，开具的普通发票上注明价款23.4万元，销售农用拖拉机轮胎取得销售额100万元，以成本价转让给统一核算的门市部汽车轮胎30万元，门市部当月取得零售收入39.78万元。

要求：计算该橡胶厂当月应纳消费税税额。

2. 某酒厂9月外购粮食白酒20吨，取得增值税专用发票，注明价税合计46 800元，货已验收入库，支付该批白酒运费2 000元，装卸费500元，保险费500元。当期生产领用粮食白酒10吨进行勾兑，生产低度白酒20吨，并将其中15吨对外销售，取得含税销售额68 200元，支付销售运费3 000元，收取包装物押金2 000元（规定60天内收回）。

要求：计算该企业应纳消费税税额。

3. 摩托车厂（增值税一般纳税人）12月销售自产摩托车400辆，开具的普通发票上注明销售额160万元，收取运输费8万元，包装费4万元；赞助摩托车拉力赛25辆用以特制摩托赛车，该产品无同类销售价格，每辆成本2万元（成本利润率6%）；外购摩托车轮胎已入库，取得的增值税专用发票上注明价款18万元（发票已通过认证），当月生产摩托车领用50%。

要求：计算该厂当月应纳消费税和增值税税额。

4. 某外贸企业从国外进口180辆摩托车，关税完税价格为200万元，当月售出其中的170辆，每辆不含税售价4万元。外贸企业又从国内一生产厂家购进摩托车1 000辆，每辆购进额1.755万元（含增值税），全部外销出口，离岸价为2 050万元。（摩托车进口关税税率20%，消费税税率10%，摩托车增值税出口退税率13%）

要求：（1）计算该企业当月应纳消费税和增值税税额。

（2）计算该企业当月应退消费税和增值税税额。

第4章

关税

随着社会生产力的发展，出现了商品的生产和交换，伴随着商品交换和商品流通领域的不断扩大，国际贸易产生并不断发展，关税也由此产生。在古代，关税的征收是统治者取得财政收入的一种最方便的手段。近代国家出现后，关税成为体现国家主权、保护产业利益的一个单独税种。现代关税承载着更多的国家、地区的经济利益。

4.1 税种设置

关税是以进出境货物和物品为征税对象的一种国家税收。最初，关税征收是基于财政目的，是统治者取得财政收入的一种重要手段。现代关税不仅具有财政职能，还是国家调节经济的手段。通过关税的调节，国家可以保障国际收支的平衡，保护国内产业发展，同时控制进出口贸易，调节贸易顺逆差。

关税是由海关对进出境的货物和物品征收的一种税。"境"是指关境，又称为"海关境域"或"关税领域"，是国家《海关法》全面实施的领域。通常一国的国境与关境是一致的，但二者也存在区别。当一个国家在国境内设立自由贸易港、自由贸易区、保税区、保税仓库时，关境就小于国境；当几个国家结成关税同盟，成员国之间取消关税，对外实行共同的关税时，关境就大于国境。如我国香港和澳门地区根据《中华人民共和国香港特别行政区基本法》和《中华人民共和国澳门特别行政区基本法》保持着自由港地位，是我国单独的关境区。单独关境区是不完全适用该国海关法律、法规和实施单独海关管理制度的区域。

现行关税法律规范以全国人民代表大会于 2000 年 7 月修正颁布的《中华人民共和国海关法》为法律依据，以国务院于 2003 年 11 月发布的《中华人民共和国进出口关税条例》以及《中华人民共和国海关进出口税则》《中华人民共和国入境旅客行李物品和个人邮递物品征收进口税办法》为基本法规。

关税的分类

4.2 征税对象与纳税义务人

4.2.1 征税对象

关税的征税对象是准许进出境的货物和物品。其中，货物是指贸易性商品；物品是指入境旅客随身携带的行李物品、个人邮递物品、各种运输工具上的服务人员携带的进口的自用物品、馈赠物品以及以其他方式进境的个人物品。

4.2.2 纳税义务人

关税纳税人为进口货物收货人、出口货物发货人、进出境物品的所有人。

进口货物的收、发货人是依法取得对外贸易经营权，并进口或者出口货物的法人或其他社会团体。进出境物品的所有人包括该物品的所有人和推定为所有人的人。一般情况下，对于携带进境的物品，推定其携带人为所有人；对分离运输的行李，推定相应的进出境旅客为所有人；对以邮递方式进境的物品，推定其收件人为所有人；对以邮递或其他运输方式出境的物品，推定其寄件人或托运人为所有人。

4.3 关税进出口税则

进出口税则是一国政府根据国家关税政策和经济政策，通过一定的立法程序制定公布实施的进出口货物和物品应税的关税税率表。进出口税则以税率表为主体，还包括实施税则的法令、使用税则的有关说明和附录等。

税率表作为税则主体，包括税则商品分类目录和税率栏两部分，商品分类目录又以税则号列和货品名称两种形式表现。税则号列是货物分类的编号；货品名称是指每一税号所表示的商品的名称，一般按照商品的自然属性和加工程度分类顺序排列。我国现行进口税则为四栏税率，出口税则为一栏税率。

4.3.1 税则归类

税则归类，就是把每项进出口的具体商品按其特性在税则中找出其最适合的税则项目（某一个税号），也就是在税则中"对号入座"，以便依率计征税款。税则归类关系到关税政策的正确贯彻，归类错误会导致关税的多征收或少征收，影响关税作用的发挥。税则归类的步骤如下。

（1）了解需要归类的具体进出口商品的构成、材料属性、成分组成、特性、用途和功能。

（2）查找有关商品在税则中拟归的类、章及税号。对于原材料性质的货品，应首先考虑按其属性归类；对于制成品，应首先考虑按其用途归类。

（3）将考虑采用的有关类、章及税号进行比较，筛选出最为合适的税号。

（4）通过以上步骤难以确定的税则归类商品，可运用归类总规则的有关条款来确定其税号。

4.3.2 税率及运用

1. 进口关税税率

（1）税率设置

我国进口税则设有最惠国税率、协定税率、特惠税率、普通税率、关税配额税率等。此外，对进口货物在一定期限内还可实行暂定税率。

最惠国税率适用原产于与我国共同适用最惠国待遇条款的世界贸易组织（WTO）成员国或

地区的进口货物，或原产于与我国签订有相互给予最惠国待遇条款的双边贸易协定的国家或地区的进口货物，以及原产于我国境内的进口货物；协定税率适用原产于我国参加的含有关税优惠条款的区域性贸易协定有关缔约方的进口货物；特惠税率适用原产于与我国签订有特殊优惠关税协定的国家或地区的进口货物；普通税率适用于原产于上述国家或地区以外的其他国家或地区的进口货物。适用最惠国税率、协定税率、特惠税率的国家或者地区名单，由国务院关税税则委员会决定，报国务院批准后执行。

（2）税率类型

① 从价税。从价税是以进口货物的完税价格作为计税依据，以应征税额占货物完税价格的百分比作为税率，价格越高，税额越高。从价税是一种最常用的关税计税标准。目前，我国海关计征关税标准主要是从价税。

② 从量税。从量税是以进口商品的重量、长度、容量、面积等计量单位为计税依据。从量税是指每一种进口商品的单位应税额固定，不受该商品的进口价格影响。我国目前对原油、啤酒等进口商品征收从量税。

③ 复合税。复合税是对某种进口商品同时使用从价和从量计征的一种计征关税的方法。复合税通过从量税可以抑制低价商品进口的特点，又可以发挥从价税税负合理、稳定的特点。我国目前对数字照相机、摄录一体机等进口商品征收复合税。

④ 滑准税。滑准税是一种关税税率随进口商品价格由高到低而由低至高设置计征关税的方法，可以使进口商品价格越高，其进口关税税率越低，进口商品的价格越低，其进口关税税率越高。这样做的目的是保持滑准税商品的国内市场价格的稳定，使其不受国际市场价格波动的影响。

（3）暂定税率与关税配额税率

根据经济发展需要，国家对部分进口原料、零部件、农药原药、乐器及生产设备实行暂定税率。《进出口关税条例》规定，适用最惠国税率的进口货物有暂定税率的，应当适用暂定税率；适用协定税率、特惠税率的进口货物有暂定税率的，应当从低适用税率；适用普通税率的进口货物，不适用暂定税率。对部分进口农产品和化肥产品实行关税配额，即一定数量内的上述进口商品适用较低的配额内税率，超出该数量的进口商品适用税率较高的配额外税率。我国现行税则对 700 个税目进口商品实行了暂定税率，对小麦、玉米、尿素等农产品和化肥产品实行关税配额管理。

2. 出口关税税率

我国出口税则为一栏税率，目前仅对少数资源性商品及一些盲目出口、需要规范出口秩序的半制成品征收出口关税。现行税则对 100 多种商品征收出口关税，如鳗鱼苗、部分有色金属矿砂及其精矿、苯、钢铁废碎料、铜和铝原料及其制品等。另外，对其他 200 多种商品征收暂定税率。与进口暂定税率一样，出口暂定税率优先适用于出口税则中规定的出口税率。

3. 特别关税

特别关税包括报复性关税、反倾销税与反补贴税、保障性关税。特别关税是为了应对个别国家对本国出口货物的歧视，任何国家或者地区如果对原产于本国的货物征收歧视性关税或者给予其他歧视性待遇的，海关可以对原产于该国或者地区的进口货物征收特别关税。我国征收特别关税的货物、适用国别、税率、期限和征收办法，由国务院关税税则委员会决定，海关总署负责实施。

4. 税率的运用

进出口货物，应当依照税则规定的归类原则归入合适的税号，并按照适用税率征税。

（1）进出口货物，应当按照纳税义务人申报进口或者出口之日实施的税率征税。

（2）进口货物到达之前，经海关核准先行申报的，应当按照装载此货物的运输工具申报进境之日实施的税率征税。

（3）进口转关运输货物，应当适用指运地海关接受该货物申报进口之日实施的税率；货物运抵指运地前，经海关核准先行申报的，应当适用装载该货物的运输工具抵达指运地之日实施的税率。

（4）出口转关运输货物，应当适用起运地海关接受该货物申报出口之日实施的税率。

（5）经海关批准，实行集中申报的进出口货物，应当适用每次货物进出口时海关接受该货物申报之日实施的税率。

（6）因超过规定期限未申报而由海关依法变卖的进口货物，应当适用装载该货物的运输工具申报进境之日实施的税率。

（7）因纳税义务人违反规定需要追征税款的进出口货物，应当适用违反规定的行为发生之日实施的税率；行为发生之日不能确定的，适用海关发现该行为之日实施的税率。

（8）已申报进境并放行的保税货物、减免税货物、租赁货物或者已申报进出境并放行的暂时进出境货物，有下列情形之一需缴纳税款的，应当适用海关接受纳税义务人再次填写报关单申报办理纳税及有关手续之日实施的税率：

① 保税货物经批准不复运出境的；

② 保税仓储货物转入国内市场销售的；

③ 减免税货物经批准转让或者移作他用的；

④ 可暂不缴纳税款的暂时进出境货物，经批准不复运出境或者进境的；

⑤ 租赁进口货物，分期缴纳税款的。

（9）进出口货物的补税和退税，应当按照前述规定确定适用的税率。

4.4 关税完税价格

我国《海关法》规定，进出口货物的关税完税价格，由海关以进出口货物的实际成交价格为基础，审查确定成交价格不能确定时，完税价格由海关依法估定。2014 年 2 月 1 日起实施《中华人民共和国海关审定进出口货物完税价格办法》，这是海关审定进出口货物价格的主要依据。关税完税价格一般可以分为：一般进口货物、特殊进口货物和出口货物完税价格的计算。

4.4.1 原产地规定

为便于正确运用进口税则的各栏税率，对产自不同国家或地区的进口货物适用不同的关税税率，确定进境货物的原产国是十分重要的。我国原产地规定基本上采用了"全部产地生产标准""实质性加工标准"两种国际通用的原产地标准。

1. **全部产地生产标准**

全部产地生产标准是指进口货物"完全在一个国家内生产或制造"，生产或制造国即为该货物的原产国。完全在一国生产或制造的进口货物包括：

（1）在该国领土或领海内开采的矿产品；

（2）在该国领土上收获或采集的植物产品；

（3）在该国领土上出生或由该国饲养的活动物及从其所得产品；

（4）在该国领土上狩猎或捕捞所得的产品；

（5）在该国的船只上卸下的海洋捕捞物，以及由该国船只在海上取得的其他产品；

（6）在该国加工船加工上述第（5）项所列物品所得的产品；

（7）在该国收集的只适用于做再加工制造的废碎料和废旧物品；

（8）在该国完全使用上述（1）至（7）项所列产品加工成的制成品。

2. **实质性加工标准**

经过几个国家加工、制造的进口货物，以最后一个对货物进行经济上可以视为实质性加工的国家作为有关货物的原产国。"实质性加工"是指产品加工后，在进出口税则中四位数税号一级的税则归类已经有了改变，或者加工增值部分所占新产品总值的比例已超过 30%及以上。实质性加工标准适用于两个或两个以上国家参与生产的产品的原产国的确定。

3. **其他**

对机器、仪器、器材或车辆所用零件、部件、配件、备件及工具，如与主件同时进口且数量合理的，其原产地按主件的原产地确定，分别进口的则按各自的原产地确定。

4.4.2 一般进口货物的完税价格

1. **以成交价格为基础的完税价格**

该种完税价格主要应用于一般进口货物完税价格的计算环节。进口货物完税价格，包括货物的货价、货物运抵我国境内输入地点起卸的运输及其相关费用、保险费。

（1）进口货物成交价格的要求

① 买方对进口货物的处置或使用不受限制，但法律、行政法规规定的限制和对货物转售地域的限制，以及对货物价格无实质影响的限制除外。有下列情形之一的，应当视为对买方处置或使用进口货物进行了限制：一是进口货物只能用于展示或者免费赠送的；二是进口货物只能销售给第三方的；三是进口货物加工为成品后只能销售给买方或者指定第三方的；四是其他经海关审查，认定买方对进口的处置或使用受到限制的。

② 进口货物的价格不得受到使该货物成交价格无法确定的条件或因素的影响。有下列情形之一的，应当视为使该货物受到成交价格无法确定的条件或因素的影响：一是进口货物的价格是以买方向卖方购买一定数量的其他货物为条件而确定的；二是进口货物的价格是以买方向卖方销售其他货物为条件而确定的；三是经海关审查，认定货物的价格受到使该货物受到成交价格无法确定的条件或因素的影响。

③ 卖方不得直接或间接获得因买方转售、处置或使用进口货物而产生的任何收益，除非能够按照《完税价格办法》有关规定做出调整。

④ 买卖双方之间没有特殊关系，如果有特殊关系，应当符合《完税价格办法》的有关规定。有下列情形之一的，应当视为买卖双方之间存在特殊关系：买卖双方为同一家族成员的；买卖

双方互为商业上的高级职员或者董事的；一方直接或者间接地受另一方控制的；买卖双方都直接或者间接地受第三方控制的；买卖双方共同直接或者间接地控制第三方的；一方直接或者间接地拥有、控制或者持有对方 5%以上（含 5%）公开发行的有表决权的股票或者股份的；一方是另一方的雇员、高级职员或者董事的；买卖双方是同一合伙的成员。买卖双方在经营上相互有联系，一方是另一方的独家代理、独家经销或者独家受让人，如果符合前款的规定，也应当视为存在特殊关系。

另外，需要注意的是买卖双方之间存在特殊关系，但是纳税义务人能证明其成交价格与同时或者大约同时发生的下列任何一款价格相近的，应当视为特殊关系未对进口货物的成交价格产生影响，具体包括：向境内无特殊关系的买方出售的相同或者类似进口货物的成交价格；按照倒扣价格估价方法所确定的相同或者类似进口货物的完税价格；按照计算价格估价方法所确定的相同或者类似进口货物的完税价格。

（2）应计入完税价格的费用或价值项目

下列费用或价值，若未包括在进口货物的实付或者应付价格中，应当计入完税价格。

① 由买方负担的除购货佣金以外的佣金和经纪费。所谓的"购货佣金"是指买方为购买进口货物向自己的采购代理人支付的劳务费用；"经纪费"是指买方为购买进口货物向代表买卖双方利益的经纪人支付的劳务费用。

② 由买方负担的与该货物视为一体的容器费用。

③ 由买方负担的包装材料和包装劳务费用。

④ 与该货物的生产和向中华人民共和国境内销售有关的，由买方以免费或者以低于成本的方式提供并可以按适当比例分摊的料件、工具、模具、消耗材料及类似货物的价款，以及在境外开发、设计等相关服务的费用。

⑤ 与该货物有关并作为卖方向我国销售该货物的一项条件，应当由买方直接或间接支付的特许权使用费。"特许权使用费"指进口货物的买方为获得与进口货物相关的、受著作权保护的作品、专利、商标、专有技术和其他权利的使用许可而支付的费用。但是在估定完税价格时，进口货物在境内的复制权费不得计入该货物的实付或应付价格之中。

⑥ 卖方直接或间接从买方对该货物进口后转售、处置或使用所得中获得的收益。

上述费用或价值，一般由进口货物的收货人向海关提供客观量化的数据资料。如果没有客观量化的数据资料，完税价格的计算可由海关按《完税价格办法》的规定进行估定。

（3）不需要计入完税价格的费用或价值项目

下列不需要计入完税价格的费用或价值项目，如能与该货物实付或者应付价格区分，不得计入完税价格。

① 厂房、机械或者设备等货物进口后发生的建设、安装、装配、维修或者技术援助费用，但是保修费用除外。

② 进口货物运抵中华人民共和国境内输入地点起卸后发生的运输及其相关费用、保险费；

③ 进口关税、进口环节海关代征税及其他国内税。

④ 为在境内复制进口货物而支付的费用。

⑤ 境内外技术培训及境外考察费用。

⑥ 同时符合下列条件的利息费用不计入完税价格：一是利息费用是买方为购买进口货物而融资所产生的；二是有书面的融资协议的；三是利息费用单独列明的；四是纳税义务人可以证明有关利率不高于在融资当时当地此类交易通常应当具有的利率水平，且没有融资安排的相同

或者类似进口货物的价格与进口货物的实付、应付价格非常接近的。

2. 进口货物海关估价方法

当进口货物价格不符合成交价格条件或者成交价格不能确定的，海关应当依次以相同货物成交价格方法、类似货物成交价格方法、倒扣价格方法、计算价格方法及其他合理方法确定的价格为基础，估定完税价格。

（1）相同或类似货物成交价格方法

该方法以与该进口货物同时或大约同时进口的相同或类似货物的成交价格为基础，估定完税价格。使用该方法估定完税价格时，应注意以下几个方面。

① 使用与该货物相同商业水平且进口数量基本一致的相同或类似货物的成交价格，对因商业水平、进口数量、运输距离和运输方式不同，在价格、成本和其他费用方面产生的差异应当做出调整。

② 应当首先使用同一生产商生产的相同或类似货物的成交价格，其次才可以使用同一生产国或地区生产的相同或类似货物的成交价格。如果存在多个相同或类似货物的成交价格时，以最低的成交价格为基础估定。

③ 同时的期限是指海关接受该批货物申报进口之日为中心的前后45日内。

④ 所谓"相同货物"，是指与该批进口货物在同一国家或地区生产，并且在物理性质、质量和信誉等所有方面都相同的货物，但表面的微小差异允许存在。"类似货物"指与进口货物在同一国家或地区生产，不在所有方面都相同，但却具有相似的特征、相似的组成材料、同样的功能，且在商业中可以互换的货物。

（2）倒扣价格估价方法

倒扣价格估价方法，是指海关以进口货物、相同或者类似进口货物在境内的销售价格为基础，扣除境内发生的有关费用后，审查确定进口货物完税价格的估价方法。该销售价格应当同时符合下列条件：

① 是在该货物进口的同时或者大约同时，将该货物、相同或者类似进口货物在境内销售的价格；

② 是按照货物进口时的状态销售的价格；

③ 是在境内第一销售环节销售的价格；

④ 是向境内无特殊关系方销售的价格；

⑤ 按照该价格销售的货物合计销售总量最大。

以该方法估定完税价格时，下列各项应当扣除：

① 同等级或者同种类货物在境内第一销售环节销售时，通常的利润和一般费用（包括直接费用和间接费用）以及通常支付的佣金；

② 货物运抵境内输入地点之后的运费、保险费、装卸费及其他相关费用；

③ 进口关税、进口环节税和其他与进口或销售上述货物有关的国内税。

（3）计算价格估价方法

计算价格估价方法是按照下列各项的总和计算出的价格估定完税价格。这些相关项包括：

① 生产货物所适用的原材料价值和相关加工费用；

② 向境内出口销售同等级或同种类货物的利润、一般费用相符的利润和一般费用；

③ 货物运至输入地点起卸前的运费及相关费用、保险费。

按照上述规定审查确定进口货物的完税价格时，海关在征得境外生产商同意并提前通知有关国家或者地区政府后，可以在境外核实该企业提供的有关资料。

（4）合理方法

合理方法，是指当海关不能根据成交价格估价方法、相同货物成交价格估价方法、类似货物成交价格估价方法、倒扣价格估价方法和计算价格估价方法确定完税价格时，海关根据一定的原则，以客观量化的数据资料为基础审查确定进口货物完税价格的估价方法。使用其他合理方法时，应当按照《完税价格办法》规定的估价原则，以在境内获得的数据资料为基础估定。不得使用下列价格：

① 境内生产的货物在境内的销售价格；

② 可供选择的价格中较高的价格；

③ 货物在出口地市场的销售价格；

④ 以计算价格估价方法规定的有关各项之外的价值或者费用计算的价格；

⑤ 出口到第三国或者地区的货物的销售价格；

⑥ 最低限价或武断虚构的价格。

4.4.3 相关费用和保险费的计算

进口货物的运费及相关费用，应当按照由买方实际支付或者应当支付的费用计算。如果进口货物的运费及相关费用无法确定的，海关应当按照该货物的实际运输成本或者该货物进口同期运输行业公布的运费率（额）计算运费。

运输工具作为进口货物，利用自身动力进境的，海关在审查确定完税价格时，不再另行计入运费。

进口货物的保险费，应当按照实际支付的费用计算。如果进口货物的保险费无法确定或者未实际发生，海关应当按照"货价加运费"两者总额的 3‰ 计算保险费，其计算公式如下：

保险费＝（货价＋运费）×3‰

邮运进口的货物，应当以邮费作为运输及其相关费用、保险费。

4.4.4 出口货物的完税价格

1. 以成交价格为基础的完税价格

出口货物的完税价格由海关以该货物成交价格为基础审查确定，应包括货物运至我国境内输出地点装载前的运输及其相关费用、保险费，但要扣除包含的出口关税税额。

出口货物的成交价格，是指该货物出口销售时，卖方为出口货物应当向买方直接收取和间接收取的价款总额。

2. 海关估价方法

当出口的货物成交价格不能确定时，完税价格由海关依次使用下列方法估定：

（1）同时或大约同时向同一国家或地区出口的相同货物的成交价格；

（2）同时或大约同时向同一国家或地区出口的类似货物的成交价格；

（3）根据境内生产相同或类似货物的成本、利润和一般费用、境内发生的运输及其相关费用、保险费计算所得的价格；

（4）按照合理方法估定的价格。

4.5 应纳税额的计算

4.5.1 应纳税额的计算公式

1. 从价税应纳税额的计算

关税税额＝应税进（出）口货物数量×单位完税价格×税率

2. 从量税应纳税额的计算

关税税额＝应税进（出）口货物数量×单位货物税额

3. 复合税应纳税额的计算

我国目前实行的复合税都是先计征从量税，再计征从价税。

关税税额＝应税进（出）口货物数量×单位货物税额＋应税进（出）口货物数量

×单位完税价格×税率

4. 滑准税应纳税额的计算

关税税额＝应税进（出）口货物数量×单位完税价格×滑准税税率

现行税则《进（出）口商品从量税、复合税、滑准税税目税率表》后注明了滑准税税率的计算公式，该公式是一个与应税进（出）口货物完税价格相关的取整函数。

【例4-1】 A公司2018年6月从其他国家进口一批货物，成交价为768 100元，运达我国目的地共支付包装费8 000元，运费67 000元，保险费7 700元，进口货物关税税率为70%，消费税税率为5%。试计算应纳关税、消费税、增值税税额。

完税价格＝768 100＋8 000＋67 000＋7 700＝850 800（元）

应纳关税税额＝850 800×70%＝595 560（元）

组成计税价格＝（850 800＋595 560）/（1－5%）＝1 522 484（元）

应纳消费税税额＝1 522 484×5%＝76 124.2（元）

应纳增值税税额＝1 522 484×16%＝243 597.44（元）

4.5.2 跨境电子商务零售进口税收政策

为营造公平竞争的市场环境，促进跨境电子商务零售进口的健康发展，自2016年4月8日起，跨境电子商务零售进口商品按照货物征收关税和进口环节增值税、消费税，购买跨境电子商务零售进口商品的个人作为纳税义务人，实际交易价格（包括货物零售价格、运费和保险费）作为完税价格，电子商务企业、电子商务交易平台企业或物流企业可作为代收代缴义务人。

1. 适用范围

跨境电子商务零售进口税收政策适用于从其他国家或地区进口的、《跨境电子商务零售进口商品清单》范围内的以下商品：

（1）所有通过与海关联网的电子商务交易平台交易，能够实现交易、支付、物流电子信息"三单"比对的跨境电子商务零售进口商品；

（2）未通过与海关联网的电子商务交易平台交易，但快递、邮政企业能够统一提供交易、支付、物流等电子信息，并承诺承担相应法律责任进境的跨境电子商务零售进口商品。

不属于跨境电子商务零售进口的个人物品以及无法提供交易、支付、物流等电子信息的跨境电子商务零售进口商品，按现行规定执行。

2. 计征限额

跨境电子商务零售进口商品的单次交易限值为人民币 2 000 元，个人年度交易限值为人民币 20 000 元。在限值以内进口的跨境电子商务零售进口商品，关税税率暂设为 0%；进口环节增值税、消费税取消免征税额，暂按法定应纳税额的 70%征收。超过单次限值、累加后超过个人年度限值的单次交易，以及完税价格超过 2 000 元限值的单个不可分割商品，均按照一般贸易方式全额征税。

3. 计征规定

跨境电子商务零售进口商品自海关放行之日起 30 日内退货的，可申请退税，并相应调整个人年度交易总额。

跨境电子商务零售进口商品购买人（订购人）的身份信息应进行认证；未进行认证的，购买人（订购人）身份信息应与付款人一致。

4.6

减免规定

关税减免是对某些纳税人和征税对象给予鼓励和照顾的一种调节手段。关税减免分为法定减免税、特定减免税和临时减免税。

4.6.1 法定减免税

法定减免税是税法中明确列出的减税或免税。纳税义务人无须提出申请，海关直接予以减免税。享有法定减免税的货物、物品主要有：

（1）关税税额在人民币 50 元以下的货物；

（2）无商业价值的广告品和货样；

（3）外国政府、国际组织无偿赠送的物资；

（4）进出境运输工具装载的途中必需的燃料、物料和饮食用品；

（5）在海关放行前遭受损坏的货物，可免征关税；

（6）在海关放行前遭受损坏的货物，可根据海关认定的受损程度减征关税；

（7）我国缔结或者参加的国际条约规定减征、免征关税的货物、物品，按照规定予以减免关税；

（8）法律规定减征、免征关税的其他货物、物品。

4.6.2 特定减免税

特定减免税是在法定减免税之外，国家按照国际通行规则和我国实际情况，制定发布的有关进出口货物减免关税的政策。特定减免税货物一般有地区、企业和用途的限制。目前，我国的特定减免关税货物主要有：科教用品、残疾人专用品、扶贫和慈善性捐赠物资、加工贸易产品、边境贸易进口物资等。以下重点说明几个。

1. 科教用品

从事科学研究开发的机构和国家教委承认学历的全日制大专院校，不以营利为目的，在合理数量范围内进口国内不能生产的科学研究和教学用品，且直接用于科学研究或者教学的，可以免征进口关税和进口环节增值税、消费税。对可以免税优惠的科研机构和学校资格、类别以及可以免税的物品都有明确的规定。

2. 残疾人专用品

为支持残疾人康复工作，经国务院批准，海关总署发布了《残疾人专用品免征进口税收暂行规定》，对规定的残疾人个人专用品，免征进口关税和进口环节增值税、消费税；对康复、福利机构、假肢厂和荣誉军人康复医院进口国内不能生产的、该规定明确的残疾人专用品，免征进口关税和进口环节增值税。对可以免税的残疾人专用品种类及品名都有明确的规定。

3. 扶贫和慈善性捐赠物资

海关总署发布了《慈善捐赠物资免征进口税收暂行办法》。对境外自然人、法人或者其他组织等境外捐赠人，无偿向国务院有关部门和各省、自治区、直辖市人民政府，中国红十字会、中华全国妇女联合会、中国残疾人联合会、中华慈善总会、中国初级卫生保健基金会、中国宋庆龄基金会和中国癌症基金会，以及民政部或省级民政部门登记注册且被评定为 5A 级的以人道救助和发展慈善事业为宗旨的社会团体或基金会等受赠人捐赠的直接用于慈善事业的物资，免征关税和进口环节增值税。所称慈善事业是指非营利的慈善救助等社会慈善和福利事业，包括以捐赠财产方式自愿开展的扶贫济困、救助老幼病残等苦难群体，促进教育、科技、文化、卫生、体育等事业发展，防治污染和其他公害，保护和改善环境等慈善活动。对可以免税的捐赠物资种类及品名都有明确的规定。

4.7 征收管理

4.7.1 关税缴纳

进口货物自运输工具申报进境之日起 14 日内，出口货物在货物运抵海关监管区后装货的 24 小时以前，应由进（出）口货物的纳税人向货物进（出）境地海关申报。海关根据税则归类和完税价格计算应缴纳的关税和进口环节代征税，并填发税款缴款书。纳税人或其代理人应在海关填发税款缴款书之日起 15 日内，向指定银行缴纳。如关税缴纳期限届满日遇周末或法定节假日，则关税缴纳期限顺延至周末或法定节假日过后的第一个工作日。纳税人经申请和海关同意，进（出）口货物的纳税义务人可在设有海关的指运地（启运地）办理海关申报、纳税手续。

纳税义务人因不可抗力或者在国家税收政策调整的情形下，不能按期缴纳税款的，经批准可以延期缴纳税款，但最长不得超过 6 个月。

4.7.2 关税的强制执行

纳税义务人未在关税缴纳期限内缴纳税款，即构成关税滞纳，要征收关税滞纳金。滞纳金自关税缴纳期限届满滞纳之日起，至纳税义务人缴纳关税之日止，按滞纳税款的万分之五的比例按日征收，周末或法定节假日不予扣除。具体计算公式为：

关税滞纳金＝滞纳关税税额×滞纳金征收比率×滞纳天数

纳税义务人自海关填发缴款书之日起 3 个月仍未缴纳税款，经海关关长批准，海关可以采取强制扣缴、变价抵缴等强制措施。强制扣缴是海关从关税纳税义务人在开户银行或者其他金融机构的存款中直接扣缴税款。变价抵缴是海关将应税货物依法变卖，以变卖所得抵缴税款。

4.7.3　关税退还

关税退还是关税纳税义务人按海关核定的税额缴纳关税后，因某种原因的出现，海关将实际征收多于应当征收的税额（称为溢征关税）退还给原纳税义务人的一种行政行为。根据《海关法》规定，海关多征的税款，海关发现后应当立即退还。

出现下列情形之一时，纳税义务人可以自缴纳税款之日起 1 年内，书面声明理由，连同原纳税收据向海关申请退税并加算银行同期活期存款利息：

（1）已征收进口关税的货物，因品质或者规格原因，原状退货复运出境的；

（2）已征收出口关税的货物，因品质或者规格原因，原状退货复运进境，并已重新缴纳因出口而退还的国内环节有关税收的；

（3）已征收出口关税的货物，因故未将其运出口，申报退关，经海关查验属实的。

海关应当自受理退税申请之日起 30 日内查实并通知纳税义务人办理退还手续，纳税义务人应当自收到通知之日起 3 个月内办理有关退税手续。

4.7.4　关税补征和追征

补征和追征是海关在关税纳税义务人按海关核定的税额缴纳关税后，发现实际征收税额少于应当征收的税额（称为短征关税）时，责令纳税义务人补缴所差税款的一种行政行为。根据造成少征关税的原因的不同分为关税的补征和追征。

因纳税人违反海关规定造成的，称为关税的追征；非因纳税人违反海关规定造成的，称为关税的补征。区分关税补征和追征的目的是区别不同情况下适用的不同的征收时效，超过时效规定的期限，海关就丧失了追补关税的权力。

根据《海关法》和《进出口关税条例》的规定，进出境货物和物品放行后，海关发现少征或者漏征税款，应当自缴纳税款或者货物、物品放行之日起 1 年内，向纳税义务人补征；因纳税义务人违反规定而造成的少征或者漏征的税款，自纳税义务人应缴纳税款之日起 3 年以内可以追征，并从缴纳税款之日起按日加收少征或者漏征税款万分之五的滞纳金；海关发现其监管货物因纳税人违反规定造成少征或者漏征税款的，应当自纳税义务人应缴纳税款之日起 3 年内追征税款，并应从缴纳税款之日起按日加收少征或者漏征税款万分之五的滞纳金。

【例4-2】　2018年7月某进出口公司从A国进口货物一批，成交价（离岸价格）折合人民币9 000万元（包括单独计价并经海关审查属实的货物进口后的装配调试费60万元，向境外采购代理人支付的买方佣金50万元），另支付运费180万元，保险费90万元。货物运抵我国口岸后，该公司在未经批准缓税的情况下，于海关填发税款缴纳证的次日第20天才缴纳税款。税收滞纳金比率为0.5‰，该货物适用的关税税率为100%。

要求：分别计算该公司应缴纳的关税税额和关税滞纳金。

（1）应纳关税税额＝[（9 000−60−50）＋180＋90]×100%＝9 160（万元）

（2）关税滞纳金＝9 160×0.5‰×（20−15）＝22.9（万元）

4.7.5　关税纳税争议的处理

为保护纳税人的合法权益，《海关法》和《进出口关税条例》都规定了纳税义务人对海关确定的进出口货物的征税、减税、补税或者退税等有异议时，有提出申诉的权利。纳税义务人同海关发生争议时，可以向海关申请复议，但同时应当在规定期限内按海关核定的税额缴纳关税，逾期则构成滞纳，海关有权按规定采取强制执行措施。

纳税争议的内容一般为进出境货物和物品的纳税义务人对海关在原产地认定、税则归类、税率或汇率适用、完税价格确定、关税减征、免征、追征、补征和退还等征税行为是否合法或适当、是否侵害了纳税义务人的合法权益等表示异议。

纳税争议的申诉程序：纳税义务人自海关填发税款缴款书之日起 60 日内，向原征税海关的上一级海关书面申请复议。逾期申请复议的，海关不予受理。海关行政复议机关应当自收到复议申请之日起 60 内做出复议决定，并以复议决定书的形式正式答复纳税义务人；纳税义务人对海关复议决定仍然不服的，可以自收到复议决定书之日起 15 日内，向人民法院提起诉讼。

思考与练习

一、辨析题

1. 为鼓励出口，对于出口的所有货物，均免征出口关税。（　　　）

2. 如果出口货物中申报价格明显偏高的，而又不能提供合法证据和正当理由的，可由海关估价征税。（　　　）

3. 外国政府国际组织无偿赠送的物资，依照关税基本法的规定，可实行特定减免。（　　　）

4. 出口货物，以海关审定的成交价格为基础的售予境外的离岸价格加上出口关税后作为完税价格。（　　　）

5. 关税的征税对象仅限于进出我国境内的贸易性商品。对入境旅客随身携带的行李和物品、个人邮递物品等，不征收关税。（　　　）

二、计算题

1. 某外贸公司进口小轿车200辆，每辆小轿车到岸价格为80 000元，小轿车关税税率为100%。要求：计算该批小轿车应纳关税税额。

2. 一家进出口企业进口成套设备一批，合同规定货款60 000美元，进口海运费1 200美元，保关费及港口至企业内陆运费220美元，买方另支付进口货物保险费150美元，向采购中介支付中介费450美元。（设备关税税率7%，当期汇率1：6.5）要求：计算进口环节应缴纳的关税税额及其他税金。

3. 某市一家百货零售企业，2019年2月进口一批化妆品。该批化妆品在国外的买价为220万元，货物运抵我国入关前发生的运输费、保险费和其他费用分别为12万元、5万元和3万元。货物报关后，企业按规定缴纳了进口环节的增值税和消费税，并取得了海关开具的缴款书。从海关将化妆品运往百货商场的运输费用为3万元，并取得增值税专用发票，注明进项税额0.33万元。该批化妆品本月全部销完，取得不含税销售额680万元。（假设化妆品进口关税税率20%）。

要求：（1）计算商场在进口环节应缴纳的关税、增值税、消费税税额；

（2）计算国内销售环节商场应缴纳的增值税税额。

第5章

城市维护建设税及教育费附加

1985 年《中华人民共和国城市维护建设税暂行条例》正式颁布，并于同年实施。城市维护建设税（简称城建税）是专门用于城镇的维护和建设的一种税，具有专款专用的性质。城市维护建设税是对缴纳增值税、消费税的单位和个人，按其实际缴纳的"两税"税额的一定比例征收。

5.1 税种设置

城市维护建设税是对从事工商经营，缴纳增值税、消费税的单位和个人征收的一种税，用来补充地方城市维护建设经费的不足，保障城市公共设施的维护和公用事业的顺利开展。城市维护建设税具有以下特点。

（1）它具有受益税性质。一般来说，税收及其他政府性收入应当纳入国家预算，根据需要统一安排其用途，并不规定各个税种收入的具体使用范围和方向。但是也有个别税种事先明确规定使用范围与方向，税款的缴纳与受益更直接地联系起来，我们通常称其为受益税。城市维护建设税专款专用，用来保证城市的公共事业和公共设施的维护和建设，就是一种具有受益税性质的税种。

（2）它是一种附加税。城市维护建设税以纳税人实际缴纳的增值税、消费税税额为计税依据，随"两税"同时附征，本质上属于一种附加税。

（3）征收范围较广。增值税、消费税属于商品和劳务税，起征税范围广，城市维护建设税是他们的附加税，原则上讲，只要缴纳增值税、消费税中任一税种的纳税人都要缴纳城市维护建设税。除了减免税等特殊情况以外，任何从事生产经营活动的企业单位和个人都要缴纳城市维护建设税，征税范围涵盖广。

（4）根据城建规模设计税率。城镇规模大小不同，所需要的建设与维护资金也就不同，根据城镇规模来设置城市维护建设税的差别税率，是比较合理的。我国将城镇分为市区、县城或建制镇、其他地区三类，分别对应着 7%、5% 和 1% 的城市维护建设税税率。

5.2 纳税义务人

城市维护建设税的纳税人是负有缴纳增值税、消费税（以下简称"两税"）义务的单位和个人，包括国有企业、集体企业、私营企业、股份制企业、其他企业和行政单位、事业单位、军事单位、社会团体、其他单位、个体工商户及其他个人。

城市维护建设税的代扣代缴、代收代缴，一律参照增值税、消费税的相关规定办理。增值税、消费税的代扣代缴、代收代缴义务人同时也是城市维护建设税的代扣代缴、代收代缴义务人。

5.3 税率与计税依据

5.3.1 税率

城市维护建设税实行地区差别比例税率。按照纳税人所在城镇的不同，税率分别规定为7%、5%、1%三个档次。具体适用如下：

（1）纳税人所在地在城市市区的，税率为7%；

（2）纳税人所在地在县城、建制镇的，税率为5%；

（3）纳税人所在地不在城市市区、县城、建制镇的，税率为1%；开采海洋石油资源的中外合作油（气）田所在地在海上的，其城市维护建设税适用1%的税率。

代扣代缴城建税的税率适用

根据规定，城市维护建设税的税率应按照纳税人所在地的适用税率执行。下列情况，可按纳税人缴纳"两税"所在地的适用税率就地缴纳城市维护建设税：

（1）由受托方代收代缴、代扣代缴"两税"的单位和个人，其代扣代缴、代收代缴的城市维护建设税按受托方所在地适用税率执行；

（2）流动经营等无固定纳税地点的单位和个人，在经营地缴纳"两税"的，城市维护建设税按经营地适用税率执行。

5.3.2 计税依据

城市维护建设税，以纳税人实际缴纳的增值税、消费税税额为计税依据。具体包括：

（1）城建税以"两税"税额为计税依据并同时征收，如果要免征或者减征"两税"，也就要同时免征或者减征城建税；

（2）纳税人违反"两税"有关税法而加收的滞纳金和罚款，不作为城市维护建设税的计税依据，但纳税人在被查补"两税"和被处以罚款时，应同时对其偷漏的城市维护建设税进行补税、缴纳滞纳金和罚款；

（3）对出口产品退还增值税、消费税的，不退还已缴纳的城建税。

5.4 应纳税额的计算

城市维护建设税的应纳税额按以下公式计算：

应纳税额＝纳税人实际缴纳的增值税、消费税税额×适用税率

【例5-1】　某企业2017年12月实际缴纳消费税6 000元，增值税5 000元，计算其4月应纳的城市维护建设税。适用城建税税率为1%。

应纳城市维护建设税税额＝（6 000＋5 000）×1%＝110（元）

【例5-2】　某市娱乐公司本期应纳增值税15万元，因故实际缴纳12万元。代扣代缴增值税2万元。计算其应纳的城市维护建设税。

应纳城市维护建设税税额＝12×7%＝0.84（万元）

代扣代缴城市维护建设税税额＝2×7%＝0.14（万元）

5.5 征收管理

5.5.1　税收优惠

城市维护建设税具有附加税的性质，所以其一般不能单独减免，但当主税（增值税、消费税）发生减免时，城市维护建设税也相应得到减免。按照现行规定，城市维护建设税的减免税规定主要有：

（1）城市维护建设税按减免后实际缴纳的"两税"税额计征；

（2）海关对进口产品征收增值税、消费税时，不同时征收城市维护建设税；

（3）对于由于减征、免征增值税和消费税而发生的退税，同时退还已经缴纳的城市维护建设税；

（4）对增值税、消费税实行先征后返、先征后退、即征即退办法的除另有规定外，对已经按照"两税"附征的城市维护建设税，不予退（返）还；

（5）为支持国家重大水利工程建设，对国家重大水利工程建设基金免征城市维护建设税。

5.5.2　征收管理

1. 纳税环节

城市维护建设税的纳税环节实际就是纳税人缴纳"两税"的环节。纳税人只要发生"两税"的纳税义务，就要在同样的环节，分别计算缴纳城市维护建设税。

2. 纳税地点

城市维护建设税与"两税"同时缴纳，因此纳税人缴纳"两税"的地点，就是该纳税人缴纳城建税的地点。属于以下情况的，纳税地点为：

（1）对代收代缴、代扣代缴"两税"的单位和个人，其代收代缴、代扣代缴的城市维护建设税在代收、代扣地点缴纳；

（2）对流动经营等无固定纳税地点的单位和个人，应随同"两税"在经营地按适用税率缴纳；

（3）跨省开采的油田，下属生产单位与核算单位不在一个省内的，其生产的原油，在油井所在地缴纳城建税；

（4）纳税人跨地区提供建筑服务、销售和出租不动产的，应在建筑服务发生地、不动产所在地预缴增值税时，以预缴增值税税额为计税依据，并按预缴增值税所在地的城市维护建设税适用税率计算缴纳城市维护建设税。

3. 纳税期限

由于城建税与"两税"同时缴纳，所以其纳税期限分别与"两税"的纳税期限一致。

5.6 | 教育费附加和地方教育费附加

教育费附加和地方教育附加是以单位和个人实际缴纳的增值税、消费税的税额为计征依据征收的一种专门用于教育事业的款项。教育费附加和地方教育附加是对缴纳"两税"的单位和个人征收的一种专项附加费。1986年4月28日国务院颁布了《征收教育费附加的暂行规定》，同年7月1日开始在全国范围内征收教育费附加。2010年财政部下发了《关于统一地方教育附加政策有关问题的通知》，对各省、自治区、直辖市的地方教育附加进行了统一。

5.6.1 征税范围与税率

教育费附加和地方教育附加是对缴纳增值税、消费税（以下简称"两税"）的单位和个人征收，与"两税"同时缴纳。

现行教育费附加征收比率为3%，地方教育附加征收率统一为2%。

5.6.2 应纳税额的计算

教育费附加和地方教育附加是对缴纳增值税、消费税的单位和个人征收，并以其实际缴纳的"两税"税额为计税依据。应纳税额的计算公式为：

应纳教育费附加或地方教育附加＝实际缴纳的增值税、消费税税额×征收比率（3%或2%）

【例5-3】 广州市区一家制造企业，2018年5月实际缴纳增值税300万元，缴纳消费税465万元。计算该企业应缴纳的教育费附加和地方教育附加。

应纳教育费附加＝实际缴纳的增值税、消费税税额×3%

＝（300＋465）×3%＝22.5（万元）

应纳地方教育附加＝实际缴纳的增值税、消费税税额×2%

＝（300＋465）×2%＝15.3（万元）

5.6.3 减免规定

（1）对海关进口的产品征收的增值税、消费税，不征收教育费附加。

（2）对由于减免增值税、消费税而发生退税的，可同时退还已征收的教育费附加。但对出口产品退还增值税、消费税的，不退还已征的教育费附加。

（3）为支持国家重大水利工程建设，对国家重大水利工程建设基金免征教育费附加。

（4）自 2016 年 2 月 1 日起，按月纳税的月销售额不超过 10 万元（按季度纳税的季度销售额不超过 30 万元）的缴纳义务人，免征教育费附加、地方教育附加。

思考与练习

一、辨析题

1. 城市维护建设税自身规定了特定的课税对象。（　　　）

2. 外商投资企业一直都是城市维护建设税和教育费附加的纳税人。（　　　）

3. 海关对进口产品代征增值税和消费税时，应当同时代征城市维护建设税和教育费附加。（　　　）

4. 目前，我国地方教育附加统一的征收率是2%。（　　　）

5. 无固定纳税地点的个人，其城市维护建设税的纳税地点是户籍所在地。（　　　）

6. 上海市某出口生产企业2018年8月出口退还增值税税额170万元，则其城市维护建设税退税3万元。（　　　）

二、计算题

1. H公司地处市区，2018年2月缴纳增值税50万元，当月委托位于县城的K企业加工应税消费品，K企业代收代缴消费税8万元。计算H公司本月应缴纳（包括被代收）的城市维护建设税税额。

2. 位于市区的某企业，2018年7月应缴纳增值税170万元，实际缴纳增值税210万元（包括缴纳以前年度欠缴的增值税40万元）。当月由于享受增值税先征后退政策，获得增值税退税60万元。计算该公司当月应缴纳的城市维护建设税、教育费附加和地方教育附加。

第6章

企业所得税

企业所得税是对我国境内企业和其他取得收入的组织的生产经营所得和其他所得征收的一种税。企业所得税是国家参与企业利润分配的重要手段。

6.1 税种设置

现行企业所得税的基本规范，是 2007 年 3 月 16 日第十届全国人民代表大会第五次会议通过的《中华人民共和国企业所得税法》和 2007 年 11 月 28 日国务院通过的《中华人民共和国企业所得税法实施条例》，新的企业所得税制自 2008 年 1 月 1 日起施行。

6.1.1 企业所得税的特点

我国现行企业所得税，主要有以下四个特点。

1. 征税对象是净所得额（收益额）

企业所得税的征税对象为企业生产经营所得和其他所得。所得额有别于企业实现的利润额、增值额，也不是营业额或销售额。所得额是纳税人的征税收入扣除各项成本、费用等开支后的净所得额，属于对收益额征税。

2. 税负不易转嫁

企业所得税是一种直接税，纳税人就是负税人，相较于税负较易转嫁的间接税，其税负不易转嫁。因此，政府往往将所得税作为调节国民收入分配，执行经济政策和社会政策的重要工具。

3. 税基广泛

企业所得税的征税对象为企业生产经营所得和其他所得，税基广泛。企业的生产经营所得和其他所得，是来自企业、单位、社会团体等各种纳税义务人的所有合理、合法的所得，包括了经营所得、财产收益及其他来源渠道的各种性质所得。

4. 遵循量能负担原则

企业所得税以量能负担为原则。所得税的课税对象是纳税人的净所得额，税额的多少直接取决于纳税人有无收益和收益多少，反映着纳税人的负担能力，有利于体现税收公平原则。

5. 实行按年计征、分期预缴

企业所得税的计税依据是全年应纳税所得额，即实行按年征收所得税。但考虑到国家财政收入及企业的经营运转，实际征缴中实行按月或按季预缴、年终汇算清缴、多退少补的方法。

6.1.2　企业所得税的作用

1. 促进经济合理有序发展

企业所得税理顺了国家与企业之间的分配关系，促进了企业转换经营机制，增加了企业的活力，使企业真正成为自主经营、自负盈亏、自我约束、自我发展的商品生产者。同时，在税制设计中，通过一些优惠政策的实施，发挥政府在投资、产业结构调整、环境保护等方面的宏观调控作用，促进经济的持续健康发展。

2. 确保国家财政收入

统一后的企业所得税适应了我国混合经济形式日益发展的客观情况，维护了税法的完整统一。伴随着企业经营环境的改善，企业的盈利水平也随之提高，企业所得税税收收入占全部税收收入的比重随之提升，有利于确保国家财政收入。

6.2 纳税义务人与征税对象

6.2.1　纳税义务人

企业所得税的纳税义务人是指在中华人民共和国境内的企业和其他取得收入的组织（以下统称企业）。这里的企业不包括个人独资企业和合伙企业。个人独资企业和合伙企业适用个人所得税。

企业所得税的纳税人被划分为"居民企业"和"非居民企业"，且不同类型的纳税义务人负有不同的纳税义务。将纳税人划分为"居民企业"和"非居民企业"是为了更好地保障我国税收管辖权的有效行使。所谓的"税收管辖权"是一国政府在征税方面的主权，它是国家主权的重要组成部分。根据国际上的通行做法，我国选择了地域管辖权和居民管辖权的双重管辖权标准，最大限度地维护我国的税收利益。

通常，居民企业的判断标准有三个，即"登记注册地标准""实际管理机构地标准"和"总机构所在地标准"，许多国家都采用了多种标准相结合的办法。我国主要采用了"登记注册地标准"和"实际管理机构地标准"相结合的办法，对居民企业和非居民企业做了明确界定。

1. 居民企业

居民企业，是指依法在中国境内成立，或者依照外国（或地区）法律成立但实际管理机构在中国境内的企业。对依照外国（或地区）法律成立但是其实际管理机构在中国境内的企业也认定为居民企业，可以有效地防范企业避税。所谓实际管理机构，是指对企业的生产经营、人员、账务、财产等实施实质性全面管理和控制的机构，是跨国企业实际的指挥、控制和管理中心。居民企业就其境内外全部所得缴纳企业所得税。居民企业主要有：

（1）国有企业；

（2）集体企业；

（3）私营企业；

（4）联营企业；

（5）股份制企业；

（6）外商投资企业；

（7）外国企业；

（8）有生产经营所得和其他所得的其他组织。

"有生产经营所得和其他所得的其他组织"是指经国家有关部门批准，依法注册和登记的事业单位、社会团体等组织。由于我国的一些社会团体组织、事业单位在完成国家事业计划的过程中，开展多种经营和有偿服务活动，取得除财政部门各项拨款、财政部和国家价格主管部门批准的各项规费收入以外的经营收入，具有经营的特点，应当视同企业纳入征税范围。

2．非居民企业

非居民企业，是指依照外国（或地区）法律成立且实际管理机构不在中国境内，但在中国境内设立机构、场所的，或者在中国境内未设立机构、场所，但有来源于中国境内所得的企业。这里的机构场所是指在中国境内从事生产经营活动的机构、场所，包括：

（1）管理机构，营业机构，办事机构；

（2）工厂、农场、开采自然资源的场所；

（3）提供劳务的场所；

（4）从事建筑、安装、装配、修理、勘探等工程作业的场所；

（5）从事生产经营活动的机构、场所。

非居民企业委托营业代理人在中国境内从事生产经营活动的，包括经常代表委托人签订合同，或者经常储存属于委托人的产品或者商品，代表委托人交付产品或商品等的单位或个人。该营业代理人视为非居民企业在中国境内设立的机构、场所。

6.2.2　征税对象

企业所得税的征税对象是企业取得的生产经营所得和其他所得。企业所得税的征税对象遵循三个原则：一是所得必须是有合法来源的；二是所得应该是扣除成本费用以后的纯收益；三是所得必须是实物或货币形式的。

企业所得税的具体征税对象分居民企业与非居民企业。

1．居民企业的征税对象

（1）销售货物所得，是指企业销售商品、原材料及其他存货取得的所得。

（2）提供劳务所得，是指企业从事建筑安装、修理修配、交通运输、仓储租赁、金融保险、邮电通信等其他劳务服务活动取得的所得。

（3）转让财产所得，是指企业转让固定资产、生物资产、无形资产、股权、债权等财产取得的所得。

（4）股息、红利等权益性投资收益，是指企业由于权益性投资从被投资方取得的所得。

（5）利息所得，是指企业将资金提供他人使用但不构成权益性投资，或者因他人占用本企业资金取得的所得，包括存款利息、贷款利息、债券利息、欠款利息等所得。

（6）租金所得，是指企业提供固定资产、包装物或者其他资产的使用权取得的所得。

（7）特许权使用费所得，是指企业提供专利权、非专利技术、商标权、著作权以及其他特许权的使用权取得的所得。

（8）接受捐赠所得，是指企业接受的来自其他企业、组织或者个人无偿给予的货币性资产（或非货币性资产）。

（9）其他所得，是指上述列举外的其他应税所得，如企业逾期未退包装物押金所得、无法偿付的应付款项、违约金所得、汇兑收益等。

2. 非居民企业的征税对象

（1）非居民企业在中国境内设立机构、场所的，应当就其所设机构、场所取得的来源于中国境内的所得，以及发生在中国境外但与其所设机构、场所有实际联系的所得，缴纳企业所得税。

（2）非居民企业在中国境内未设立机构、场所的，或者虽设立机构、场所但取得的所得与其所设机构、场所没有实际联系的，应当就其来源于中国境内的所得缴纳企业所得税。

上述所称的实际联系，是指非居民企业在中国境内设立的机构、场所拥有据以取得所得的股权、债权，以及拥有、管理、控制据以取得所得的财产等。

3. 所得来源的确定

（1）销售货物所得。按照交易活动发生地确定，即销售货物行为发生的场所。

（2）提供劳务所得。按照劳务发生地确定。

（3）转让财产所得。不动产转让所得按照不动产所在地确定；动产转让所得按照转让动产的企业或者机构、场所所在地确定；权益性投资资产转让所得按照被投资企业所在地确定。

（4）股息、红利等权益性投资所得。按照分配所得的企业所在地确定。

（5）利息所得、租金所得、特许权使用费所得。按照负担、支付所得的企业或者机构、场所所在地确定，或者按照负担、支付所得的个人的住所地确定。

（6）其他所得。由国务院财政、税务主管部门确定。

6.3 税率

企业所得税的税率是指纳税人应纳税所得额征税的比率，即企业应纳税额与应纳税所得额的比率。企业所得税的税率设计要兼顾国家、企业、职工个人三方的利益。企业所得税实行比例税率，现行规定如下。

1. 基本税率

企业所得税的基本税率是 25%，适用于居民企业和在中国境内设有机构、场所且所得与机构、场所有关联的非居民企业。

2. 低税率

在中国境内未设立机构、场所的，或者虽设立机构、场所但取得的所得与其所设机构、场所没有实际联系的非居民企业，适用 20%的低税率。但是，实际征税时适用 10%的优惠税率。

6.4 应纳税所得额的确定

企业所得税的计税依据，是企业的应纳税所得额，它是指企业每一纳税年度的收入总额，减除不征税收入、免税收入、各项扣除以及允许弥补的以前年度亏损后的余额。应纳税所得额的计算公式为：

$$应纳税所得额＝（收入总额－不征税收入－免税收入）$$
$$－准予扣除项目金额－准予弥补的以前年度亏损$$

企业应纳税所得额的计算以权责发生制为原则，属于当期的收入和费用，不论款项是否支付，均要作为当期的收入和费用；不属于当期的收入和费用，即使款项已经在当期收付，均不作为当期的收入和费用。企业应纳税所得额计算的正确与否，直接关系到企业应纳所得税额的计算，因此，企业应严格按照税收法律、行政法规的规定计算。当企业财务、会计处理与税收法律、行政法规存在不一致时，应按后者执行。

虽然，应纳税所得额与会计利润从形式上看十分相似，但应纳税所得额与会计利润又是两个不同的概念，两者既有联系又有区别。应纳税所得额是一个税收概念，是按照税法的规定计算得到的纳税人在一定时期的计税所得，也就是企业所得税的计税依据。会计利润则是按照会计准则的规定计算得到的纳税人在一定时期的账面利润，反映的是企业一定时期的财务成果。会计利润不是企业所得税的计税依据，但是它是确定应纳税所得额的基础。一般需把会计利润按照税法规定做相应的调整后，才能作为企业的应纳税所得额。调整公式如下：

$$应纳税所得额＝会计利润＋纳税调整增加金额－纳税调整减少金额$$

所谓的纳税调整增加项（额）可能有三种情形：一是，会计利润计算中已扣除，但超过税法规定扣除标准的部分；二是，会计利润计算中已扣除，但税法规定不得扣除的部分；三是，未记或少记的收益。纳税调整减少额可能是由于企业存在未弥补的亏损，或者有减税、免税的利润等。

6.4.1 收入总额

收入总额是指企业以货币形式和非货币形式从各种来源处取得的收入。企业取得收入的货币形式，包括现金、存款、应收账款、应收票据、准备持有至到期的债券投资以及债务的豁免等。企业取得收入的非货币形式，包括固定资产、生物资产、无形资产、股权投资、存货、不准备持有至到期的债券投资、劳务以及有关权益等。非货币形式取得的收入，应当按照公允价值确定收入额，即按照市场价格确定价值。

1. **一般收入确认**

（1）销售货物收入

销售货物收入是指企业销售库存商品、产成品、半成品、原材料、包装物、低值易耗品以及其他货物取得的收入。

（2）提供劳务收入

提供劳务收入是指企业从事建筑安装、修理修配、交通运输、仓储租赁、金融保险、邮电通信、咨询经纪、文化体育、科学研究、技术服务、教育培训、餐饮住宿、中介代理、卫生保健、社区服务、旅游、娱乐、加工以及其他劳务服务活动取得的收入。

（3）转让财产收入

转让财产收入是指企业转让固定资产、生物资产、无形资产、股权、债权等财产所取得的收入。企业转让股权收入，应于转让协议生效且完成股权变更手续时，确认收入的实现。转让股权收入扣除为取得该股权所发生的成本后，为股权转让所得。企业在计算股权转让所得时，不得扣除被投资企业未分配利润等股东留存收益中按该项股权所可能分配的金额。

（4）股息、红利等权益性投资收益

股息、红利是指企业凭借权益性投资从被投资方分配取得的收入，包括股息、红利、联营分利等。股息、红利等权益性投资收益，除国务院财政、税务主管部门另有规定外，按照被投资方做出利润分配决定的日期确认收入的实现。被投资企业将股权（票）溢价所形成的资本公积转为股本的，不作为投资方企业的股息、红利收入，投资方企业也不得增加该项长期投资的计税基础。

（5）利息收入

利息收入是指企业将资金提供他人使用但不构成权益性投资或他人占用本企业资金所取得的收入，包括存款利息、贷款利息、债券利息、欠款利息等收入。利息收入，按照合同约定的债务人应付利息的日期确认收入的实现。

自 2013 年 9 月 1 日起，企业混合性投资业务，是指兼具权益和债权双重特性的投资业务。同时符合下列条件的混合性投资业务，按下列规定进行企业所得税处理：

① 被投资企业接受投资后，需要按投资合同或协议约定的利率定期支付利息（或定期支付保底利息、固定利润、固定股息，下同）；

② 有明确的投资期限或特定的投资条件，并在投资期满或者满足特定投资条件后，被投资企业需要赎回投资或偿还本金；

③ 投资企业对被投资企业净资产不拥有所有权；

④ 投资企业不具有选举权和被选举权；

⑤ 投资企业不参与被投资企业日常生产经营活动。

符合以上①～⑤规定的混合性投资业务，按下列规定进行企业所得税处理。

第一，对于被投资企业支付的利息，投资企业应于被投资企业应付利息的日期，确认收入的实现并计入当期应纳税所得额；被投资企业应于应付利息的日期，确认利息支出，并按税法相关规定，进行税前扣除。

第二，对于被投资企业赎回的投资，投资双方应于赎回时将赎价与投资成本之间的差额确认为债务重组损益，分别计入当期应纳税所得额。

（6）租金收入

租金收入是指企业提供固定资产、包装物和其他有形资产的使用权所取得的收入。租金收入，按照合同约定的承租人应付租金的日期确认收入的实现。

（7）特许权使用费收入

特许权使用费收入是指企业提供专利权、非专利技术、商标权、著作权以及其他特许权的使用权而取得的收入。特许权使用费收入，按照合同约定的特许权使用人应付特许权使用费的日期确认收入的实现。

（8）接受捐赠收入

接受捐赠收入是指企业接受的来自其他企业、组织或个人无偿给予的货币和非货币性资产。接受捐赠收入，按照实际收到的捐赠资产的日期确认收入的实现。

（9）其他收入

其他收入包括企业资产盘盈或溢余收入、逾期未退包装物押金收入、因债权人原因确实无法支付的应付款项、已做坏账损失处理后又收回的应收入款项、债务重组收入、补贴收入、违约金收入、汇兑收益等。

2. 特殊收入确认

除了基本收入外，税法中还对一些特殊的收入进行了如下确认。

（1）以分期收款方式销售货物的，按照合同约定的收款日期确认收入的实现。

（2）企业受托加工制造大型机械设备、船舶、飞机，以及从事建筑、安装、装配工程业务或者提供其他劳务等，持续时间超过 12 个月的，按照纳税年度内完工进度或者完成的工作量确认收入的实现。

（3）采取产品分成方式取得收入的，按照企业分得产品的日期确认收入的实现，其收入额按照产品的公允价值确定。

（4）企业发生非货币性资产交换，以及将货物、财产、劳务用于捐赠、偿债、赞助、集资、广告、样品、职工福利或者利润分配等用途的，应当视同销售货物、转让财产或者提供劳务，但国务院财政、税务主管部门另有规定的除外。

3. 处置资产收入确认

（1）企业发生下列情形的处置资产，除将资产转移至境外以外，由于资产所有权属在形式和实质上均不发生改变，可作为内部处置资产，不视同销售确认收入，相关资产的计税基础延续计算。

① 将资产用于生产、制造、加工另一产品。

② 改变资产形状、结构或性能。

③ 改变资产用途（如自建商品房转为自用或经营）。

④ 将资产在总机构及其分支机构之间转移。

⑤ 上述两种或两种以上情形的混合。

⑥ 其他不改变资产所有权属的用途。

（2）企业将资产移送他人的下列情形，因资产所有权属已发生改变而不属于内部处置资产，应按规定视同销售确定收入。

① 用于市场推广或销售。

② 用于交际应酬。

③ 用于职工奖励或福利。

④ 用于股息分配。

⑤ 用于对外捐赠。

⑥ 其他改变资产所有权属的用途。

企业发生上述情形时，属于企业自制的资产，应按企业同类资产同期对外销售价格确定销售收入；属于外购的资产，可按购入时的价格确定销售收入。

4. 非货币性资产投资企业所得税处理

非货币性资产，是指现金、银行存款、应收账款、应收票据以及准备持有至到期的债券投资等货币性资产以外的资产。

（1）居民企业以非货币性资产对外投资确认的非货币性资产转让所得，可在不超过 5 年期限内，分期均匀计入相应年度的应纳税所得额，按规定计算缴纳企业所得税。

（2）居民企业以非货币性资产对外投资，应对非货币性资产进行评估并按评估后的公允价值扣除计税基础后的余额，计算确认非货币性资产转让所得。

　　居民企业以非货币性资产对外投资，应于投资协议生效并办理股权登记手续时，确认非货币性资产转让收入的实现。

　　（3）居民企业以非货币性资产对外投资而取得被投资企业的股权，应以非货币性资产的原计税成本为计税基础，加上每年确认的非货币性资产转让所得，逐年进行调整。被投资企业取得非货币性资产的计税基础，应按非货币性资产的公允价值确定。

　　（4）居民企业在对外投资 5 年内转让上述股权或投资收回的，应停止执行递延纳税政策，并就递延期内尚未确认的非货币性资产转让所得，在转让股权或投资收回当年的企业所得税年度汇算清缴时，一次性计算缴纳企业所得税。

　　居民企业在对外投资 5 年内注销的，应停止执行递延纳税政策，并就递延期内尚未确认的非货币性资产转让所得，在注销当年的企业所得税年度汇算清缴时，一次性计缴企业所得税。

　　（5）非货币性资产投资，限于以非货币性资产出资设立新的居民企业，或将非货币性资产注入现存的居民企业。

　　【例6-1】　居民企业A公司2017年年初以非货币性资产对外投资于新成立的B公司，该资产的计税基数为1 000万元，评估的公允价值为1 800万元，则A公司应确认的非货币性资产转让所得为800万元，并可在2017～2021年这五年内，每年分期均匀计入相应年度160万元的应纳税所得额；相对应的该居民企业的该项投资的计税基数逐年增加160万元；而被投资企业B公司取得非货币性资产的计税基础为1 800万元。

　　5. 企业转让上市公司限售股所得税相关规定

　　自 2011 年 7 月 1 日起，企业转让上市公司限售股所得税相关规定如下。

　　（1）纳税义务人的范围界定

　　根据《企业所得税法》规定，转让限售股取得收入的企业（包括事业单位、社会团体、民办非企业单位等），为企业所得税的纳税义务人。

　　（2）企业转让代个人持有的限售股征税规定

　　因股权分置改革造成原由个人出资而由企业代持有的限售股，企业在转让时按以下规定处理。

　　① 企业转让上述限售股取得的收入，应作为企业应税收入计算纳税。

　　限售股转让收入扣除限售股原值和合理税费后的余额为该限售股转让所得。企业未能提供完整、真实的限售股原值凭证，不能准确计算该限售股原值的，主管税务机关一律按该限售股转让收入的15%，核定为该限售股原值和合理税费。

　　依照本规定完成纳税义务后的限售股转让收入余额转付给实际所有人时不再纳税。

　　② 依法院判决、裁定等原因，通过证券登记结算公司，企业将其代持的个人限售股直接变更到实际所有人名下的，不视同转让限售股。

　　（3）企业在限售股解禁前转让限售股征税规定

　　企业在限售股解禁前将其持有的限售股转让给其他企业或个人（以下简称受让方），其企业所得税问题按以下规定处理。

　　① 企业应按减持在证券登记结算机构登记的限售股取得的全部收入，计入企业当年度应税收入计算纳税。

　　② 企业持有的限售股在解禁前已签订协议转让给受让方，但未变更股权登记、仍由企业持有的，企业实际减持该限售股取得的收入，依照本条第一项规定纳税后，其余额转付给受让方

的，受让方不再纳税。

6. 企业接收政府和股东划入资产的征税规定

（1）县级以上人民政府（包括政府有关部门，下同）将国有资产明确以股权投资方式投入企业，企业应作为国家资本金（包括资本公积）处理。该项资产如为非货币性资产，应按政府确定的接收价值确定计税基础。需要注意的事项如下：一是企业必须获取县级以上人民政府明确以股权投资方式投入企业的相关批文及股东各方签订的投资协议；二是企业应根据投入的不同资产分别做相应的会计处理；三是如果投入资产为非货币性资产，则应以政府相关批文或文件上确定的接收价值确定计税基础，并以此作为今后对相关资产进行折旧、摊销、转让、处置等税前扣除的依据。

（2）县级以上人民政府将国有资产无偿划入企业，凡指定专门用途并按《财政部 国家税务总局关于专项用途财政性资金企业所得税处理问题的通知》规定进行管理的，企业可作为不征税收入进行企业所得税处理。其中，该项资产属于非货币性资产的，应按政府确定的接收价值计算不征税收入。

（3）县级以上人民政府将国有资产无偿划入企业，属于上述（1）、（2）项以外情形的，应按政府确定的接收价值计入当期收入总额计算缴纳企业所得税。政府没有确定接收价值的，按资产的公允价值计算确定应税收入。

6.4.2 不征税收入

在我国当前的组织形式中，有一些组织机构并不以营利活动为目的的，其收入的形式主要靠财政拨款以及为承担行政性职能所收取的行政事业性收费。对这类组织取得的非营利性收入不属于征税范围的收入范畴。不征税收入主要有以下几项。

1. 财政拨款

财政拨款是指各级人民政府对纳入预算管理的事业单位、社会团体等组织拨付的财政资金，但国务院和国务院财政、税务主管部门另有规定的除外。

2. 依法收取并纳入财政管理的行政事业性收费、政府性基金

行政事业性收费是指依照法律法规的有关规定，按照国务院规定程序批准，在实施社会公共管理以及在向公民、法人或者其他组织提供特定公共服务过程中，向特定对象收取并纳入财政管理的费用。

政府性基金是指企业依照法律、行政法规等有关规定，代政府收取的具有专项用途的财政资金。

3. 国务院规定的其他不征税收入

其他不征税收入是指企业取得的税收返还以及由国务院财政、税务主管部门规定用途并经国务院批准的财政性资金。财政性资金是指企业取得的来源于政府及有关部门的财政补助、补贴、贷款贴息，以及其他各类财政专项资金，包括直接减免的增值税和即征即退、先征后退、先征后返的各种税收，但不包括企业按规定取得的出口退税款。

4. 专项用途财政性资金

企业从县级以上各级人民政府财政部门及其他部门取得的应计入收入总额的财政性资金，凡同时符合以下条件的，可以作为不征税收入，在计算应纳税所得额时从收入总额中减除：

（1）企业能够提供规定资金专项用途的资金拨付文件；

（2）财政部门或其他拨付资金的政府部门对该资金有专门的资金管理办法或具体管理要求；

（3）企业对该资金以及以该资金发生的支出单独进行核算。

6.4.3　免税收入

企业的下列收入为免税收入。

1. 国债利息收入

（1）国债利息收入时间确认

根据税法相关规定，企业投资国债，从国务院财政部门（以下简称发行者）取得的国债利息收入，应以国债发行时约定应付利息的日期，确认利息收入的实现。企业转让国债，应在国债转让收入确认时确认利息收入的实现。

（2）国债利息收入计算

企业在到期前转让国债，或者从非发行者处投资购买的国债，其持有期间尚未兑付的国债利息收入，按以下公式计算确定：

$$国债利息收入＝国债金额×（适用年利率÷365）×持有天数$$

上式中的"国债金额"按国债发行面值或发行价格确定；"适用年利率"按国债票面年利率或折合年收益率确定；如企业不同时间多次购买同一品种国债的，"持有天数"可以按照平均持有天数确定。

（3）国债利息收入免税规定

企业从发行者处直接投资购买的国债持有至到期，其从发行者处取得的国债利息收入，全额免征企业所得税。企业到期前转让国债，或者从非发行者处投资购买的国债，按上述（2）项计算的国债利息收入，免征企业所得税。

（4）国债利息收入时间确认

企业转让国债应在转让国债合同、协议生效的日期，或者国债移交时确认转让收入的实现。企业投资购买国债，到期兑付的，应在国债发行时约定的应付利息的日期，确认国债转让的实现。

2. 符合条件的居民企业之间的股息、红利等权益性投资收益

3. 在中国境内设立机构、场所的非居民企业从居民企业取得与该机构、场所有实际联系的股息、红利等权益性投资收益

该收益都不包括连续持有居民企业公开发行并上市流通的股票不足 12 个月取得的投资收益。

4. 符合条件的非营利组织的收入

符合条件的非营利组织，是指同时符合下列条件的组织：

（1）依法履行非营利组织登记手续；

（2）从事公益性或者非营利性活动；

（3）取得的收入除用于与该组织有关的、合理的支出外，全部用于登记核定或者章程规定的公益性或者非营利性事业；

（4）财产及其孳息不用于分配；

（5）按照登记核定或者章程规定，该组织注销后的剩余财产用于公益性或者非营利性目的，或者由登记管理机关转赠给与该组织性质、宗旨相同的组织，并向社会公告；

（6）投入人对投入该组织的财产不保留或者享有任何财产权利；

（7）工作人员工资福利开支控制在规定的比例内，不变相分配该组织的财产。

5. 非营利组织企业所得税免税收入

范围具体包括：

（1）接受其他单位或者个人捐赠的收入；

（2）按照省级以上民政、财政部门规定收取的会费；

（3）不征税收入和免税收入孳生的银行存款利息收入；

（4）财政部、国家税务总局规定的其他收入。

6.4.4 企业所得税的扣除项目

在计算应纳税所得额时准予从收入额中扣除的项目是指纳税人每一纳税年度发生的与取得应纳税收入有关的所有必要和正常的成本、费用、税金和损失。

1. 扣除项目遵循的原则

纳税人经营活动中发生支出可以税前扣除的项目首先应遵循以下几个原则。

（1）权责发生制原则。要求纳税人发生的费用应在发生的所属期扣除，而不是在实际支付时确认扣除。

（2）配比原则。要求纳税人发生的费用应当与收入配比扣除，纳税人申报的年度可扣除费用不得提前或滞后申报扣除。

（3）相关性原则。纳税人可扣除的费用从性质和根源上必须与取得应税收入相关。

（4）确定性原则。纳税人可扣除的费用不论何时支付，其金额必须是确定的。

（5）合理性原则。纳税人可扣除费用的计算和分配方法应符合生产经营活动常规。

纳税人经营活动中发生的支出应确保其真实性、合法性与合理性。

2. 准予扣除项目的基本规定

在计算应纳税所得额时，准予从收入额中扣除的项目是指纳税人每一纳税年度发生的、与纳税人取得的收入有关的合理支出，包括成本、费用、税金、损失和其他支出。所谓的合理支出是指符合生产经营活动常规，应当计入当期损益或者有关资产成本的必要和正常的支出。企业发生的支出应当区分收益性支出和资本性支出，收益性支出在发生当期直接扣除；资本性支出应当分期扣除或者计入有关资产成本，不得在发生当期直接扣除。

（1）成本

成本是指企业在生产经营活动中发生的销售成本、销货成本、业务支出以及其他耗费，即企业纳税申报期间已经申报确认的销售商品（包括产品、材料、下脚料、废料和废旧物资等），提供劳务，转让、处置固定资产和无形资产（包括技术转让）的成本。

企业必须将经营活动中发生的成本合理划分为直接成本和间接成本。直接成本是可直接计入有关成本计算对象或劳务的经营成本中的直接材料、直接人工等。间接成本是指多个部门为同一成本对象提供服务的共同成本，或者同一种投入可以制造、提供两种或两种以上的产品或劳务的联合成本。直接成本可根据有关会计凭证、记录直接计入有关成本计算对象或劳务的经营成本中。间接成本必须根据与成本计算对象之间的因果关系、成本计算对象的产量等，以合理的方法分配计入有关成本的计算对象中。

（2）费用

费用是指企业在生产经营活动中发生的销售费用、管理费用和财务费用，已经计入成本的有关费用除外。

销售费用是指应由企业负担的为销售商品而发生的费用，包括广告费、运输费、装卸费、包装费、保险费、展览费、销售佣金、代销手续费、经营性租赁及销售部门发生的差旅费、工资、福利费等费用。

管理费用是指企业行政管理部门为组织和管理生产经营活动提供各种支援性服务而发生的各种费用，包括由纳税人统一负担的总部经费、研究开发费、劳动保护费、业务招待费、工会经费、职工教育经费、股东大会或董事会会费、无形资产摊销、开办费摊销、坏账损失等。

财务费用是指企业为筹集生产经营所需资金等发生的费用，包括利息净支出、汇兑净损失、金融机构手续费以及其他非资本化支出。

（3）税金

税金是指企业发生的除企业所得税和允许抵扣的增值税以外的各项税金及其附加。一般是指纳税人缴纳的消费税、资源税、城市维护建设税、教育费附加、关税、土地增值税、房产税、车船税、城镇土地使用税、印花税等，不包括增值税。这些税金的准予扣除有两种方式：一是在发生当期扣除；二是在发生当期计入相关资产的成本，在以后各期分摊扣除。

（4）损失

损失是指企业在生产经营活动中发生的固定资产和存货的盘亏、毁损、报废损失，转让财产损失，呆账损失，坏账损失，自然灾害等不可抗力因素造成的损失以及其他损失。

扣除的企业损失，应该是净损失，即损失减除责任人赔偿和保险赔款后的余额，依照国务院财政、税务主管部门的规定扣除。企业已作为损失处理的资产，在以后纳税年度又全部收回或者部分收回时，应当计入当期收入。

（5）扣除的其他支出

其他支出是指除成本、费用、税金、损失外，企业在生产经营活动中发生的与生产经营活动有关的、合理的支出。

3. 准予扣除项目的具体规定

在计算应纳税所得额时，下列项目可按照实际发生额或规定的标准扣除。

（1）工资、薪金支出

企业发生的合理的工资、薪金支出准予据实扣除。

工资、薪金，是指企业每一纳税年度支付给在本企业任职或者受雇员工的所有现金形式或者非现金形式的劳动报酬，包括基本工资、奖金、津贴、补贴、年终加薪、加班工资，以及与员工任职或者受雇有关的其他支出。合理的工资、薪金，是指企业按照股东大会、董事会、薪酬委员会或相关管理机构制定的工资薪金制度规定实际发放给员工的工资薪金。

属于国有性质的企业，其工资薪金不得超过政府有关部门给予的限定数额，超过部分不得计入企业工资薪金总额，也不允许在计算企业应纳税所得额中扣除。

企业因雇佣季节工、临时工、实习生，返聘离退休人员以及接受外部劳务派遣用工所实际发生的费用，应区分为工资薪金支出和职工福利费支出。

一些在我国境内上市的居民企业（以下简称上市公司），为其职工建立了股权激励计划。股权激励实行方式包括授予限制性股票、股票期权以及其他法律法规规定的方式。限制性股票，是指激励对象按照股权激励计划规定的条件，从上市公司获得的一定数量的本公司股票。股票期权，是指上市公司按照股权激励计划授予激励对象在未来一定期限内，以预先确定的价格和条件购买本公司一定数量股票的权利。

实施股权激励的相关企业所得税处理如下。

上市公司按照相关要求建立职工股权激励计划，并按我国企业会计准则的有关规定，在股权激励计划授予激励对象时，按照该股票的公允价格及数量，计算确定作为上市公司相关年度的成本或费用，将其作为换取激励对象提供服务的对价。

对股权激励计划实行后立即可以行权的，上市公司可以根据实际行权时该股票的公允价格与激励对象实际行权支付价格的差额和数量，计算确定当年上市公司的工资薪金支出，依照税法规定进行税前扣除。对股权激励计划实行后，需待一定服务年限或者达到规定业绩条件（以下简称等待期）方可行权的，上市公司等待期内会计上计算确认的相关成本费用，不得在对应年度计算缴纳企业所得税时扣除。在股权激励计划可行权后，上市公司方可根据该股票实际行权时的公允价格与当年激励对象实际行权支付价格的差额及数量，计算确定当年上市公司的工资薪金支出，依照税法规定进行税前扣除。这里所指股票实际行权时的公允价格，以实际行权日该股票的收盘价格确定。

在我国境外上市的居民企业和非上市公司，凡比照《上市公司股权激励管理办法》的规定建立职工股权激励计划，且在企业会计处理上，也按我国会计准则的有关规定处理的，其股权激励计划中有关企业所得税的处理问题，可以按照上述规定执行。

（2）职工福利费、职工工会经费和职工教育经费

职工福利费、职工工会经费和职工教育经费实施限额扣除，在企业所得税法规定的标准之内按实际数扣除，超过标准的则只能按照标准扣除，具体规定如下。

① 职工福利费。企业发生的职工福利费支出，不超过工资薪金总额14%的部分，准予扣除。

企业发生的职工福利费，应该单独设置账册，进行准确核算。企业职工福利费，包括：一是尚未实行分离办社会职能的企业，其内设福利部门所发生的设备、设施和人员费用，包括职工食堂、职工浴室、理发室、医务所、托儿所、疗养院等集体福利部门的设备、设施及维修保养费用和福利部门工作人员的工资薪金、社会保险费、住房公积金、劳务费等；二是为职工卫生保健、生活、住房、交通等所发放的各项补贴和非货币性福利，包括企业向职工发放的因公外地就医费用、未实行医疗统筹企业的职工医疗费用、职工供养直系亲属的医疗补贴、供暖费补贴、职工防暑降温费、职工困难补贴、救济费、职工食堂经费补贴、职工交通补贴等；三是按照其他规定发生的其他职工福利费，包括丧葬补助费、抚恤费、安家费、探亲假路费等。

② 职工工会经费。企业拨缴的工会经费，不超过工资薪金总额 2%的部分，凭工会组织开具的《工会经费收入专用收据》准予扣除。

③ 职工教育经费。企业发生的职工教育经费支出，不超过工资薪金总额8%的部分，准予扣除；超过部分，准予在以后纳税年度结转扣除。

软件企业集成电路、设计企业和动漫企业发生的职工教育经费中的职工培训费用，可以全额在企业所得税前扣除。

核力发电企业培养核电厂操纵员发生的培养费用，可作为企业的发电成本在税前扣除。企业应当将核电厂操纵员培养费与员工的职工教育经费严格区分，单独核算，员工实际发生的职工教育经费支出不得计入核电厂操纵员培养费直接扣除。

【例6-2】 某企业2019年为本企业职工支付工资320万元，奖金48万元，属于合理范围内。计算当年职工福利费、工会经费和职工教育经费可在所得税前列支的最高金额。

① 该企业当年工资总额＝320＋48＝368（万元）

② 可列支的职工福利费限额＝368×14%＝51.52（万元）

③ 可列支的工会经费限额＝368×2%＝7.36（万元）

④ 可列支的职工教育经费限额＝368×8%＝29.44（万元）

（3）社会保险费

可以扣除的社会保险费有：

① 企业依照国务院有关主管部门或者省级人民政府规定的范围和标准为职工缴纳的"五险一金"，即基本养老保险费、基本医疗保险费、失业保险费、工伤保险费、生育保险费等基本社会保险费和住房公积金，准予扣除；

② 企业为投资者或者职工支付的补充养老保险费及补充医疗保险费，在国务院财政、税务主管部门规定的范围和标准内，准予扣除；

③ 企业依照国家有关规定为特殊工种职工支付的人身安全保险费和符合国务院财政、税务主管部门规定可以扣除的商业保险费可以扣除；

④ 企业参加的财产保险，按规定缴纳的保险费，可以扣除；

⑤ 企业为投资者或者职工支付的商业保险费，不得扣除。

（4）利息费用

企业在生产经营活动中发生的各种利息支出的扣除原则如下。

① 非金融企业向金融企业借款的利息支出、金融企业的各项存款利息支出和同业拆借利息支出、企业经批准发行债券的利息支出可以据实扣除。这里的金融企业是指各类银行、保险公司及经中国人民银行批准从事金融业务的非银行机构。

② 非金融企业向非金融企业借款的利息支出，不超过按照金融企业同期同类贷款利率计算的数额部分可以据实扣除，超过部分不允许扣除。

③ 关联企业利息费用扣除。

在计算应纳税所得额时，企业实际支付给关联方的利息支出，不超过规定比例和税法及其实施条例有关规定计算的部分，准予扣除，超过的部分不得在发生当期和以后年度扣除。

企业实际支付给关联方的利息支出，如果能够按照税法及其实施条例的有关规定提供相关资料，并证明相关交易活动符合独立交易原则的；或者该企业的实际税负不高于境内关联方的，其实际支付给境内关联方的利息支出，在计算应纳税所得额时准予扣除。除符合上述规定外，其接受关联方债权性投资与其权益性投资比例为：金融企业 5∶1；其他企业 2∶1。

企业同时从事金融业务和非金融业务，其实际支付给关联方的利息支出，应按照合理方法分开计算；没有按照合理方法分开计算的，一律按有关其他企业的比例计算准予税前扣除的利息支出。企业自关联方取得的不符合规定的利息收入应按照有关规定缴纳企业所得税。

④ 企业向自然人借款的利息扣除。

企业向自然人借款的利息支出，其借款情况同时符合以下条件的，其利息支出在不超过金融企业同期同类贷款利率计算的数额部分，准予扣除。

企业与个人之间借贷是真实、有效的，并且不具有非法集资目的或其他违反法律、法规的行为；企业和个人之间签订了借款合同，以借款合同或者有关协议书为依据。

（5）借款费用

关于借款费用的处理规定如下。

① 企业在生产经营活动中发生的合理的不需要资本化的借款费用，准予扣除。

② 企业为购置、建造固定资产及无形资产和经过 12 个月以上的建造才能达到预定可销售状态的存货而发生借款的，在有关资产购置、建造期间发生的合理的借款费用，应当作为资本性支出计入有关资产的成本。有关资产交付使用之后发生的借款利息，可以在利息发生当期扣除。

③ 企业通过发行债券、取得贷款、吸收保户储金等方式融资而发生的合理的费用支出，符合资本化条件的，应计入相关资产成本；不符合资本化条件的应作为财务费用，准予在企业所得税前据实扣除。

【例6-3】 企业年初购置一条生产线，向非金融机构借款500万元，期限2年，年利率为8%（金融机构借款年利率为7%），年底竣工结算投产，则该企业对该项借款的利息费用如何扣除？

① 第一年的利息应资产化处理，所以不能在税前抵扣；

② 第二年准予扣除的利息，应按照同期金融机构利率计算。

$500 \times 7\% = 35$（万元）

（6）业务招待费

企业发生的与生产经营活动有关的业务招待费支出，按照发生额的 60%扣除，但最高不得超过当年销售（营业）收入的 5‰。

从事股权投资业务的企业（包括集团公司总部、创业投资企业等），其从被投资企业所分配的股息、红利以及股权转让收入，可以按规定的比例计算业务招待费扣除限额。

企业在筹建期间，发生的与筹办活动有关的业务招待费支出，可按实际发生额的 60%计入企业筹办费，并按有关规定在税前扣除。

【例6-4】 某企业当年发生的销售收入为3 500万元，发生的业务招待费为55万元，计算所得税前可扣除的业务招待费。

① 实际发生业务招待费的60%＝55×60%＝33（万元）

② 业务招待费最高扣除标准＝3 500×5‰＝17.5（万元），则允许在所得税前扣除的业务招待费为17.5万元。

（7）广告费和业务宣传费

企业发生的符合条件的广告费和业务宣传费支出，除国务院财政、税务主管部门另有规定外，不超过当年销售（营业）收入15%的部分，准予扣除；化妆品制造、医药制造和饮料制造（不含酒类制造）企业，不超过当年销售收入 30%的部分，准予扣除。上述企业超过部分，准予在以后纳税年度结转扣除。烟草企业发生的广告费和业务宣传费，一律不得扣除。

广告费和业务宣传费结转扣除的规定

企业申报扣除的广告费支出应与赞助支出严格区分。企业申报扣除的广告费用支出，应符合下列条件：

① 广告是通过工商部门批准的专门机构制作的；

② 已经实际支付费用并已取得相应的发票；

③ 通过一定的媒体传播。

企业在筹建期间，发生的广告费和业务宣传费，可按实际发生额计入企业筹办费，按上述规定在税前扣除。

【例6-5】 某企业2017年实现的销售收入为3 670万元，当年发生的广告费为520万元，业务宣传费为110万元。计算当年允许扣除的广告宣传费。

① 广告宣传费最高扣除标准＝3 670×15%＝550.5（万元）

② 实际发生的广告与业务宣传费＝520＋110＝630（万元）

③ 实际发生的广告与业务宣传费＞广告宣传费最高扣除标准，则允许在所得税前扣除的广告宣传费为550.5万元。

④ 本年超过的广告宣传费＝630－550.5＝79.5（万元），可在以后年度结转扣除。

（8）环境保护专项资金

企业依照法律、行政法规有关规定提取的用于环境保护和生态恢复等方面的专项资金，准予扣除。

（9）汇兑损失

纳税年度终了时将人民币以外的货币性资产、负债按照期末即期人民币汇率中间价折算为人民币时产生的汇兑损失，准予扣除。但已经计入有关资产成本以及与向所有者进行利润分配相关的部分的汇兑损失，不予扣除。

（10）租赁费

企业根据生产经营活动的需要租入固定资产支付的租赁费，扣除方法如下。

① 以经营租赁方式租入固定资产发生的租赁费支出，按照租赁期限均匀扣除。

② 以融资租赁方式租入固定资产发生的租赁费支出，按照规定构成融资租入固定资产价值的部分应当提取折旧费用，分期扣除。融资租赁是指在实质上转移与一项资产所有权有关的全部风险和报酬的一种租赁。

【例6-6】 某商场自2018年5月1日起租入一间仓库存放存货，一次性支付1年的租金48万元，计算本纳税年度可以扣除的租金金额。

商场租赁仓库为经营性租赁，应按照租赁期限均匀扣除租赁费用。

可扣除的租金额＝48÷12×8＝32（万元）

（11）劳动保护费

企业发生的合理的劳动保护支出，准予扣除。自2011年7月1日起，由企业统一制作并要求员工工作时统一着装所发生的工作服饰费用，可以税前扣除。

（12）公益性捐赠支出

企业当年发生及以前年度结转的公益性捐赠支出，不超过年度利润总额 12% 的部分，准予扣除。年度利润总额是指企业依照国家统一会计制度的规定计算的年度会计利润。

公益性捐赠是指企业通过公益性社会组织或者县级（含县级）以上人民政府及其部门，用于《中华人民共和国公益事业捐赠法》规定的公益事业的捐赠。具体包括：

① 救助灾害、救济贫困、扶助残疾人等困难的社会群体和个人的活动；

② 教育、科学、文化、卫生、体育事业；

③ 环境保护、社会公共设施建设；

④ 促进社会发展和进步的其他社会公共和福利事业。

企事业单位、社会团体以及其他组织捐赠的住房作为廉租住房的视同公益性捐赠，按照上述规定执行。

企业的直接捐赠不准予扣除。

【例6-7】 某企业2017年会计利润总额是6 800万元，2017年4月通过市级民政部门向本市困难职工捐赠300万元，计算当年准予在应纳税所得额前扣除的捐赠支出额。

① 捐赠限额＝6 800×12%＝816（万元）

② 实际捐赠额300万元未超过限额，则准予扣除的捐赠支出为300万元。

（13）有关资产的费用

企业转让各类固定资产发生的费用，允许扣除。企业按规定计算的固定资产折旧费、无形资产和递延资产的摊销费，准予扣除。

（14）总机构分摊的费用

非居民企业在中国境内设立的机构、场所，就其中国境外总机构发生的与该机构、场所生产经营有关的费用，能够提供总机构出具的费用汇集范围、定额、分配依据和方法等证明文件的，并合理分摊的，准予扣除。

（15）资产损失

企业当期发生的固定资产和流动资产盈亏、毁损净损失，由其提供清查盘存资料经税务机关审核后，准予扣除；企业因存货盈亏、毁损、报废等原因不得从销项税额中抵扣的进项税额，应视同财产损失，准予与存货损失一起在所得税前按规定扣除。

（16）其他扣除项目

依照法律、行政法规和国家有关税法规定准予扣除的项目，如会员费、合理的会议费、违约金和诉讼费用等。

（17）手续费及佣金支出

企业发生与生产经营有关的手续费及佣金支出，不超过以下规定计算限额以内的部分，准予扣除；超过部分，不得扣除。

① 保险企业：财产保险企业按当年全部保费收入扣除退保金等后余额的15%（含本数，下同）计算限额；人身保险企业按当年全部保费收入扣除退保金等后余额的10%计算限额。

② 其他企业：按与具有合法经营资格的中介服务机构或个人（不含交易双方及其雇员、代理人和代表人等）所签订服务协议或合同确认的收入金额的5%计算限额。

（18）企业维简费支出

企业实际发生的维简费支出，属于收益性支出的，可作为当期费用税前扣除；属于资本性支出的，应计入有关资产成本，并按企业所得税法规定计提折旧或摊销费用在税前扣除。企业按照有关规定预提的维简费，不得在当期税前扣除。

6.4.5 企业所得税不得扣除项目

按照企业所得税法及有关规定，在计算应纳税所得额时，下列支出不得扣除。

（1）向投资者支付的股息、红利等权益性投资收益款项。

（2）企业所得税税款。

（3）税收滞纳金，指纳税人违反税收法规，被税务机关处以的滞纳金。

（4）罚金、罚款和被没收财物的损失。

（5）超过规定标准的捐赠支出。

罚金、罚款和被没收财物的损失

（6）赞助支出，这里的赞助支出是指企业发生的与生产经营活动无关的各种非广告性质支出。

（7）未经核定的准备金支出，这里所称的未经核定的准备金支出是指不符合国务院财政、税务主管部门规定的各项资产减值准备、风险准备等准备金支出。

（8）企业之间支付的管理费，企业内营业机构之间支付的租金和特许权使用费，以及非银行企业内营业机构之间支付的利息。

（9）与取得收入无关的其他支出。

6.4.6 亏损弥补

企业发生的亏损，可以用下一纳税年度的所得弥补；下一纳税年度的所得不足弥补的，可以逐年延续弥补，但是延续弥补期最长不得超过 5 年。亏损弥补的原则如下。

（1）所指亏损，不是企业财务报表中反映的亏损额，而是企业财务报表中的亏损额经主管税务机关按税法规定核实调整后的金额，也就是指企业按照《企业所得税法》及其暂行条例的规定，将每一纳税年度的收入总额扣减不征税收入、免税收入和各项扣除后小于零的数额。

（2）5 年弥补亏损期限是以亏损年度的下一年度算起的连续 5 年，该 5 年内不论是盈利或亏损，都作为实际弥补年限计算。

（3）连续发生年度亏损，必须从第一个亏损年度算起，先亏先补，后亏后补，不得将每个亏损年度的连续弥补期相加。企业汇总计算缴纳企业所得税的，其境外营业机构的亏损不得抵减境内营业机构的盈利。

（4）企业筹办期间不计算为亏损年度，企业自开始生产经营的年度，为开始计算企业损益的年度。企业从事生产经营之前进行筹办活动期间发生筹办费用支出，不得计算为当期的亏损，企业可以在开始经营之日的当年一次性扣除，也可以按照有关长期待摊费用的处理规定处理，但一经选定，不得改变。

【例6-8】 某企业2011～2017年每年获利情况如表6-1所示，根据亏损弥补的规定，确定该企业的亏损弥补期及各年度亏损额。

表 6-1　　　　　　　　某企业 2011～2017 年每年获利情况　　　　　　　　单位：万元

年份	2011	2012	2013	2014	2015	2016	2017
获利金额	−80	−45	5	10	20	30	100
弥补 2011 年亏损		0	5	10	20	30	0
弥补 2012 年亏损			0	0	0	0	45

该企业2011年亏损额到2016年弥补期结束，2012年亏损额到2017年弥补期结束。

6.5 资产的税务处理

资产是由于资本投资而形成的财产，现行税法规定了纳税人资产的税务处理，目的是要通过对资产的分类，区别资本性支出与收益性支出，以正确计算应纳企业所得税。企业的各项资产，包括固定资产、生物资产、无形资产、长期待摊费用、投资资产、存货等，以历史成本为计税基础。历史成本是指企业取得该项资产时实际发生的支出。企业持有各项资产期间资产增值或者减值，除国务院财政、税务主管部门规定可以确认损益外，不得调整该资产的计税基础。

6.5.1 固定资产的税务处理

固定资产是指企业为生产产品，提供劳务，出租或者经营管理而持有的，使用时间超过 12 个月的非货币性资产，包括房屋、建筑物、机器、机械、运输工具以及其他与生产经营活动有关的设备、器具、工具等。

1. **固定资产的计税基础**

企业应按照以下方法确定固定资产计税基础：

（1）外购的固定资产，以购买价款和支付的相关税费以及直接归属于使该资产达到预定用途发生的其他支出为计税基础；

（2）自行建造的固定资产，以竣工结算前发生的支出为计税基础；

（3）融资租入的固定资产，以租赁合同约定的付款总额和承租人在签订租赁合同过程中发生的相关费用为计税基础，租赁合同未约定付款总额的，以该资产的公允价值和承租人在签订租赁合同过程中发生的相关费用为计税基础；

（4）盘盈的固定资产，以同类固定资产的重置完全价值为计税基础；

（5）通过捐赠、投资、非货币性资产交换、债务重组等方式取得的固定资产，以该资产的公允价值和支付的相关税费为计税基础；

（6）改建的固定资产，除税法规定的已足额提取折旧的固定资产和租入的固定资产以外的其他固定资产，以改建过程中发生的改建支出增加为计税基础。

2. **固定资产折旧的计提方法**

（1）固定资产按照直线法计算折旧，准予扣除。

（2）企业应当自固定资产投入使用月份的次月起计算折旧；停止使用的固定资产，应当自停止使用月份的次月起停止计算折旧。

（3）企业应当根据固定资产的性质和使用情况，合理确定固定资产的预计净残值。固定资产的预计净残值一经确定，不得变更。

固定资产折旧的
计提：直线法

3. **固定资产折旧的计提年限**

除国务院财政、税务主管部门另有规定外，固定资产计算折旧的最低年限如下：

（1）房屋、建筑物，为 20 年；

（2）飞机、火车、轮船、机器、机械和其他生产设备为 10 年；

（3）与生产经营活动有关的器具、工具、家具等为 5 年；

（4）飞机、火车、轮船以外的运输工具为 4 年；

（5）电子设备为 3 年。

从事开采石油、天然气等矿产资源的企业，在开始商业性生产前发生的费用和有关固定资产的折耗、折旧方法，由国务院财政、税务主管部门另行规定。

4. **不准予计提折旧的固定资产范围**

下列固定资产不得计算折旧扣除：

（1）房屋、建筑物以外未投入使用的固定资产；

（2）以经营租赁方式租入的固定资产；

（3）以融资租赁方式租出的固定资产；

（4）已足额提取折旧仍继续使用的固定资产；

（5）与经营活动无关的固定资产；

（6）单独估价作为固定资产入账的土地；

（7）其他不得计算折旧扣除的固定资产。

5. **固定资产折旧的所得税处理**

（1）企业固定资产会计折旧年限如果短于税法规定的最低折旧年限，其按会计折旧年限计提的折旧高于按税法规定的最低折旧年限计提的折旧部分，应调增当期应纳税所得额；企业固定资产会计折旧年限已期满且会计折旧已提足，但税法规定的最低折旧年限尚未到期且税收折旧尚未足额扣除，其未足额扣除的部分准予在剩余的税收折旧年限继续按规定扣除。

（2）企业固定资产会计折旧年限如果长于税法规定的最低折旧年限，其折旧应按会计折旧年限计算扣除，税法另有规定的除外。

（3）企业按会计规定提取的固定资产减值准备，不得税前扣除，其折旧仍按税法确定的固定资产计税基础计算扣除。

（4）企业按税法规定实行加速折旧的，其按加速折旧办法计算的折旧额可全额在税前扣除。

（5）石油天然气开采企业在计提油气资产折耗（折旧）时，由于会计与税法规定计算方法不同导致的折耗（折旧）差异，应按税法规定进行纳税调整。

6. 固定资产改扩建的税收处理

企业对房屋、建筑物固定资产在未足额提取折旧前进行改扩建的，如属于推倒重置的，该资产原值减除提取折旧后的净值，应并入重置后的固定资产计税成本，并在该固定资产投入使用后的次月起，按照税法规定的折旧年限，一并计提折旧；如属于提升功能、增加面积的，该固定资产的改扩建支出，并入该固定资产计税基础，并从改扩建完工投入使用后的次月起，重新按税法规定的该固定资产折旧年限计提折旧，如该改扩建后的固定资产尚可使用的年限低于税法规定的最低年限的，可以按尚可使用的年限计提折旧。

6.5.2 无形资产的税务处理

无形资产是指企业为生产商品、提供劳务出租给他人，或为管理而长期拥有的没有实物形态的非货币性资产，包括专利权、商标权、著作权、土地使用权和非专利技术、商誉等。

1. 无形资产的计税基础

无形资产按照以下方法确定计税基础：

（1）外购的无形资产，以购买价款和支付的相关税费以及直接归属于使该资产达到预定用途发生的其他支出为计税基础；

（2）自行开发的无形资产，以开发过程中该资产符合资本化条件后至达到预定用途前发生的支出为计税基础；

（3）通过捐赠、投资、非货币性资产交换、债务重组等方式取得的无形资产，以该资产的公允价值和支付的相关税费为计税基础。

2. 无形资产的摊销方法

无形资产按照直线法计算的摊销费用，准予扣除。无形资产的摊销年限不得低于 10 年。作为投资或者受让的无形资产，有关法律规定或者合同约定了使用年限的，可以按照规定或者约定的使用年限分期摊销。

外购商誉的支出，也在企业整体转让或者清算时，准予扣除。

3. 不得计算摊销费用的无形资产

下列无形资产不得计算摊销费用扣除：

（1）自行开发的支出已在计算应纳税所得额时扣除的无形资产；

（2）自创商誉；

（3）与经营活动无关的无形资产；

（4）其他不得计算摊销费用扣除的无形资产。

6.5.3　生物资产的税务处理

生物资产是指有生命的动物和植物。生物资产分为消耗性生物资产、生产性生物资产和公益性生物资产三类。

消耗性生物资产，是指为出售而持有的，或在将来收获为农产品的生物资产，包括生长中的大田作物、蔬菜、用材林以及存栏待售的牲畜等。

生产性生物资产，是指为产出产品、提供劳务或出租等目的而持有的生物资产，包括经济林、薪炭林、产畜和役畜等。

公益性生物资产是指以防护、环境保护为主要目的的生物资产，包括防风固沙林、水土保持林和水源涵养林等。

1. 生物资产的计税基础

生产性生物资产的计税基础如下。

（1）外购的生产性生物资产，以购买价款和支付的相关税费为计税基础。

（2）通过捐赠、投资、非货币性资产交换、债务重组等方式取得的生产性生物资产，以该资产的公允价值和支付的相关税费为计税基础。

2. 生物资产的折旧方法

生产性生物资产按照直线法计算的折旧，准予扣除。企业应当自生产性生物资产投入使用月份的次月起计算折旧；停止使用的生产性生物资产，应当自停止使用月份的次月起停止计算折旧。

企业应当根据生产性生物资产的性质和使用情况，合理确定生产性生物资产的预计净残值。生产性生物资产的预计净残值一经确定，不得变更。

3. 生物资产折旧的计提年限

（1）林木类生产性生物资产为 10 年。

（2）畜类生产性生物资产为 3 年。

6.5.4　长期待摊费用的税务处理

长期待摊费用是指企业已经支出，但摊销期限在 1 年以上或几个年度内进行摊销的各项费用。

1. 长期待摊费用的范围

在计算应纳税所得额时，企业发生的下列支出作为长期待摊费用，按照规定摊销的，准予扣除。

（1）已足额提取折旧的固定资产的改建支出。

（2）租入固定资产的改建支出。

（3）固定资产的大修理支出。

（4）其他应当作为长期待摊费用的支出。

企业的固定资产修理支出可在发生当期直接扣除。企业的固定资产改良支出，如果有关固定资产尚未提足折旧，可增加固定资产价值；如有关固定资产已提足折旧，可作为长期待摊费用，在规定的期间内平均摊销。

固定资产的大修理支出，是指要满足以下两个条件的支出：

① 修理支出达到取得固定资产时的计税基础的 50%以上；

② 修理后固定资产的使用年限延长 2 年以上。

2. **长期待摊费用的摊销方法和年限**

固定资产的改建支出，如果有关固定资产尚未提足折旧，可增加固定资产价值，如有关固定资产已提足折旧，可作为长期待摊费用，在规定的期间内平均摊销。

（1）已足额提取折旧的固定资产的改建支出，按照固定资产预计尚可使用的年限分期摊销。

（2）租入固定资产的改建支出，按照合同约定的剩余租赁期限分期摊销。

（3）改建的固定资产延长使用年限的，除已足额提取折旧的固定资产的改建支出和租入固定资产的改建支出外，应当适当延长折旧年限。

（4）固定资产的大修理支出，按照固定资产尚可使用年限分期摊销。

（5）其他应当作为长期待摊费用的支出，自支出发生月份的次月起，分期摊销，摊销年限不得低于 3 年。

6.5.5 存货的税务处理

存货是指企业持有以备出售的产品或者商品、处在生产过程中的在产品、在生产或者提供劳务过程中耗用的材料和物料等。

1. **存货的计税基础**

存货按照以下方法确定成本：

（1）通过支付现金方式取得的存货，以购买价款和支付的相关税费为成本；

（2）通过支付现金以外的方式取得的存货，以该存货的公允价值和支付的相关税费为成本；

（3）生产性生物资产收获的农产品，以产出或者采收过程中生发的材料费、人工费和分摊的间接费用等必要支出为成本。

2. **存货的成本计算方法**

企业使用或者销售的存货成本计算方法，可以在先进先出法、加权平均法、个别计价法中选用一种。计价方法一经选用，不得随意变更。

企业转让以上资产，在计算企业应纳税所得额时，资产的净值允许扣除。资产的净值是指有关资产、财产的计税基础减除已经按照规定扣除的折旧、折耗、摊销、准备金等后的余额。

6.5.6 投资资产的税务处理

投资资产是指企业对外进行权益性投资和债权性投资形成的资产。

1. **投资资产的成本**

（1）通过支付现金方式取得的投资资产，以购买价款为成本。

（2）通过支付现金以外的方式取得的投资资产，以该资产的公允价值和支付的相关税费为成本。

2. **投资资产的处理**

企业对外投资期间，投资资产的成本在计算应纳税所得额时不得扣除，而企业在转让或者处置投资资产时，投资资产的成本，准予扣除。

3. 投资企业撤回或减少投资的处理

投资企业从被投资企业撤回或减少投资，其取得的资产中，相当于初始出资的部分，应确认为投资收回；相当于被投资企业累计未分配利润和累计盈余公积按减少实收资本比例计算的部分，应确认为股息所得；其余部分确认为投资资产转让所得。

4. 非货币性资产投资企业所得税处理

非货币性资产，是指现金、银行存款、应收账款、应收票据以及准备持有至到期的债券投资等货币资产以外的资产。

（1）居民企业（以下简称企业）以非货币性资产对外投资确认的非货币性资产转让所得，可在不超过 5 年期限内，分期均匀计入相应年度的应纳税所得额，按规定计算缴纳企业所得税。

（2）企业以非货币性资产对外投资，应对非货币性资产进行评估并按评估后的公允价值扣除计税基础后的余额，计算确认非货币性资产转让所得。

企业以非货币性资产对外投资，应于投资协议生效并办理股权登记手续时，确认非货币性资产转让收入的实现。

（3）企业以非货币性资产对外投资而取得被投资企业的股权，应以非货币性资产的原计税成本为计税基础，加上每年确认的非货币性资产转让所得，逐年进行调整。

被投资企业取得非货币性资产的计税基础，应按非货币性资产的公允价值确定。

（4）企业在对外投资 5 年内转让上述股权或投资收回的，应停止执行递延纳税政策，并就递延期内尚未确认的非货币性资产转让所得，在转让股权或投资收回当年的企业所得税年度汇算清缴时，一次性计算缴纳企业所得税。

企业在对外投资 5 年内注销的，应停止执行递延纳税政策，并就递延期内尚未确认的非货币性资产转让所得，在注销当年的企业所得税年度汇算清缴时，一次性计算缴纳企业所得税。

（5）非货币性资产投资，限于以非货币性资产出资设立新的居民企业，或将非货币性资产注入现存的居民企业。

6.6 资产损失的所得税处理

资产损失，是指企业在生产经营活动中实际发生的、与取得应税收入有关的资产损失，包括现金损失、坏账损失、贷款损失、股权投资损失，固定资产和存货的盘亏、报废、被盗损失，自然灾害等不可抗力因素造成的损失以及其他损失。

企业资产损失的扣除规定如下。

（1）企业清查出的现金短缺减除责任人赔偿后的余额，作为现金损失在计算应纳税所得额时扣除。

（2）企业将货币性资金存入法定具有吸收存款职能的机构，因该机构依法破产、清算，或者政府责令停业、关闭等原因，确实不能收回的部分，作为存款损失在计算应纳税所得额时扣除。

（3）企业除贷款类债权外的应收、预付账款符合下列条件之一的，减除可收回金额后确认的无法收回的应收、预付款项，可以作为坏账损失在计算应纳税所得额时扣除：

① 债务人依法宣告破产、关闭、解散、被撤销，或者被依法注销、吊销营业执照，其清算财产不足清偿的；

② 债务人死亡，或者依法被宣告失踪、死亡，其财产或者遗产不足清偿的；

③ 债务人逾期 3 年以上未清偿，且有确凿证据证明已无力清偿债务的；

④ 与债务人达成债务重组协议或法院批准破产重整计划后，无法追偿的；

⑤ 因自然灾害、战争等不可抗力导致无法收回的；

⑥ 国务院财政、税务主管部门规定的其他条件。

（4）企业经采取所有可能的措施和实施必要的程序之后，符合下列条件之一的贷款类债权，可以作为贷款损失在计算应纳税所得额时扣除：

① 借款人和担保人依法宣告破产、关闭、解散、被撤销，并终止法人资格，或者已完全停止经营活动，被依法注销、吊销营业执照，对借款人和担保人进行追偿后，未能收回的债权；

② 借款人死亡，或者依法被宣告失踪、死亡，依法对其财产或者遗产进行清偿，并对担保人进行追偿后，未能收回的债权；

③ 借款人遭受重大自然灾害或者意外事故，损失巨大且不能获得保险补偿，或者以保险赔偿后，确实无力偿还部分或者全部债务，对借款人财产进行清偿和对担保人进行追偿后，未能收回的债权；

④ 借款人触犯刑律，依法受到制裁，其财产不足归还所借债务，又无其他债务承担者，经追偿后确实无法收回的债权；

⑤ 由于借款人和担保人不能偿还到期债务，企业诉诸法律，经法院对借款人和担保人强制执行，借款人和担保人均无财产可执行，法院裁定执行程序终结或终止（中止）后，仍无法收回的债权；

⑥ 由于借款人和担保人不能偿还到期债务，企业诉诸法律后，经法院调解或经债权人会议通过，与借款人和担保人达成和解协议或重整协议，在借款人和担保人履行完还款义务后，无法追偿的剩余债权；

⑦ 由于上述①至⑥项原因借款人不能偿还到期债务，企业依法取得抵债资产，抵债金额小于贷款本息的差额，经追偿后仍无法收回的债权。

（5）企业的股权投资符合下列条件之一的，减除可收回金额后确认的无法收回的股权投资，可以作为股权投资损失在计算应纳税所得额时扣除：

① 被投资方依法宣告破产、关闭、解散、被撤销，或者被依法注销、吊销营业执照的；

② 被投资方财务状况严重恶化，累计发生巨额亏损，已连续停止经营 3 年以上，且无重新恢复经营改组计划的；

③ 对被投资方不具有控制权，投资期限届满或者投资期限已超过 10 年，且被投资单位因连续 3 年经营亏损导致资不抵债的；

④ 被投资方财务状况严重恶化，累计发生巨额亏损，已完成清算或清算期超过 3 年以上的；

⑤ 国务院财政、税务主管部门规定的其他条件。

（6）对企业盘亏的固定资产或存货，以该固定资产的账面净值或存货的成本减除责任人赔偿后的余额，作为固定资产或存货盘亏损失在计算应纳税所得额时扣除。

（7）对企业毁损、报废的固定资产或存货，以该固定资产的账面净值或存货的成本减除残值、保险赔款和责任人赔偿后的余额，作为固定资产或存货毁损、报废损失在计算应纳税所得额时扣除。

（8）对企业被盗的固定资产或存货，以该固定资产的账面净值或存货的成本减除保险赔款和责任人赔偿后的余额，作为固定资产或存货被盗损失在计算应纳税所得额时扣除。

（9）企业因存货盘亏、毁损、报废、被盗等原因不得从增值税销项税额中抵扣的进项税额，可以与存货损失一起在计算应纳税所得额时扣除。

（10）企业在计算应纳税所得额时已经扣除的资产损失，在以后纳税年度全部或者部分收回时，其收回部分应当作为收入计入收回当期的应纳税所得额。

（11）企业境内、境外营业机构发生的资产损失应分开核算，对境外营业机构由于发生资产损失而产生的亏损，不得在计算境内应纳税所得额时扣除。

（12）企业对其扣除的各项资产损失，应当提供能够证明资产损失确属已实际发生的合法证据，包括具有法律效力的外部证据、具有法定资质的中介机构的经济鉴证证明、具有法定资质的专业机构的技术鉴定证明等。

6.7 企业重组的所得税处理

企业重组，是指企业在日常经营活动以外发生的法律结构或经济结构重大改变的交易，包括企业法律形式改变、债务重组、股权收购、资产收购、合并、分立等。

6.7.1 企业重组的一般性税收规定

1. 企业法律形式改变的规定

企业由法人转变为个人独资企业、合伙企业等非法人组织，或将登记注册地转移至中华人民共和国境外（包括港澳台地区）的，应视同企业进行清算、分配，股东重新投资成立新企业。企业的全部资产以及股东投资的计税基础均应以公允价值为基础确定。

2. 企业债务重组相关交易的规定

（1）以非货币资产清偿债务，应当分解为转让相关非货币性资产、按非货币性资产公允价值清偿债务两项业务，确认相关资产的所得或损失。

（2）发生债权转股权的，应当分解为债务清偿和股权投资两项业务，确认有关债务清偿所得或损失。

（3）债务人应当按照支付的债务清偿额低于债务计税基础的差额，确认债务重组所得；债权人应当按照收到的债务清偿额低于债权计税基础的差额，确认债务重组损失。

3. 企业股权收购、资产收购重组相关交易的规定

（1）被收购方应确认股权、资产转让所得或损失。

（2）收购方取得股权或资产的计税基础应以公允价值为基础确定。

4. 企业合并相关规定

（1）合并企业应按公允价值确定接受被合并企业各项资产和负债的计税基础。

（2）被合并企业及其股东都应按清算进行所得税处理。

（3）被合并企业的亏损不得在合并企业结转弥补。

5．企业分立

（1）被分立企业对分立出去的资产应按公允价值确认资产转让所得或损失。

（2）分立企业应按公允价值确认接受资产的计税基础。

（3）被分立企业继续存在时，其股东取得的对价应视同被分立企业分配进行处理。

（4）被分立企业不再继续存在时，被分立企业及其股东都应按清算进行所得税处理。

（5）企业分立相关企业的亏损不得相互结转弥补。

6.7.2 企业重组的特殊性税收规定

1．适用特殊性税务处理的条件

（1）具有合理的商业目的，且不以减少、免除或者推迟缴纳税款为主要目的。

（2）被收购、合并或分立部分的资产或股权比例符合规定的比例。

（3）企业重组后的连续 12 个月内不改变重组资产原来的实质性经营活动。

（4）重组交易对价中涉及的股权支付金额符合规定比例。

（5）企业重组中取得股权支付的原主要股东，在重组后连续 12 个月内，不得转让所取得的股权。

2．企业重组的特殊性税务处理

企业债务重组符合上述特殊性税务处理条件的，交易各方对其交易中的股权支付的处理规定如下。

（1）企业债务重组确认的应纳税所得额占该企业当年应纳税所得额 50%以上，可以在 5 个纳税年度的期间内，均匀计入各年度的应纳税所得额。

（2）股权收购，收购企业购买的股权不低于被收购企业全部股权的 50%，股权支付金额不低于其交易支付总额的 85%，可选择按照以下规定处理：

① 被收购企业的股东取得收购企业股权的计税基础，以被收购股权的原有计税基础确定；

② 收购企业取得被收购企业股权的计税基础，以被收购股权的原有计税基础确定；

③ 收购企业、被收购企业的原有各项资产和负债的计税基础和其他相关所得税事项保持不变。

（3）资产收购，收购企业购买的资产不低于被收购企业全部资产的 50%，股权支付金额不低于其交易支付总额的 85%，可选择按照以下规定处理：

① 转让企业取得受让企业股权的计税基础，以被转让资产的原有计税基础确定；

② 受让企业取得转让企业资产的计税基础，以被转让资产的原有计税基础确定。

（4）企业合并，企业股东在该企业合并发生时取得的股权支付金额不低于其交易支付总额的 85%，以及同一控制下且不需要支付对价的企业合并，可选择按照以下规定处理：

① 合并企业接受被合并企业资产和负债的计税基础，以被合并企业的原有计税基础确定；

② 被合并企业合并前的相关所得税事项由合并企业承继；

③ 可由合并企业弥补的被合并企业亏损的限额=被合并企业净资产公允价值×截至合并业务发生当年年末国家发行的最长期限的国债利率；

④ 被合并企业股东取得合并企业股权的计税基础，以其原持有的被合并企业股权的计税基

础确定；

（5）企业分立，被分立企业所有股东按原持股比例取得分立企业的股权，分立企业和被分立企业均不改变原来的实质经营活动，且被分立企业股东在该企业分立发生时取得的股权支付金额不低于其交易支付总额的 85%，可选择按照以下规定处理：

① 分立企业接受被分立企业资产和负债的计税基础，以被分立企业的原有计税基础确定；

② 被分立企业已分立出去资产的相应的所得税事项由分立企业承继；

③ 被分立企业未超过法定弥补期限的亏损额可按分立资产占全部资产的比例进行分配，由分立企业继续弥补；

④ 被分立企业的股东取得分立企业的股权（以下简称"新股"），如需部分或全部放弃原持有的被分立企业的股权（以下简称"旧股"），"新股"的计税基础应以放弃"旧股"的计税基础确定。如无须放弃"旧股"，则其取得"新股"的计税基础可从以下两种方法中选择确定：直接将"新股"的计税基础确定为零；或者以被分立企业分立出去的净资产占被分立企业全部净资产的比例先调减原持有的"旧股"的计税基础，再将调减的计税基础平均分配到"新股"上。

（6）重组交易各方按照上述（1）～（5）项规定对交易中股权支付暂不确认有关资产的转让所得或损失的，其非股权支付仍应在交易当期确认相应的资产转让所得或损失，并调整相应资产的计税基础。

$$
\begin{pmatrix} 非股权支付对应的 \\ 资产转让所得或损失 \end{pmatrix} = \begin{pmatrix} 被转让资产 \\ 的公允价值 \end{pmatrix} - \begin{pmatrix} 被转让资产 \\ 的计税基础 \end{pmatrix} \times \begin{pmatrix} 非股权 \\ 支付金额 \end{pmatrix} \div \begin{pmatrix} 被转让资产 \\ 的公允价值 \end{pmatrix}
$$

（7）对 100%直接控制的居民企业之间，以及受同一或相同多家居民企业 100%直接控制的居民企业之间按账面净值划转股权或资产，凡是具有合理的商业目的，不以减少、免除或推迟缴纳税款为主要目的，股权或资产划转后连续 12 个月内不改变被划转股权或资产原来实质性经营活动，且划出方企业和划入方企业均未在会计上确认损益的，可选择按照以下规定进行特殊税务处理：

① 划出方企业和划入方企业均不确认所得；

② 划入方企业取得被划转股权或资产的计税基础，以被划转股权或资产的原账面净值确定；

③ 划入方企业取得的被划转资产，应按其账面净值计算折旧扣除。

100%直接控制的居民企业之间，以及受同一或相同多家居民企业 100%直接控制的居民企业之间限于以下情形。

第一，100%直接控制的母子公司之间，母公司向子公司按账面净值划转其持有的股权或资产，母公司获得子公司 100%的股权支付。母公司按增加长期股权投资处理，子公司按接受投资（包括资本公积，下同）处理。母公司获得子公司股权的计税基础以划转股权或资产的原计税基础确定。

第二，100%直接控制的母子公司之间，母公司向子公司按账面净值划转其持有的股权或资产，母公司没有获得任何股权或非股权支付。母公司按冲减实收资本（包括资本公积，下同）处理，子公司按接受投资处理。

第三，100%直接控制的母子公司之间，子公司向母公司按账面净值划转其持有的股权或资产，子公司没有获得任何股权或非股权支付。母公司按收回投资处理，或按接受投资处理，子公司按冲减实收资本处理。母公司应按被划转股权或资产的原计税基础，相应调减持有子公司股权的计税基础。

第四，受同一或相同多家母公司 100%直接控制的子公司之间，在母公司主导下，一家子公司向另一家子公司按账面净值划转其持有的股权或资产，划出方没有获得任何股权或非股权支付。划出方按冲减所有者权益处理，划入方按接受投资处理。

【例6-9】 A企业合并B企业，B企业尚在弥补期的未弥补的亏损为100万元，净资产公允价值为500万元。A企业净资产公允价值为1 500万元，截至合并业务发生当年年末国家发行的最长期限的国债利率为4%，假定该业务适用特殊性税务处理的方式，则可以由合并后的企业弥补的被合并企业的亏损为500×4%＝20（万元）。

3. 企业发生股权和资产收购交易的税务处理

企业发生涉及中国境内与境外之间的股权和资产收购交易，除应符合上述规定的适用特殊性税务处理的条件外，还应同时符合下列条件，才能选择适用特殊性税务处理的规定。

（1）非居民企业向其 100%直接控股的另一非居民企业转让其拥有的居民企业股权，没有因此造成以后该项股权转让所得预提税负担变化，且转让方非居民企业向主管税务机关书面承诺在 3 年（含 3 年）内不转让其拥有受让方非居民企业的股权。

（2）非居民企业向与其具有 100%直接控股关系的居民企业转让其拥有的另一居民企业股权。

（3）居民企业以其拥有的资产或股权向其 100%直接控股的非居民企业进行投资。

（4）财政部、国家税务总局核准的其他情形。

4. 企业吸收合并

在企业吸收合并中，合并后的存续企业性质及适用税收优惠的条件未发生改变的，可以继续享受合并前该企业剩余期限的税收优惠，其优惠金额按存续企业合并前一年的应纳税所得额（亏损计为零）计算。

在企业存续分立中，分立后的存续企业性质及适用税收优惠的条件未发生改变的，可以继续享受分立前该企业剩余期限的税收优惠，其优惠金额按该企业分立前一年的应纳税所得额（亏损计为零）乘以分立后存续企业资产占分立前该企业全部资产的比例计算。

5. 企业重组

企业在重组发生前后连续 12 个月内分步对其资产、股权进行交易，应根据实质重于形式原则将上述交易作为一项企业重组交易进行处理。

6.8 应纳税额的计算

6.8.1 居民企业应纳税额的计算

居民企业的应纳税额等于应纳税所得额乘以适用税率减除依照企业所得税法关于税收优惠的规定减免和抵免的税额后的余额。计算公式为：

应纳税额＝应纳税所得额×适用税率－减免税额－抵免税额

公式中的减免税额和抵免税额，是指依照企业所得税法和国务院的税收优惠规定减征、免征和抵免的应纳税额。

居民企业应纳税额根据应纳税所得额的计算不同，可以采用直接和间接两种方法。

1. 直接法

根据企业收入总额扣除不征税收入、免税收入，再减除准予扣除的项目及以前年度的亏损得到应纳税所得额，再乘以相应的税率，得到应纳税额。

（1）应纳税所得额＝收入总额－不征税收入－免税收入－各项扣除－以前年度亏损

（2）应纳税额＝应纳税所得额×税率

若企业有减免税额和抵免税额，应进行扣减，扣完后的余额是应纳税额。

【例6-10】　假设某居民企业2017年度实现的收入总额为9 355万元，其中属于不征税收入的有150万元，免税收入25万元是购买国债的利息收入，按照税法规定准予的成本费用总额为6 780万元。企业上年度亏损150万元，没有减免税额及抵免税额。计算该企业2017年度的应纳所得税额。

（1）应纳税所得额＝（9 355－150－25）－6 780－150＝2 250（万元）

（2）应纳税额＝2 250×25%＝562.5（万元）

但是，我们知道在实际工作中，税法规定下的税收收入总额不易获得，通常可以得到的是会计利润，所以这一公式实际上用的并不多。因此我们必须还有另外一种计算法，那就是间接法。

2．间接法

企业的会计利润和应纳税所得额的计算原则虽然不同，但经过纳税调整，可以将会计利润调整为应纳税所得额，即用间接法计算应纳税额。

（1）应纳税所得额＝会计利润＋纳税调整增加金额－纳税调整减少金额

（2）应纳税额＝应纳税所得额×税率

若企业有减免税额和抵免税额，应进行扣减，扣完后的余额是应纳税额。

【例6-11】　假设某居民企业2018年的会计利润为1 536万元，有以下一些需要调整的事项：

（1）实现国债利息收入9万元；

（2）企业本期发生广告费用452万元，会计上作为2018年的销售费用，当年企业共实现销售收入为2 680万元；

（3）企业2018年总共发生业务招待费64万元，全部在会计利润前作为费用扣除；

（4）2018年企业通过公益性社会团体向贫困山区捐款35万元，支付税收滞纳金5万元，这两项支出都已计入营业外支出；

（5）计入成本费用的实发工资总额为585万元，拨缴职工工会经费9万元，支出职工福利费106万元，支出职工教育经费10万元。

要求：（1）计算该企业2018年度的应纳税所得额；（2）计算该企业2018年度实际应纳的企业所得税额。

（1）将会计利润调整为应纳税所得额

① 国债利息收入属于免税项目，会计利润基础上调减9万元；

② 允许扣除的广告费限额＝2 680×15%＝402（万元）

③ 实际发生广告费用超过限额，应将超过部分在会计利润基础上进行调增，纳税调整增加额＝452－402＝50（万元）

④ 允许扣除的业务招待费最高限额＝2 680×5‰＝13.4（万元）

实际发生业务招待费的60%＝64×60%＝38.4（万元）

实际发生业务招待费超过限额，则应将超过部分在会计利润基础上进行调增，企业当年允许扣除的业务招待费为13.4万元，纳税调整增加额＝64－13.4＝50.6（万元）

⑤ 企业营业外支出中支付的税收滞纳金8万元，不能在税前抵扣，应调增会计利润，允许扣除的公益救济性捐赠最高扣除限额＝1 536×12%＝184.32（万元）

实际捐赠额未超过最高扣除限额，准予实际捐赠额全额扣除；

⑥ 企业实际支付的工资准予全部扣除；

⑦ 企业工会经费准予扣除的最高限额＝585×2%＝11.7（万元）

实际拨缴数额＜准予扣除的最高限额，无须进行调整；

⑧ 企业职工福利费准予扣除的最高限额＝585×14%＝81.9（万元）

实际支出数额超过准予扣除的最高限额，则应将超过部分在会计利润基础上进行调增，纳税调整增加额＝106－81.9＝24.1（万元）

⑨ 企业职工教育经费准予扣除的最高限额＝585×2.5%＝14.625（万元）

实际支出数额＜准予扣除的最高限额，无须进行调整；

⑩ 应纳税所得额＝1 536－9＋50＋50.6＋8＋24.1＝1 659.7（万元）

（2）企业应纳税额＝1 659.7×25%＝414.925（万元）

6.8.2　境外所得已纳税额抵扣计算

企业应就来源于境外的所得汇总缴纳税款，但其境外所得已在境外缴纳的所得税税额，可以从其当期应纳税额中抵免，抵免限额为该项所得依照税法规定计算的应纳税额；超过抵免限额的部分，可以在以后 5 个年度内，用每年度抵免限额当年应抵税额后的余额进行抵补。境外所得是指：

（1）居民企业来源于中国境外的应税所得；

（2）非居民企业在中国境内设立机构、场所，取得发生在中国境外但与该机构、场所有实际联系的应税所得。

在境外缴纳的所得税税额，是指企业来源于中国境外的所得依照中国境外税收法律以及相关规定应当缴纳并已经实际缴纳的企业所得税性质的税款。

居民企业从其直接或者间接控制的外国企业分得的来源于中国境外的股息、红利等权益性投资收益，外国企业在境外实际缴纳的所得税税额中属于该项所得负担的部分，可以作为该居民企业的可抵免境外所得税税额，在规定的抵免限额内抵免。

规定中的 5 个年度，是指从企业取得的来源于中国境外的所得，已在境外缴纳的所得税额超过抵免限额的当年的次年起连续 5 个纳税年度。

企业依照企业所得税法的规定抵免企业所得税税额时，应当提供中国境外税务机关出具的税款所属年度的有关纳税凭证。

抵免限额是指企业来源于中国境外的所得，依照企业所得税法及相关规定计算的应纳税额。抵免限额遵循分国不分项的计算原则，计算公式如下：

$$\text{抵免限额} = \text{中国境内、境外所得按税法计算的应纳税总额} \times \text{来源于某国（地区）的应纳税所得额} \div \text{中国境内外应纳税所得总额}$$

【例6-12】　境内某公司2017年其境内应纳税所得额为300万元，该公司适用25%的所得税税率，其在A国分支机构取得的应纳税所得额为100万元，A国所得税税率为20%，已在A国缴纳20万元税款；在B国分支机构取得的应纳税所得额为150万元，B国所得税税率为30%，已在B国缴纳45万元税款。要求：计算其汇总时在我国应该缴纳的企业所得税税额。

（1）该企业按我国税法计算的境内、境外所得应纳税额

① 境内外应纳税所得额＝300＋100＋150＝550（万元）

② 应纳所得税额＝550×25%＝137.5（万元）

（2）来源于A国所得境外已纳税额的抵免限额＝137.5×100÷500＝27.5（万元）

已在A国缴纳20万元税款＜抵免限额，可全部扣除

（3）来源于B国所得境外已纳税额的抵免限额＝137.5×150÷500＝41.25（万元）

已在B国缴纳45万元税款＞抵免限额，只能扣除41.25万元。超过部分可结转下年，在以后5个纳税年度中，用每年来自B国所得抵免限额抵免当年应抵税额后的余额进行抵补。

（4）汇总应纳企业所得税额＝137.5－20－41.25＝76.25（万元）

6.8.3 居民企业核定征收应纳税额的计算

1. 核定征收企业所得税范围

居民企业纳税人具有下列情形之一的，核定征收企业所得税：

（1）依照法律、行政法规的规定可以不设置账簿的；

（2）依照法律、行政法规的规定应当设置但未设置账簿的；

（3）擅自销毁账簿或者拒不提供纳税资料的；

（4）虽设置账簿，但账目混乱或者成本资料、收入凭证、费用凭证残缺不全，难以查账的；

（5）发生纳税义务，未按照规定的期限办理纳税申报，经税务机关责令限期申报，逾期仍不申报的；

（6）申报的计税依据明显偏低，又无正当理由的。

2. 核定征收企业所得税方法

核定征收企业所得税的方法主要有两种：核定应税所得率方法和核定应纳所得税额方法。

（1）核定应税所得率方法适用情形

① 能正确核算（查实）收入总额，但不能正确核算（查实）成本费用总额。

② 能正确核算（查实）成本费用总额，但不能正确核算（查实）收入总额。

③ 通过合理方法，能计算和推定纳税人收入总额或成本费用总额。

纳税人不属于以上情形的，核定其应纳所得税额。

（2）核定应纳税所得税额方法

① 参照当地同类行业或者类似行业中经营规模和收入水平相近的纳税人的税负水平核定。

② 按照应税收入额或成本费用支出额定率核定。

③ 按照耗用的原材料、燃料、动力等推算或测算核定。

④ 按照其他合理方法核定。

采用上述所列一种方法不足以正确核定应纳税所得额或应纳税额的，可以同时采用两种以上的方法核定。采用两种以上方法测算的应纳税额不一致时，可按测算的应纳税额从高核定。

3. 应税所得率方法计算公式

采用应税所得率方式核定征收企业所得税的，应纳所得税额计算公式如下：

应纳所得税额＝应纳税所得额×适用税率

其中，应纳税所得额＝应税收入额×应税所得率　或

应纳税所得额＝成本（费用）支出额/（1－应税所得率）×应税所得率

实行应税所得率方式核定征收企业所得税的纳税人，经营多业的，无论其经营项目是否单独核算，均由税务机关根据其主营项目确定适用的应税所得率，如表6-2所示。

主营项目应为纳税人所有经营项目中，收入总额或者成本（费用）支出额或者耗用原材料、燃料、动力数量所占比重最大的项目。

表 6-2　　　　　　　　　　　　　应税所得率的幅度标准

行业	应税所得率（%）
农、林、牧、渔业	3～10
制造业	5～15
批发和零售贸易业	4～15
交通运输业	7～15
建筑业	8～20
饮食业	8～25
娱乐业	15～30
其他行业	10～30

6.8.4　非居民企业应纳税额的计算

对于在中国境内未设立机构、场所的，或者虽设立机构、场所但取得的所得与其所设机构、场所没有实际联系的非居民企业的所得，按照下列方法计算其应纳税所得额。

（1）股息、红利等权益性投资收益和利息、租金、特许权使用费所得，以收入全额为应纳税所得额。

（2）转让财产所得，包含转让股权等权益性投资资产（以下称"股权"）所得。股权转让收入减除股权净值后的余额为股权转让所得应纳税所得额。

（3）其他所得，参照前两项规定的方法计算应纳税所得额。

扣缴义务人在每次向非居民企业支付或者到期应支付所得时，应从支付或者到期应支付的款项中扣缴企业所得税。

　　　　　　扣缴企业所得税应纳税额＝应纳税所得额×实际征收率

6.8.5　非居民企业所得税核定征收方法

非居民企业因会计账簿不健全，资料残缺难以查账，或者其他原因不能准确计算并据实申报其应纳税所得额的，税务机关有权采取以下方法核定其应纳税所得额。

（1）按收入总额核定应纳税所得额：适用于能够正确核算收入或通过合理方法推定收入总额，但不能正确核算成本费用的非居民企业。计算公式如下：

　　　　　　应纳税所得额＝收入总额×核定利润率

（2）按成本费用核定应纳税所得额：适用于能够正确核算成本费用，但不能正确核算收入总额的非居民企业。计算公式如下：

　　　　　　应纳税所得额＝成本费用总额÷（1－核定利润率）

　　　　　　　　　　　　×核定利润率

（3）按经费支出换算收入核定应纳税所得额：适用于能够正确核算经费支出总额，但不能正确核算收入总额和成本费用的非居民企业。计算公式如下：

$$应纳税所得额＝经费支出总额÷（1－核定利润率）×核定利润率$$

（4）非居民企业的利润率

税务机关可以按照以下标准确定非居民企业的利润率：

① 从事承包工程作业、设计和咨询劳务的，利润率为15%～30%。

② 从事管理服务的，利润率为30%～50%。

③ 从事其他劳务或劳务以外经营活动的，利润率不低于15%。

税务机关有根据认为非居民企业的实际利润率明显高于上述标准的，可以按照比上述标准更高的利润率核定其应纳税所得额。

（5）非居民企业与中国居民企业签订机器设备或货物销售合同，同时提供设备安装、装配、技术培训、指导、监督服务等劳务，其销售货物合同中未列明提供上述劳务服务收费金额，或者计价不合理的，主管税务机关可以根据实际情况，参照相同或相近业务的计价标准核定劳务收入。无参照标准的，以不低于销售货物合同总价款的10%为原则，确定非居民企业的劳务收入。

（6）采取核定征收方式征收企业所得税的居民企业，在中国境内从事适用不同核定利润率的经营活动，并取得应税所得的，应分别核算并适用相应的利润率计算缴纳企业所得税；凡不能分别核算的，应从高适用利润率，计算缴纳企业所得税。

6.9 税收优惠

税收优惠是国家根据税收法律及其相关规定对某一部分特殊企业和课税对象给予减轻或免除税收负担的一种措施。企业所得税的税收优惠方式包括免税、减税、加计扣除、加速折旧、减计收入、税额抵免等。

6.9.1 免征与减征优惠

企业取得的下列所得，可以免征、减征企业所得税。企业如果从事国家限制和禁止发展的项目，不得享受企业所得税优惠。

1. 从事农、林、牧、渔业项目的所得

企业从事农、林、牧、渔业项目的所得，有免征与减征优惠，具体规定如下。

（1）企业从事下列农、林、牧、渔业项目的所得，免征企业所得税

① 蔬菜、谷物、薯类、油料、豆类、棉花、麻类、糖料、水果、坚果的种植；

② 农作物新品种的选育；

③ 中药材的种植；

④ 林木的培育和种植；

⑤ 牲畜、家禽的饲养；

⑥ 林产品的采集；

⑦ 灌溉、农产品初加工、兽医、农技推广，农机作业和维修等农、林、牧、渔服务业项目；

⑧ 远洋捕捞。

（2）企业从事下列项目的所得，减半征收企业所得税

① 花卉、茶以及其他饮料作物和香料作物的种植；

② 海水养殖、内陆养殖。

2. 从事国家重点扶持的公共基础设施项目投资经营的所得

企业所得税法所称国家重点扶持的公共基础设施项目，是指《公共基础设施项目企业所得税优惠目录》中规定的港口码头、机场、铁路、公路、电力、水利等项目。

（1）企业从事国家重点扶持的公共基础设施项目投资经营的所得，自项目取得第一笔生产经营收入所属纳税年度起，第 1 年至第 3 年免征企业所得税，第 4 年至第 6 年减半征收企业所得税。

（2）企业承包经营、承包建设和内部自建自用以上项目，不得享受企业所得税优惠。

（3）企业投资经营符合《公共基础设施项目企业所得税优惠目录》规定条件和标准的公共基础设施项目，采用一次核准、分批次（如码头、泊位、航站楼、跑道、路段、发电机组等）建设的，凡同时符合以下条件的，可按每一批次为单位计算所得，并享受企业所得税"三免三减半"优惠。

3. 从事符合条件的环境保护、节能节水项目的所得

企业从事前款规定的符合条件的环境保护、节能节水项目的所得，自项目取得第一笔生产经营收入所属纳税年度起，第 1 年至第 3 年免征企业所得税，第 4 年至第 6 年减半征收企业所得税。

所称符合条件的环境保护、节能节水项目，包括公共污水处理、公共垃圾处理、沼气综合开发利用、节能减排技术改造、海水淡化等。

按照规定享受减免税优惠的项目，在减免期限内转让的，受让方自受让之日起，可以在剩余期限内享受规定的减免税优惠；减免期限届满后转让的，受让方不得就该项目重复享受减免税优惠。

4. 符合条件的技术转让所得

在一个纳税年度内，居民企业技术转让所得不超过 500 万元的部分，免征企业所得税；超过 500 万元的部分，减半征收企业所得税。

技术转让的范围，包括居民企业转让专利技术、计算机软件著作权、集成电路布图设计权、植物新品种、生物医药新品种、5 年（含）以上非独占许可使用权，以及财政部和国家税务总局确定的其他技术。

技术转让所得＝技术转让收入－技术转让成本－相关税费

或　　技术转让所得＝技术转让收入－无形资产摊销费用－相关税费－应分摊期间费用

享受减免企业所得税优惠的技术转让应符合以下条件：

（1）享受优惠的技术转让主体是企业所得税法规定的居民企业；

（2）技术转让属于财政部、国家税务总局规定的范围；

（3）境内技术转让经省级以上科技部门认定；

（4）向境外转让技术经省级以上商务部门认定；

（5）国务院税务主管部门规定的其他条件。

6.9.2 小型微利与高新技术企业优惠

1. 小型微利企业的税收优惠

按照相关规定，2019 年 1 月 1 日至 2021 年 12 月 31 日，对小型微利企业年应纳税所得额不超过 100 万元的部分，减按 25%计入应纳税所得额，按 20%的税率缴纳企业所得税；对年应纳税所得额超过 100 万元但不超过 300 万元的部分，减按 50%计入应纳税所得额，按 20%的税率缴纳企业所得税。

小型微利企业是指从事国家非限制和禁止行业，且同时符合年度应纳税所得额不超过 300 万元、从业人数不超过 300 人、资产总额不超过 5 000 万元等三个条件的企业。

2. 高新技术企业优惠

国家需要重点扶持的高新技术企业，减按 15%的税率征收企业所得税。国家需要重点扶持的高新技术企业是指拥有核心自主知识产权，并同时符合下列条件的企业。

（1）企业申请认定时已注册成立一年以上。

（2）企业获得通过自主研发、受让、受赠、并购等方式，获得对其主要产品（服务）在技术上发挥核心支持作用的自主知识产权的所有权。

高新技术企业所得
税优惠政策

（3）企业主要产品（服务）发挥核心支持作用的技术属于《国家重点支持的高新技术领域》规定的范围。

（4）企业近 3 个会计年度的研究开发费用总额占销售收入总额的比例符合以下要求：

① 最近一年销售收入小于 5 000 万元的企业，比例不低于 5%；

② 最近一年销售收入在 5 000 万元至 2 亿元（含）的企业，比例不低于 4%；

③ 最近一年销售收入在 20 000 亿元以上的企业，比例不低于 3%。

其中，企业在中国境内发生的研究开发费用总额占全部研究开发费用总额的比例不低于 60%。企业注册成立时间不足 3 年的，按实际经营年限计算。

（5）近一年高新技术产品（服务）收入占企业同期总收入的比例不低于 60%。

（6）企业的创新能力评价达到相应要求。

（7）企业申请认定前一年内未发生重大安全、重大质量事故或严重环境违法行为。

6.9.3 加计扣除优惠

企业的下列支出，可以在计算应纳税所得额时加计扣除。

1. 一般企业研究开发费

研究开发费，未形成无形资产计入当期损益的，在按照规定据实扣除的基础上，按照研究开发费用的 50%加计扣除；形成无形资产的，按照无形资产成本的 150%摊销。

在 2018 年 1 月 1 日至 2020 年 12 月 31 日期间，企业开展研发活动中实际发生的研发费用，未形成无形资产计入当期损益的，在按规定据实扣除的基础上，再按照实际发生额的 75%在税前加计扣除；形成无形资产的，在上述期间按照无形资产成本的 175%在税前摊销。

可以加计扣除的研究开发费用包括：

（1）人员人工费用

人员人工费用是指直接从事研发活动人员的工资薪金、基本养老保险费、基本医疗保险费、失业保险费、工伤保险费、生育保险费和住房公积金，以及外聘研发按人员的劳务费用。

（2）直接投入费用

直接投入费用指研发活动直接消耗的材料、燃料和动力费用；用于中间试验和产品试制的模具、工艺装备开发及制造费，不构成固定资产的样品、样机及一般测试手段购置费，试制产品的检验费；用于研发活动的仪器、设备的运行维护、调整、检验等费用，以及通过经营租赁方式租入的用于研发活动的仪器、设备租赁费。

（3）用于研发活动的仪器、设备的折旧费。

（4）用于研发活动的软件、专利权、非专利技术等无形资产的摊销费用。

（5）新产品设计费、新工艺规程制定费、新药研制的临床试验费、勘探开发技术的现场试验过程中发生的与开展该项活动有关的各类费用。

（6）其他相关费用

其他相关费用指与研发活动直接相关的其他费用，如技术图书资料费、资料翻译费、专家咨询费、高新科技研发保险费、研发成果的检索、分析、评议、论证、评审、评估、验收费用，知识产权的申请费，差旅费、会议费、职工福利费、补充养老保险费、补充医疗保险费。

此类费用总额不得超过可加计扣除费用总额的 10%。

2. 企业安置残疾人员所支付的工资

企业安置残疾人员所支付的工资的加计扣除，是指企业安置残疾人员的，在按照支付给残疾职工工资据实扣除的基础上，按照支付给残疾职工工资的 100%加计扣除。残疾人员的范围适用《中华人民共和国残疾人保障法》的有关规定。

6.9.4 其他税收优惠

1. 创业投资企业优惠

企业从事国家需要重点扶持和鼓励的创业投资，可以按投资额的一定比例抵扣应纳税所得额。

创业投资企业采取股权投资方式投资于未上市的中小高新技术企业 2 年以上的，可以按照其投资额的 70%在股权持有满 2 年的当年抵扣该创业投资企业的应纳税所得额；当年不足抵扣的，可以在以后纳税年度结转抵扣。所称中小高新技术企业是指企业职工人数不超过 500 人、年销售收入不超过 2 亿元、资产总额不超过 2 亿元的高新技术企业。

【例6-13】 上海某企业2018年1月1日向深圳某未上市的中小高新技术企业投资300万元，股权持有到2020年12月31日。则上海的投资企业在2019年可以在应纳税所得额前抵扣210万元。

2. 加速折旧优惠

企业的固定资产由于技术进步等原因，确须加速折旧的，可以缩短折旧年限或者采取加速折旧的方法。

（1）一般规定

① 由于技术进步，产品更新换代较快的固定资产；

② 常年处于强震动、高腐蚀状态的固定资产。

采取缩短折旧年限方法的，最低折旧年限不得低于税法规定折旧年限的 60%，采取加速折旧方法的，可以采取双倍余额递减法或者年数总和法。

（2）生物药品制造等行业的特殊规定

① 对生物药品制造业，专用设备制造业，铁路、船舶、航空航天和其他运输设备制造业，计算机、通信和其他电子设备制造业，仪器仪表制造业，信息传输、软件和信息技术服务业 6 个行业的企业，2014 年 1 月 1 日后新购进的固定资产，可缩短折旧年限或采取加速折旧的方法。

对上述行业的小型微利企业自 2014 年 1 月 1 日后新购进的研发和生产经营共用的仪器、设备，单位价值不超过 100 万元的，允许一次性计入当期成本费用，并在计算应纳税所得额时扣除，不再分年度计算折旧；单位价值超过 100 万元的，可缩短折旧年限或采取加速折旧的方法。

② 对所有行业企业自 2014 年 1 月 1 日后新购进的专门用于研发的仪器、设备，单位价值不超过 100 万元的，允许一次性计入当期成本费用，并在计算应纳税所得额时扣除；单位价值超过 100 万元的，可缩短折旧年限或采取加速折旧的方法。

③ 对所有行业企业持有的单位价值不超过 5 000 元的固定资产，允许一次性计入当期成本费用，并在计算应纳税所得额时扣除，不再分年度计算折旧。

（3）轻工、纺织等行业的特殊规定

① 对轻工、纺织、机械、汽车四个领域重要行业（以下简称四个领域重点行业）企业自 2015 年 1 月 1 日后新购进的固定资产（包括自行建造），允许缩短折旧年限或采取加速折旧方法。

四个领域重要行业企业在固定资产投入使用当年，主营业务收入占收入总额比例超过 50%（不含）的，即可享受加速折旧。

② 对四个领域重点行业的小型微利企业自 2015 年 1 月 1 日后新购进的研发和生产经营共用的仪器、设备，单位价值不超过 100 万元（含）的，允许一次性计入当期成本费用，并在计算应纳税所得额时扣除，不再分年度计算折旧；单位价值超过 100 万元的，可缩短折旧年限或采取加速折旧的方法。

3. 减计收入优惠

企业综合利用资源，生产符合国家产业政策规定的产品所取得的收入，可以在计算应纳税所得额时减计收入。

综合利用资源，是指企业以《资源综合利用企业所得税优惠目录》规定的资源作为主要原材料，生产国家非限制和禁止并符合国家和行业相关标准的产品取得的收入，减按 90%计入收入总额。所称原材料占生产产品材料的比例不得低于《资源综合利用企业所得税优惠目录》规定的标准。

4. 税额抵免优惠

企业购置用于环境保护、节能节水、安全生产等专用设备的投资额，可以按一定比例实行税额抵免。

企业购置并实际使用《环境保护专用企业所得税优惠目录》《节能节水专用设备企业所得税优惠目录》和《安全生产专用设备企业所得税优惠目录》规定的环境保护、节能节水、安全生产等专用设备的，该专用设备的投资额的 10%可以从企业当年的应纳税额中抵免，当年不足抵免的，可以在以后 5 个纳税年度结转抵免。

享受规定的企业所得税优惠的企业，应当实际购置并自身实际投入使用前款规定的专用设备；企业购置上述专用设备在 5 年内转让、出租的，应当停止享受企业所得税优惠，并补缴已经抵免的企业所得税税款。转让的受让方可以按照该专用设备投资额的 10%抵免当年企业所得税应纳税额；当年应纳税额不足抵免的，可以在以后 5 个纳税年度结转抵免。

5. 民族自治地方的优惠

民族自治地方的自治机关对本民族自治地方的企业应缴纳的企业所得税中属于地方分享的部分，可以决定减征或者免征。自治州、自治县决定减征或者免征的，须报省、自治区、直辖市人民政府批准。

所称民族自治地方，是指依照《中华人民共和国民族区域自治法》的规定，实行民族区域自治的自治区、自治州、自治县。

对民族自治地方内国家限制和禁止行业的企业，不得减征或者免征企业所得税。

6. 特殊行业优惠

（1）节能服务公司的税收优惠政策

自 2011 年 1 月 1 日起，对符合条件的节能服务公司实施合同能源管理项目，符合企业所得税税法有关规定的，自项目取得第一笔生产经营收入所属纳税年度起，第 1 年至第 3 年免征企业所得税，第 4 年至第 6 年按照 25%的法定税率减半征收企业所得税。

（2）电网企业电网新建项目的税收优惠

居民企业从事符合《公共基础设施项目企业所得税优惠目录（2008 年版）》规定条件和标准的电网（输变电设施）的新建项目，可依法享受"三免三减半"的企业所得税优惠政策。基于企业电网新建项目的核算特点，暂以企业新增输变电固定资产原值占企业总输变电固定资产原值的比例，合理计算电网新建项目的应纳税所得额，并据此享受"三免三减半"的企业所得税优惠政策。

（3）证券投资基金税收优惠

对证券投资基金从证券市场取得的收入，包括买卖股票、债权的差价收入，股权的股息、红利收入，债券的利息收入及其他收入，暂不征收企业所得税。

对证券投资基金管理人运用基金买卖股票、债券的差价收入，暂不征收企业所得税。对投资者从证券投资基金分配中取得的收入，暂不征收企业所得税。

（4）软件产业和集成电路产业税收优惠

① 集成电路线宽小于 0.8 微米（含）的集成电路生产企业，经认定后，在 2017 年 12 月 31 日前自获利年度起计算优惠期，第一年至第二年免征企业所得税，第三年至第五年按照 25%的法定税率减半征收企业所得税，并享受至期满为止。

② 集成电路线宽小于 0.25 微米或投资额超过 80 亿元的集成电路生产企业，经认定后，减按 15%的税率征收企业所得税，其中经营期在 15 年以上的，在 2017 年 12 月 31 日前自获利年度起计算优惠期，第一年至第五年免征企业所得税，第六年至第十年按照 25%的法定税率减半征收企业所得税，并享受至期满为止。

③ 我国境内新办的集成电路设计企业和符合条件的软件企业，经认定后，在 2017 年 12 月 31 日前自获利年度起计算优惠期，第一年至第二年免征企业所得税，第三年至第五年按照 25%的法定税率减半征收企业所得税，并享受至期满为止。

软件企业的获利年度，是指软件企业开始生产经营后，第一个应纳税所得额大于零的纳税年度，包括对企业所得税实行核定征收方式的纳税年度。软件企业享受定期减免税优惠的期限应当连续计算，不得因中间发生亏损或其他原因而间断。

④ 国家规划布局内的重点软件企业和集成电路设计企业，如当年未享受免税优惠，可减按10%的税率征收企业所得税。

7. 非居民企业优惠

非居民企业减按 10%的税率征收企业所得税。这里的非居民企业，是指在中国境内未设立机构、场所的，或者虽设立机构、场所但取得的所得与其所设机构、场所没有实际联系的企业。该类非居民企业取得的下列所得免征企业所得税。

（1）外国政府向中国政府提供贷款取得的利息所得。

（2）国际金融组织向中国政府和居民企业提供优惠贷款取得的利息所得。

（3）经国务院批准的其他所得。

8. 其他优惠

西部大开发的税收优惠。西部大开发的税收优惠适用范围包括重庆市、四川省、贵州省、云南省、西藏自治区、陕西省、甘肃省、宁夏回族自治区、青海省、新疆维吾尔自治区、新疆生产建设兵团、内蒙古自治区和广西壮族自治区（统称为西部地区）。湖南省湘西土家族苗族自治州、湖北省恩施土家族苗族自治州、吉林省延边朝鲜族自治州，可以比照西部地区的税收政策执行。主要优惠政策如下。

① 自 2011 年 1 月 1 日至 2020 年 12 月 31 日，对设在西部地区的鼓励类产业企业减按 15%的税率征收企业所得税。鼓励类产业企业是指以《西部地区鼓励类产业目录》中规定的产业项目为主营业务，且其主营业务收入占企业收入总额 70%以上的企业。

② 对在西部地区新办交通、电力、水利、广播电视的企业，上述项目业务收入占企业收入总额 70%以上的内资企业，自开始生产经营之日起，第 1 年至第 2 年免征企业所得税，第 3 年至第 5 年按 15%税率计算出应纳所得税额后减半企业所得税。

③ 对实行汇总（合并）纳税的企业，应当将西部地区的成员企业与西部地区以外的成员企业分开，分别汇总（合并）申报纳税，分别适用税率。

6.10 | 征收管理

6.10.1 纳税地点

除税收法律、行政法规另有规定外，居民企业以企业登记注册地为纳税地点，但登记注册地在境外的，以实际管理机构所在地为纳税地点。企业登记注册地，是指企业依照国家有关规定登记注册的住所地。

（1）居民企业在中国境内设立不具有法人资格的营业机构的，应当汇总计算并缴纳企业所得税。

（2）非居民企业在中国境内设立机构、场所的，应当就其所设机构、场所所取得的来源于中国境内的所得，以及发生在中国境外但与其所设机构、场所有实际联系的所得纳税，并以机构、场所所在地为纳税地点。非居民企业在中国境内设立两个或者两个以上机构、场所的，经税务机关审核批准，可以选择由其主要机构、场所汇总缴纳企业所得税。

（3）非居民企业在中国境内未设立机构、场所的，或者虽设立机构、场所但取得的所得与其所设机构、场所没有实际联系的所得，以扣缴义务人所在地为纳税地点。

除国务院另有规定外，企业之间不得合并缴纳企业所得税。

6.10.2　纳税期限

1. 纳税年度

企业所得税按纳税年度计算，分月或者分季预缴，年终汇算清缴，多退少补。

企业所得税的纳税年度是自公历 1 月 1 日起至 12 月 31 日止。企业在 1 个纳税年度中间开业，或者终止经营活动，即该纳税年度的实际经营期不足 12 个月的，应该以其实际经营期为 1 个纳税年度。

企业依法清算时，应当以清算期间作为 1 个纳税年度。

2. 税款缴纳

企业应当自当月或者季度终了之日起 15 日内，向税务机关报送预缴企业所得税申报表，预缴税款。

企业应当自年度终了之日起 5 个月内，向税务机关报送年度企业所得税纳税申报表，并汇算清缴，结清应缴应退税款。企业在报送企业所得税纳税申报表时，应按照规定附送财务会计报告和其他有关资料。

3. 纳税申报

企业应当在办理注销登记前，就其清算所得向税务机关申报并依法缴纳企业所得税。

企业所得税以人民币计算。如果企业所得以人民币以外的货币计算的，应当折合为人民币计算应纳税所得额。

企业在纳税年度内无论盈利或者亏损，都应当依照企业所得税法规定的期限，向税务机关报送预缴企业所得税纳税申报表、年度企业所得税纳税申报表、财务会计报告和税务机关规定应当报送的其他相关资料。

思考与练习

一、辨析题

1. 企业取得的非货币形式收入，应当按照公允价值确定收入额。（　　）

2. 企业发生资产盘亏、报废、毁损净损失，应减除责任人的赔偿和保险赔款后的余额，准予扣除。（　　）

3. 企业之间支付的管理费、企业内营业机构之间支付的租金和特许权使用费，以及非银行企业内营业机构之间支付的利息，不得扣除。（　　）

4. 企业当年发生的职工教育经费、广告费超过扣除限额的，准予结转至以后纳税年度继续扣除。（　　）

5. 在中国境内设立机构、场所的非居民企业从居民企业取得与该机构、场所有实际联系的股息、红利等权益性投资收益，属于征税收入，应征收企业所得税。（　　）

6. 外购生产性生物资产，以购买价款和支付的相关税费为计税基础。（　　）

7. 企业应当从固定资产使用月份的当月起计算折旧；停止使用的固定资产，应当从停止使用月份的当月起停止计算折旧。（　　）

8. 企业为职工购买的商业医疗健康保险可以从收入中扣除。（　　）

9. 企业以融资租赁方式租入固定资产发生的租赁费支出，按照租赁期均匀扣除。（　　）

10. 房屋、建筑物以外未投入使用的固定资产不得提取折旧。（　　）

11. 企业发生的亏损，可以用下一纳税年度的所得弥补；下一纳税年度的所得不足弥补的，可以逐年延续弥补，但是延续弥补期最长不得超过5年。（　　）

12. 企业为开发新技术、新产品、新工艺发生的研究开发费用，形成无形资产的，按照无形资产成本的150%摊销。（　　）

13. 创业投资企业采取股权投资方式投资于高新技术企业2年以上的，可以按照其投资额的70%在股权持有满2年的当年抵扣该创业投资企业的应纳税所得额；当年不足抵扣的，可以在以后纳税年度结转抵扣。（　　）

14. 企业从事花卉、茶以及其他饮料作物和香料作物的种植取得的所得，减半征收企业所得税。（　　）

15. 企业应当自年度终了之日起4个月内，向税务相关报送年度企业所得税纳税申报表，并汇算清缴，结清应缴应退税款。（　　）

二、综合计算题

1. 甲公司2018年成立并开业，2018年全年取得营运收入692万元，取得交易方违约罚款收入18万元。当年各项营运成本及费用支出460万元（不含工资、福利等），缴纳除增值税以外的可扣除税金22.84万元。该公司有职工60人，当年列支工资总额140万元，当年实际发生职工工会经费3万元、职工福利费20万元、职工教育经费3万元，支付财产保险费和运输保险费共计15万元，因运输事故损失40万元，得到保险公司赔偿22万元。

要求：（1）计算该企业所得税前可扣除的费用合计；

　　　（2）计算该企业应纳税所得额；

　　　（3）计算该企业应纳的所得税税额。

2. 某制造企业2018年产品销售收入3 000万元，销售成本1 500万元，销售税金及附加12万元；销售费用200万元，其中广告费100万元；管理费用500万元，其中招待费20万元，办公室房租36万元（当年9月1日起租用办公室，支付2年房租36万元），存货跌价准备2万元；投资收益31万元（包括国债利息6万元、从国内联营企业分回的税后利润34万元），营业外支出10.5万元，系违反购销合同被供货方处以的违约罚款。企业已预缴税款190万元。

要求：（1）计算该企业所得税前可扣除的销售费用；

　　　（2）计算该企业所得税前可扣除的管理费用；

　　　（3）计算该企业应纳税所得额；

　　　（4）计算该企业应纳所得税税额；及应补（退）的所得税税额。

3. 某工业企业，2018年度生产经营情况如下：

（1）销售收入4 500万元，其他业务收入300万元；

（2）销售成本2 000万元；增值税700万元，销售税金及附加80万元；

（3）销售费用1 500万元，其中含广告费800万元、业务宣传费20万元；

（4）管理费用500万元，其中含业务招待费50万元、研发新产品费用40万元；

（5）财务费用80万元，其中含向非金融机构借款1年的利息50万元，年息10%（银行同期同类贷款利率6%）；

（6）营业外支出30万元，其中含向供货商支付违约金5万元，接受工商局罚款1万元，通过政府部门向灾区捐赠20万元；

（7）企业已预缴企业所得税157万元。

要求：（1）2018年度的会计利润；

（2）2018年度的应纳税所得额；

（3）2018年度应纳企业所得税额及2018年度应补（退）的所得税额。

第7章

个人所得税

个人所得税历史悠久，由于具有个人收入分配调节功能，较好地体现了税收的公平原则，因此，世界上大多数国家都开征了个人所得税。世界各国实行的个人所得税一般有三种，即分类所得税制、综合所得税制和混合所得税制。分类所得税制具有课税简便，能够进行源泉控制，有效地防止偷漏税的优点。综合所得税制最能体现纳税人的实际负担水平，公平税负，但征税成本较高，不便实行源泉扣缴。混合所得税制是将个人部分所得分类征收，部分所得合并综合征收，是将前两种模式相结合的一种过渡征收模式。

7.1 税种设置

7.1.1 个人所得税概述

个人所得税于 1799 年由英国首先开征。第二次世界大战后，个人所得税得到较为充分的发展，目前已成为现代政府公平社会财富分配、组织财政收入、调节经济运行的重要手段，并成为大多数发达国家的主体税种。

我国的个人所得税也伴随着经济环境的改变而不断发展和完善。早在 1950 年中央人民政府政务院公布的《全国税政实施要则》中就列举了对个人所得课税的税种，即薪给报酬所得税和存款利息所得税。然而，由于当时我国生产力水平低，人均收入低，所以，薪给报酬所得税并未开征。在此后的 20 多年里，我国税收体系中没有再设置对个人所得征收的税种。

伴随着社会经济的发展，为适应建立市场经济体制的要求，1993 年 10 月 31 日，第八届全国人民代表大会常务委员会第九次会议通过了关于修改《中华人民共和国个人所得税法》（以下简称《个人所得税法》）的决定，同时公布了修改后的《个人所得税法》，并自 1994 年 1 月 1 日起施行。随后《个人所得税法》还进行了多次修改，2018 年 8 月 31 日个人所得进行了第七次的修改，修订后的个人所得税法于 2019 年 1 月 1 日起执行。

个人所得税
改革展望

7.1.2 个人所得税的作用与特点

1. 个人所得税的作用

个人所得税作为一个重要的税种，发挥着增加财政收入、调节收入公平分配等重要作用。

（1）增加财政收入

个人所得税的征税对象是个人取得的各项所得，意味着只要有所得就要缴纳个人所得税，由此可以看出，个人所得税的税基广阔。这也是众多国家选取个人所得税作为主要税种的原因之一，其税收收入成为财政收入的重要来源。特别是随着经济发展水平的提高，个人取得的所得种类增加，数额提高，必然使税收收入不断增加。我国的个人所得税收入近几年持续增长，占全部税收收入的比重不断提高，随着居民收入水平的稳步增长，个人所得税最终将成为我国的主体税种之一，成为我国财政收入的重要途径之一。

（2）调节收入分配

税收的调控功能体现在个人所得税方面，即调节收入分配，促进社会公平。市场经济的发展过程中，必然会出现收入分配的差距，这种差距应该通过税收的方式进行调节，从而避免由于差距过大而引起的社会矛盾。个人所得税一般会采取累进税率的模式，在此模式下，随着个人收入的增加，适用的税率也随之提高，这样做就使高收入者按照较高税率征税，缴纳较多税收，低收入者则按照较低税率征税，缴纳较少税收，从而缩小高收入者与低收入者之间的收入差距。

2. 个人所得税的特点

经过修订后的个人所得税具有以下特点。

（1）采用两种征收模式

我国个人所得税一直采用的是分类所得税制，即将个人取得的各种所得划分为不同类别，分别适用不同的费用减除规定和高低不等的税率及优惠办法。2018 年个人所得税法修订中，将个人工资薪金所得、劳务报酬所得、稿酬所得、特许权使用费合并为一项，即按综合所得项目征收。由分类所得税制改为采用分类与综合相结合的混合所得税制征税方式，一方面有利于采用源泉扣缴法，方便征纳双方，另一方面体现了税收的公平性。

（2）并用两种税率模式

由于个人所得税制征收模式不同，一般采用税率也不同，分类所得税制一般采用比例税率，而综合所得税制通常采用累进税率。我国现行的个人所得税采取累进税率与比例税率两种税率形式。对综合所得项目采用七级超额累进税率；经营所得项目采用五级超额累进税率；财产租赁所得、财产转让所得、特许权使用费所得、利息、股息、红利所得及偶然所得等采用比例税率计算应纳税额。

7.2 纳税义务人

个人所得税是以自然人取得的各类应税所得为征税对象而征收的一种所得税，因此纳税人主要是个人以及具有自然人性质的企业。我国个人所得税的纳税人，包括中国公民、个体工商业户、个人独资企业、合伙企业投资者、在中国有所得的外籍人员（包括无国籍人员，下同）和港澳台同胞。按照《个人所得税法》的规定，根据住所标准和居住时间标准将上述纳税人分为两类，即居民纳税人和非居民纳税人，且不同的纳税人负有不同的纳税义务。

个人所得税纳税人
的新变化

7.2.1 居民纳税人

《个人所得税法》中的居民纳税人，是指在中国境内有住所，或者无住所而在中国境内居住满 183 天的个人。这意味着判断纳税人是否为我国居民纳税人的标准有两个。

标准一：在中国境内有住所

居民纳税人的标准一是在中国境内有住所的个人，具体是指因户籍、家庭、经济利益关系，而在中国境内习惯性居住的个人。这里所说的习惯性居住并不是指实际居住或在某一个特定时期内的居住地，而是指个人因学习、工作、探亲等多种原因消除之后，没有理由在其他地方继续居留时所要回到的地方。例如，某一个纳税人因工作原因，一直在中国境外居住，但是当工作结束之后，如果必须回到中国境内居住，则中国为该人的习惯性居住地。尽管该纳税义务人可能连续几个纳税年度，都未在中国境内居住过一天，但他仍然是中国的居民纳税义务人，应就其来自境内、境外的全部应纳税所得，向中国缴纳个人所得税。

标准二：在中国境内居住满 183 天

居民纳税人的标准二是在中国境内无住所但一个纳税年度内在中国境内居住累计满 183 天的个人，纳税年度是自公历 1 月 1 日起至 12 月 31 日止。

只要纳税人符合两个标准中的任意一条，即属于我国的居民纳税人。居民纳税人应承担无限纳税义务，就其来源于中国境内、境外的全部所得缴纳个人所得税。

7.2.2 非居民纳税人

《个人所得税法》中的非居民纳税人，是指在中国境内无住所又不居住，或者无住所且在一个纳税年度内在境内居住不满 183 天的个人。对于非居民纳税人也有两个判断标准：一是在中国境内无住所又不居住；二是在中国境内无住所且在一个纳税年度内在境内居住不满 183 天。在两个标准中只要符合其中一条，即属于非居民纳税人。非居民纳税人只承担有限纳税义务，仅就其来源于中国境内的所得缴纳个人所得税。

7.3 所得来源地的确定

所得来源地与支付地是两个不同的概念，两者在某些情况下可能是相同的，某些情况下则不同。下列所得，不论支付地点是否在中国境内，均为来源于中国境内的所得。

（1）因任职、受雇、履约等而在中国境内提供劳务取得的所得。

（2）将财产出租给承租人在中国境内使用取得的所得。

（3）转让中国境内的不动产等财产或者在中国境内转让其他财产取得的所得。

（4）许可各种特许权在中国境内使用而取得的所得。

（5）从中国境内的公司、企业或者其他经济组织及个人取得的利息、股息、红利所得。

来源于中国境内的所得应当按照规定，缴纳个人所得税。对于在中国境内无住所的个人，在中国境内居住累计满 183 天的年度连续不满六年的，经向主管税务机关备案，其来源于中国境外且由境外单位或者个人支付的所得，免予缴纳个人所得税；在中国境内居住累计满 183 天的任一年度中有一次离境超过 30 天的，其在中国境内居住累计满 183 天的年度的连续年限重新起算。

在中国境内无住所的个人，在一个纳税年度内在中国境内居住累计不超过 90 天的，其来源于中国境内的所得，由境外雇主支付并且不由该雇主在中国境内的机构、场所负担的部分，免予缴纳个人所得税。

7.4 征税范围

个人所得税的课税对象是纳税人取得的各项应税所得,我国现行个人所得税列举了以下所得为应税所得。

7.4.1 综合所得

按照"逐步建立综合与分类相结合的个人所得税制"的要求,结合我国现行税收征管能力和配套条件,自 2019 年起,工资、薪金所得,劳务报酬所得,稿酬所得和特许权使用费所得纳入综合征税范围,适用统一的超额累进税率,居民个人按年合并计算个人所得税,非居民个人按月或者按次分项计算个人所得税。

1. 工资、薪金所得

工资、薪金所得是指个人因任职或者受雇而取得的工资、薪金、奖金、年终加薪、劳动分红、津贴、补贴以及与任职或者受雇有关的其他所得。

工资、薪金所得属于非独立个人劳动所得。所谓非独立个人劳动,是指个人从事的由他人指定、安排并接受管理的劳动。工作或服务于公司、工厂、行政、事业单位的人员(私营企业主除外)均为非独立劳动者,他们从上述单位取得的劳动报酬,是以工资、薪金的形式体现的。

除工资、薪金以外,奖金、年终加薪、劳动分红、津贴也被确定为工资、薪金范畴。其中,年终加薪、劳动分红不分种类和取得情况一律按工资、薪金所得课税,津贴、补贴等则有例外。目前,我国个人收入构成中的一些不属于工资、薪金性质的补贴、津贴不予征税。这些项目包括:

(1)独生子女补贴;

(2)执行公务员工资制度未纳入基本工资总额的补贴、津贴差额和家属成员的副食补贴;

(3)托儿补助;

(4)差旅费津贴、误餐补助。这里的误餐补助是指按照财政部规定,个人因公在城区、郊区工作,不能在工作单位或返回就餐的,根据实际误餐顿数,按规定标准领取的误餐费。单位以误餐补助名义发给职工的补助、津贴不能包括在内。

2. 劳务报酬所得

劳务报酬所得,是指个人独立从事各种非雇佣的劳务所取得的所得。这些劳务有设计、装潢、安装、制图、化验、测试、医疗、法律、会计、咨询、讲学、新闻、广播、翻译、审稿、书画、雕刻、影视、录音、录像、演出、表演、广告、展览、技术服务、介绍服务、经纪服务、代办服务以及其他劳务取得的所得。

在实际工作中,劳务报酬所得与工资、薪金所得在某些情况下不易划分,这两项所得的区别主要在于:劳务报酬所得一般是个人独立从事各种技艺、提供各种劳务服务而获取的报酬;工资、薪金所得是个人在企事业单位、机关、团体、部队、学校以及其他组织中任职、受雇而得到的报酬,属于非独立个人的劳动。

3. 稿酬所得

稿酬所得,是指个人因其作品以图书、报刊形式出版、发表而取得的所得。对不以图书、报刊形式出版、发表的翻译、审稿、书画所得归为劳务报酬所得。将稿酬所得加以区分，主要是考虑到出版、发表的特殊性，作为智力创造性劳动，它对促进社会精神文明建设起到积极作用，应当给予鼓励，在税收上应区别于一般劳务报酬所得，实施优惠征收。

4. 特许权使用费所得

特许权使用费所得，是指个人提供专利权、商标权、著作权、非专利技术以及其他特许权的使用权取得的所得。对于提供著作权的使用权取得的所得不包括稿酬所得。具体解释如下。

（1）专利权是指由国家专利主管机关依法授予专利申请人或其权利继承人在一定期间内对某项发明创造在制造、使用和出售方面所享有的特殊权利。

（2）商标权是指商标经注册登记后，商标注册人在法律保护下独自享有的在某种商品或产品上使用特定的名称或图案的权利。

（3）著作权，即版权，是指作者对其创作的作品享有的各种权利，包括发表权、署名权、修改权和保护作品完整权等。

（4）非专利技术是指专有技术、技术秘密、技术诀窍，属于未公开的、处于保密状态的、可带来经济效益的先进技术或诀窍。

征税范围：综合所得

7.4.2 经营所得

经营所得是指：

（1）个体工商户从事生产、经营取得的所得，个人独资企业投资人、合伙企业的个人合伙人来源于境内注册的个人独资企业、合伙企业生产、经营的所得；

（2）个人依法从事办学、医疗、咨询以及其他有偿服务活动取得的所得；

（3）个人对企业、事业单位承包经营、承租经营以及转包、转租取得的所得；

（4）个人从事其他生产、经营活动取得的所得。

7.4.3 利息、股息、红利所得

利息、股息、红利所得，是指个人拥有债权、股权而取得的利息、股息、红利所得。

1. 利息、股息、红利所得的内涵

利息是指个人拥有债权而取得的所得，包括存款利息、发放贷款利息和购买各种债券的利息。按照规定，个人取得的利息所得，除国债和国家发行的金融债券利息外，都应当依法缴纳个人所得税。其中，国债利息是指个人持有中华人民共和国财政部发行的债券而取得的利息所得；国家发行的金融债券利息是指个人持有经国务院批准发行的金融债券而取得的利息。

股息、红利都是股东从股份公司的利润中取得的收益。其中，股息是指股份公司按固定的股息率和股东持有的股份数分派给股东的投资报酬；红利是指股份公司的企业分红，即将利润余额分配给普通股股东，普通股股东得到的这部分利润称为红利。

2. 利息、股息、红利所得的其他规定

除个人独资企业、合伙企业以外的其他企业的个人投资者，以企业资金为本人、家庭成员及其相关人员支付与企业生产经营无关的消费性支出以及购买汽车、住房等财产性支出，视为企业对个人投资者的红利分配，应按照"利息、股息、红利所得"项目征收个人所得税。企业的上述支出不得在所得税前扣除。

纳税年度内个人投资者从其投资企业（个人独资企业、合伙企业除外）借款、在该纳税年度终了后既不归还，又未用于企业生产经营的，其未归还的借款可视为企业对个人投资者的红利分配，应按照"利息、股息、红利所得"项目征收个人所得税。

7.4.4　财产租赁所得

财产租赁所得，是指个人出租不动产，包括建筑物、土地使用权，以及机器设备、车船、其他财产取得的所得。

个人取得的财产转租收入，也属于"财产租赁所得"的征税范围，由财产转租人缴纳个人所得税。

7.4.5　财产转让所得

财产转让所得，是指个人转让有价证券、股权、建筑物、土地使用权、机器设备、车船以及其他财产取得的所得。目前，我国对股票转让所得，暂不征收个人所得税。

在实际经营中，集体所有制企业在改制为股份企业时，对职工个人以股份形式取得的拥有所有权的企业量化资产，暂缓征收个人所得税；当个人将股份转让时，就其转让收入额，减除个人取得该股份时实际支付的费用和合理的转让费用后的余额，按"财产转让所得"项目计征个人所得税。

7.4.6　偶然所得

偶然所得是指个人得奖、中奖、中彩以及其他偶然性质的所得。这里的得奖是指参加各种有奖竞赛活动，取得名次和得到的奖金；中奖、中彩是指参加各种有奖活动，经过规定程序，抽中、摇中号码而取得的奖金。偶然所得应缴纳的个人所得税税款，一律由发奖单位或机构代扣代缴。

个人所得的形式，包括现金、实物、有价证券和其他形式的经济利益；所得为实物的，应当按照取得的凭证上所注明的价格计算应纳税所得额，无凭证的实物或者凭证上所注明的价格明显偏低的，参照市场价格核定应纳税所得额；所得为有价证券的，根据票面价格和市场价格核定应纳税所得额；所得为其他形式的经济利益的，参照市场价格核定应纳税所得额。

7.5　税率

个人所得税税率主要采用超额累进税率和比例税率两种形式。在个人所得税的应税项目中综合所得、经营所得项目实行超额累进税率，其他项目适用比例税率。

7.5.1　综合所得适用税率

综合所得项目适用七级超额累进税率，税率为3%～45%。税率如表7-1所示。

表 7-1 综合所得税率表

级数	全年应纳税所得额	税率（%）	速算扣除数
1	不超过 36 000 元的部分	3	0
2	超过 36 000 元至 144 000 元的部分	10	2 520
3	超过 144 000 元至 300 000 元的部分	20	16 920
4	超过 300 000 元至 420 000 元的部分	25	31 920
5	超过 420 000 元至 660 000 元的部分	30	52 920
6	超过 660 000 元至 960 000 元的部分	35	85 920
7	超过 960 000 元的部分	45	181 920

注：本表中的应税所得额是指居民个人取得综合所得以每一纳税年度收入额减除费用 6 万元以及专项扣除、专项附加扣除和依法确定的其他扣除后的余额。非居民个人取得综合所得依照本表按月换算后计算应纳税额。

7.5.2 经营所得适用税率

经营所得适用五级超额累进税率，税率为 5%～35%。税率如表 7-2 所示。

表 7-2 生产经营、承包承租经营所得税率表

级数	全年应纳税所得额	税率（%）	速算扣除数
1	不超过 30 000 元的部分	5	0
2	超过 30 000 元至 90 000 元的部分	10	1 500
3	超过 90 000 元至 300 000 元的部分	20	10 500
4	超过 300 000 元至 500 000 元的部分	25	40 500
5	超过 500 000 元的部分	30	65 500

注：本表中的应税所得额是指纳税人每一纳税年度的收入总额，减除成本、费用以及损失后的余额。

7.5.3 其他所得适用税率

根据现行《个人所得税法》规定，利息、股息、红利所得、财产租赁所得、财产转让所得和偶然所得均适用 20% 的比例税率。

7.6 应纳税额的计算

我国个人所得税采用分类课征，不同项目的应税所得额的确定方法有所不同。因此，计算各个项目的应纳个人所得税额，必须首先正确判断应税所得额。

7.6.1 综合所得应纳税额的计算

1. 居民个人综合所得应纳税额的计算

居民个人的综合所得应纳税额＝应税所得额×适用税率－速算扣除数

其中，应税所得额是以每一纳税年度的收入额减除费用 6 万元以及专项扣除、专项附加扣

除和依法确定的其他扣除后的余额，为应纳税所得额。计算公式为：

$$应税所得额＝年收入额－6万元－专项扣除－专项附加扣除－其他扣除$$

专项扣除，包括居民个人按照国家规定的范围和标准缴纳的基本养老保险、基本医疗保险、失业保险等社会保险费和住房公积金等；专项附加扣除，包括子女教育、继续教育、大病医疗、住房贷款利息或者住房租金、赡养老人等支出；其他扣除，包括个人缴付符合国家规定的企业年金、职业年金，个人购买符合国家规定的商业健康保险、税收递延型商业养老保险的支出，以及国务院规定可以扣除的其他项目。专项扣除、专项附加扣除和依法确定的其他扣除，以居民个人一个纳税年度的应纳税所得额为限额；一个纳税年度扣除不完的，不结转以后年度扣除。

国家税务总局制定了《个人所得税专项附加扣除操作办法（试行）》，自 2019 年 1 月 1 日起施行。专项附加扣除主要规定如下。

（1）子女教育费用

子女教育专项附加扣除包括子女学前教育阶段和学历教育阶段。子女学前教育阶段为子女年满 3 周岁当月至小学入学前一月。学历教育，为子女接受全日制学历教育入学的当月至全日制学历教育结束的当月，学历教育包括义务教育（小学、初中教育）、高中阶段教育（普通高中、中等职业、技工教育）和高等教育（大学专科、大学本科、硕士研究生、博士研究生教育）。子女教育专项附加扣除标准为每人一年 12 000 元，即 1 000 元每月，父母双方可选择在其中一方100%扣除，也可以双方各扣除 50%。

表 7-3 子女教育费用专项扣除

扣除项目	扣除条件	扣除标准		扣除比例	
		年度	月度	一方扣除	夫妻双方扣除
子女教育	学前教育	1.2 万/年	0.1 万/月	100%	50%
	义务教育				
	高中阶段教育				
	高等教育				

（2）继续教育费用

居民纳税人在中国境内接受学历（学位）继续教育，可享受每月 400 元的专项扣除，费用扣除时间为入学的当月至学历（学位）继续教育结束的当月，同一学历（学位）继续教育的扣除期限最长不得超过 48 个月。纳税人进行的职业资格继续教育、专业技术人员职业资格继续教育，可在取得相关证书的当年，一次性扣除 3 600 元的费用。接受本科及以下学历（学位）继续教育的纳税人，可选择本人扣除或由其父母进行扣除。

表 7-4 继续教育费用专项扣除

扣除项目	扣除条件	扣除标准		备注
		年度	月度	
继续教育	在中国境内接受学历（学位）继续教育期间	4 800 元/年	400 元/月	扣除期限最长不能超过 48 个月
	接受职业资格继续教育、专业技术人员职业资格继续教育的支出，可在取得相关证书的当年	3 600 元/年	/	
	接受本科及以下学历（学位）继续教育	4 800 元/年	400 元/月	可选择本人扣除或由其父母进行扣除

（3）住房贷款利息支出

居民纳税人在中国境内拥有首套住房贷款的，按照贷款合同约定开始还款的当月至贷款全部归还或贷款合同终止的当月，可享受每月1 000元，即12 000元/年的费用扣除，扣除期限最长不得超过240个月。

表7-5 住房贷款利息支出专项扣除

扣除项目	扣除条件	扣除标准		备注
		年度	月度	
住房贷款利息	发生的首套房住房贷款利息支出	1.2万/年	1 000元/月	扣除期限最长不能超过240个月
	夫妻双方婚前各自拥有首套住房，且发生了贷款利息支出			可选择在其中一方100%扣除，也可以双方各扣除50%

（4）住房租金支出

在中国境内没有住房，租房居住的居民纳税人可享受住房租金的专项扣除。扣除期限为租赁合同（协议）约定的房屋租赁期开始的当月至租赁期结束的当月。提前终止合同（协议）的，以实际租赁期限为准。住房租金专项扣除标准根据住房所在城市不同，标准不同，具体规定如表7-6所示。

表7-6 住房租金支出专项扣除

扣除项目	扣除条件	扣除标准		备注
		年度	月度	
住房租金	在直辖市、省会（首府）城市、计划单列市以及国务院确定的其他城市租房的	1.8万/年	1 500元/月	纳税人的配偶在纳税人的主要工作城市有自有住房的，视同纳税人在主要工作城市有自有住房
	除上述城市外市辖区户籍人口超过100万的城市	1.32万/年	1 100元/月	市辖区户籍人口，以国家统计局公布的数据为准
	除上述两项以外的其他城市	0.96万/年	800元/月	

（5）赡养老人支出

居民纳税人承担年满60周岁老人赡养义务，可享受赡养老人支出专项扣除，扣除标准为2 000元/月，即24 000元/年，扣除时间为被赡养人年满60周岁的当月至赡养义务终止的年末。被赡养人是指年满60岁的父母，以及子女均已去世的年满60岁祖父母、外祖父母。纳税人为独生子女和非独生子的扣除总额标准一样，非独生子女进行均摊或者是协商分摊，具体标准如表7-7所示。

表7-7 赡养老人支出专项扣除

扣除项目	扣除条件	扣除标准		备注
		年度	月度	
赡养老人	纳税人为独生子女的	2.4万/年	2 000元/月	赡养人均摊或者约定分摊，每人分摊的额度不能超过1 000元
	纳税人为非独生子女的	比例分摊	比例分摊	

（6）大病医疗支出

居民纳税人大病医疗支出专项扣除是指纳税人扣除医疗保险报销额度后个人负担累计超过15 000元，不超过80 000元限额内的支出，在医疗保障信息系统记录的医药费用实际支出当年进行扣除。扣除方式可选择由纳税人本人或配偶扣除，未成年子女发生的医药费用支出可选择由父母一方扣除。

【例7-1】 某居民纳税人李某2019年取得工资薪金、劳务报酬、稿酬收入18万元，专项扣除费用5.85万元，本年子女教育费用扣除额为1.2万元，赡养老人支出扣除1.2万元，住房贷款利息支出扣除1.2万元。计算李某2019年应纳个人所得税额。

应税所得额＝18－6－5.85－1.2－1.2－1.2＝2.55（万元）

应纳所得税额＝2.55×3%－0＝0.076 5（万元）

【例7-2】 某居民纳税人黄某为独生子女，2019年取得工资薪金、劳务报酬、特许权转让收入65万元，专项扣除费用35.85万元，本年子女教育费用扣除额为2.4万元，赡养老人支出扣除2.4万元。计算黄某2019年应纳个人所得税额。

应税所得额＝65－6－35.85－2.4－2.4＝18.35（万元）

应纳所得税额＝183 500×20%－16 920＝19 780（元）

2. 非居民个人四项所得应纳税额的计算

对于非居民个人来说，取得的工资、薪金所得，劳务报酬所得，稿酬所得和特许权使用费所得，按月或者按次分项计算个人所得税。劳务报酬所得、稿酬所得、特许权使用费所得，属于一次性收入的，以取得该项收入为一次；属于同一项目连续性收入的，以一个月内取得的收入为一次。应税所得税率适用按月换算后的综合所得税率表。

表7-8 按月换算后的综合所得税率表

级数	月应纳税所得额	税率（%）	速算扣除数
1	不超过3 000元的部分	3	0
2	超过3 000元至12 000元的部分	10	210
3	超过12 000元至25 000元的部分	20	1 410
4	超过25 000元至35 000元的部分	25	2 660
5	超过35 000元至55 000元的部分	30	4 410
6	超过55 000元至80 000元的部分	35	7 160
7	超过80 000元的部分	45	15 160

（1）工资、薪金所得应纳所得税额

应税所得额＝月工资、薪金收入－5 000

应纳个人所得税额＝月应税所得额×适用税率－速算扣除数

【例7-3】 在某大学进行短期交流的非居民纳税人约翰，2019年3月取得大学发放的工资总额20 000元人民币。计算约翰当月应缴纳的个人所得税额。

应税所得额＝20 000－5 000＝15 000（元）

应纳所得税额＝15 000×25%－2 660＝1 090（元）

（2）劳务报酬所得、稿酬所得、特许权使用费所得应纳所得税额

劳务报酬所得、稿酬所得、特许权使用费所得以每次收入减除百分之二十的费用后的余额为应纳税所得额。稿酬所得的应税所得额减按百分之七十计算。

应税所得额＝每次收入×（1－20%）

劳务报酬所得和特许权使用费所得应纳个人所得税额＝

应税所得额×适用税率－速算扣除数

稿酬所得应纳个人所得税额＝应税所得额×70%×适用税率－速算扣除数

【例7-4】　非居民纳税人彼得2019年4月在华进行技术指导，取得境内企业支付的劳务报酬50 000元人民币。计算彼得应缴纳的个人所得税额。

应税所得额＝50 000×（1－20%）＝40 000（元）

应纳个人所得税额＝40 000×30%－4 410＝7 590（元）

【例7-5】　非居民纳税人甲在中国境内出版著作一部，取得出版社支付的稿酬23 500元，计算甲应纳个人所得税额。

应税所得额＝23 500×（1－20%）＝18 800（元）

应纳个人所得税额＝18 800×70%×20%－1 410＝1 222（元）

7.6.2　经营所得

经营所得以每一纳税年度的收入总额减除成本、费用、损失后的余额为应纳税所得额，按照经营所得适用的五级超额累进税率计算应纳所得税额。

应税所得额＝年收入总额－成本、费用及损失额

应纳所得税额＝应税所得额×适用税率－速算扣除数

年收入总额是指纳税人从事生产经营以及与生产经营有关的活动所取得的货币形式和非货币形式的各项收入，包括销售货物收入、提供劳务服务收入、财产转让收入、利息收入、租金收入、接受捐赠收入及其他收入。

允许扣除的成本、费用，是指生产、经营活动中发生的各项直接支出和分配计入成本的间接费用以及销售费用、管理费用、财务费用；损失，是指生产、经营活动中发生的固定资产和存货的盘亏、毁损、报废损失，转让财产损失，坏账损失，自然灾害等不可抗力因素造成的损失以及其他损失。

取得经营所得的个人，没有综合所得的，计算其每一纳税年度的应纳税所得额时，应当减除费用 6 万元、专项扣除、专项附加扣除以及依法确定的其他扣除。专项附加扣除在办理汇算清缴时减除。

7.6.3　财产租赁所得

财产租赁所得按次计征，以 1 个月内取得的收入为一次。

1. 财产租赁所得应税所得额的确定

财产租赁所得应税所得额的确定有两种方式，即费用扣除采用定额扣除与定率扣除。

（1）定额扣除费用

若每次收入不足 4 000 元的，则应税所得额＝每次收入额－800

（2）定率扣除费用

若每次收入在 4 000 元以上的，则应税所得额＝每次收入额×（1－20%）

（3）其他扣除规定

纳税人出租房屋取得的财产租赁所得，在计算征税时，除可依法扣除规定的费用外，还可准予扣除出租房屋按照国家有关规定已缴纳的税金和教育附加以及实际开支的修缮费用。允许扣除的修缮费用，以每次 800 元为限，一次扣除不完的，准予在下一次继续扣除，直到扣完为止。扣除的税费及修缮费必须提供有效、准确的凭证。具体扣除项目有：

① 财产租赁过程中缴纳的税费；

② 由纳税人负担的该出租财产实际开支的修缮费用；

③ 税法规定的费用扣除标准。

结合其他扣除规定，财产租赁所得应税所得额的计算公式如下：

$$应税所得额 = \frac{每次}{收入额} \quad \frac{准予扣}{除项目} \quad \frac{修缮费用}{（800元为限）} - 800$$

$$或 \quad 应税所得额 = \left[\frac{每次}{收入额} \quad \frac{准予扣}{除项目} \quad \frac{修缮费用}{（800元为限）} \right] \times (1 - 20\%)$$

2. 财产租赁所得应纳税额的计算

$$应纳税额 = 应税所得额 \times 20\%$$

【例7-6】 2019年1月李某将自有一套营业房出租，月租金收入5 500元，交纳各种税费185元，5月发生维修费700元，计算李某1月份出租收入应纳个人所得税额。

（1）应税所得额＝（5 500－185－700）×（1－20%）＝3 692（元）

（2）应纳税额＝3 692×10%＝369.2（元）

7.6.4 财产转让所得

1. 财产转让所得应税所得额的确定

财产转让所得以转让财产的收入额减除财产原值和合理费用后的余额为应税所得额。

$$应税所得额 = 收入总额 - 财产原值 - 合理费用$$

公式中的"财产原值"是指：

（1）有价证券为买入价以及买入时按照规定交纳的有关费用；

（2）建筑物为建造费或者购进价格以及其他有关费用；

（3）土地使用权为取得土地使用权所支付的金额、开发土地的费用以及其他有关费用；

（4）机器设备、车船为购进价格、运输费、安装费以及其他有关费用；

（5）其他财产参照以上方法确定。

纳税人未提供完整、准确的财产原值凭证，不能正确计算财产原值的，由主管税务机关核定其财产原值。合理的费用是指卖出财产时按照规定支付的有关费用。

2. 财产转让所得应纳税额的计算

$$应纳税额 = 应税所得额 \times 20\%$$

【例7-7】 某人转让自有房屋一幢，取得转让收入400万元，主管税务机关核定的该房原值为200万元。在转让过程中按规定交纳各种税费12万元。计算该人应纳个人所得税额。

（1）应税所得额＝400－200－12＝188（万元）

（2）应纳税额＝188×20%＝37.6（万元）

3. 关于个人住房转让所得应纳税额的规定

对个人转让住房所得应纳个人所得税，税法对转让收入、扣除项目等进行了明晰，具体规定如下：

（1）转让收入

以实际成交价格为转让收入。纳税人申报的住房成交价格明显低于市场价格且无正当理由的，征收机关依法有权根据有关信息重新核定其转让收入，但必须保证各税种计税价格一致。

（2）扣除项目

纳税人可凭原购房合同、发票等有效凭证，经税务机关审核后，允许从其转让收入中减除房屋原值、转让住房过程中缴纳的税金及有关合理费用。具体规定如下：

① 房屋原值

1）商品房：购置该房屋时实际支付的房价款及交纳的相关税费。

2）自建住房：实际发生的建造费用及建造和取得产权时实际交纳的相关税费。

3）经济适用房（包括集资合作建房、安居工程住房）：原购房人实际支付的房价款及相关税费，以及按规定交纳的土地出让金。

4）已购公有住房：原购买公有住房标准面积按当地经济适用房价格计算的房价款，加上原购公有住房超标准面积实际支付的房价款以及按规定向财政部门（或原产权单位）交纳的所得收益及相关税费。已购公有住房是指城镇职工根据国家和县级（含县级）以上人民政府有关城镇住房制度改革政策规定的按照成本价（或标准价）购买的公有住房。经济适用房价格按县级（含县级）以上地方人民政府规定的标准确定。

5）城镇拆迁安置住房，其原值分别为：

房屋拆迁取得货币补偿后购置房屋的，为购置该房屋实际支付的房价款及交纳的相关税费；

房屋拆迁采取产权调换方式的，所调换房屋原值为《房屋拆迁补偿安置协议》注明的价款及交纳的相关税费；

房屋拆迁采取产权调换方式，被拆迁人除取得所调换房屋又取得部分货币补偿的，所调换房屋原值为《房屋拆迁补偿安置协议》注明的价款和交纳的相关税费减去货币补偿后的余额；

房屋拆迁采取产权调换方式，被拆迁人取得所调换房屋，又支付部分货币的，所调换房屋原值为《房屋拆迁补偿安置协议》注明的价款，加上所支付的货币及交纳的相关税费。

② 税金

转让住房过程中缴纳的税金是指纳税人在转让住房时实际缴纳的城市维护建设税、教育费附加、土地增值税、印花税等。

③ 合理费用

合理费用是指纳税人按照规定实际支付的住房装修费用、住房贷款利息、手续费、公证费等。

4. 对个人转让股权应纳税额的规定

自2015年1月1日起，按照国家税务总局发布的《股权转让所得个人所得税管理办法（试行）》计算个人转让股权应纳税额。股权转让是指个人将股权转让给其他个人或法人的行为，包括：

（1）出售股权。

（2）公司回购股权。

（3）发行人首次公开发行新股时，被投资企业股东将其持有的股份以公开发行方式一并向投资者发售。

（4）股权被司法或行政机关强制过户。

（5）以股权对外投资或进行其他非货币性交易。

（6）以股权抵偿债务。

（7）其他股权转移行为。

个人转让股权，以股权转让收入减除股权原值和合理费用后的余额为应税所得额。合理费用是指股权转让时按照规定支付的有关税费。

个人转让股权所得交纳个人所得税，以股权转让方为纳税人，以受让方为扣缴义务人。扣缴义务人应于股权转让相关协议签订后 5 个工作日内，将股权转让的有关情况报告主管税务机关。

7.6.5 利息、股息、红利所得和偶然所得

利息、股息、红利所得以支付利息、股息、红利时取得的收入为一次；偶然所得，以每次取得该项收入为一次。利息、股息、红利所得和偶然所得以每次收入额为应纳税所得额，不允许扣除费用。

应纳所得税额＝应税所得额（每次收入额）×20%

【例7-8】 2019年5月，居民纳税人吴某购买福利彩票，取得一次性中奖收入500万元，则其应当缴纳的个人所得税为：

应纳所得税额＝500×20%＝100（万元）

7.7 | 应纳税额计算的其他规定

7.7.1 个人取得一次性奖金的征税规定

全年一次性奖金，是行政机关、企事业等单位根据全年经济效益和对雇员全年综合考核的基础上，向雇员发放的一次性奖金。居民个人取得全年一次性奖金，符合《国家税务总局关于调整个人取得全年一次性奖金等计算征收个人所得税方法问题的通知》（国税发〔2005〕9 号）规定的，在 2021 年 12 月 31 日前，可不并入当年综合所得，以全年一次性奖金收入除以 12 个月得到的数额，按照综合所得税率按月换算后的税率，确定适用税率和速算扣除数，单独计算纳税。同时，居民个人取得全年一次性奖金，也可以选择并入当年综合所得计算纳税。自 2022 年 1 月 1 日起，居民个人取得全年一次性奖金，应并入当年综合所得计算缴纳个人所得税。

居民个人取得全年一次性奖金，不并入当年综合所得，单独计算个人所得税额的方法如下：

第一：确定适用税率和速算扣除数

将居民个人取得的全年一次性奖金，除以 12 个月，按其商数确定适用税率和速算扣除数。

第二：计算应纳税额

应纳税额＝全年一次性奖金收入×适用税率－速算扣除数

【例7-9】 居民个人王某取得2019年一次性奖金20 000元，计算其奖金应纳个人所得税。

（1）确定税率：20 000÷12＝1 666.67（元），适用税率3%，速算扣除数0

（2）奖金应纳税额＝20 000×3%＝600（元）

【例7-10】 居民个人赵某在2019年每月取得工资7 000元，每月社保公积金专项扣除1 200元，专项附加扣除2 000元，取得一次性年终奖金12 000元，赵某选择合并征收，计算赵某应缴纳的个人所得税额。

（1）赵某当年扣除额合计＝60 000＋（1 200＋2 000）×12＝98 400（元）

（2）综合所得与奖金合计＝7 000×12＋12 000＝96 000（元）

（3）综合所得与奖金合计<当年扣除额合计，应纳税额＝0

7.7.2 个人取得退职费等收入的征税规定

1. 个人与用人单位解除劳动关系取得一次性补偿收入

个人因与用人单位解除劳动关系而取得的一次性补偿收入（包括用人单位发放的经济补偿金、生活补助费和其他补助费用），其收入在当地上年职工平均工资3倍数额以内的部分，免征个人所得税；超过3倍数额部分的一次性经济补偿收入，不并入当年综合所得，单独适用综合所得税率表，计算纳税。

2. 个人提前退休取得补贴收入的征税规定

个人因办理提前退休手续而取得的一次性补贴收入，应按照办理提前退休手续至法定退休年龄之间所属月份平均分摊，确定适用税率和速算扣除数，单独适用综合所得税率表，计算纳税。计算公式：

应纳税额＝{（一次性补贴收入÷办理提前退休手续至法定退休年龄的实际年度数）－费用扣除标准）×适用税率－速算扣除数}×办理提前退休手续至法定退休年龄的实际年度数

3. 单位将自建住房以低于购置或建造成本价格销售给职工的个人所得税的征税规定

单位按低于购置或建造成本价格出售住房给职工，职工因此而少支出的差价部分，属于个人所得税应税所得，不并入当年综合所得，以差价收入除以12个月得到的数额，按照月度税率表确定适用税率和速算扣除数，单独计算纳税。计算公式为：

应纳税额＝职工实际支付的购房价款低于该房屋的购置或建造成本价格的差额

×适用税率－速算扣除数

4. 关于个人领取企业年金、职业年金的政策

企业年金是指根据《企业年金试行办法》的规定，企业及其职工在依法参加基本养老保险的基础上，自愿建立的补充养老保险制度。职业年金是根据《事业单位职业年金试行办法》的规定，事业单位及其工作人员在依法参加基本养老保险的基础上，建立的补充养老保险制度。

个人达到国家规定的退休年龄，领取的企业年金、职业年金，符合《财政部 人力资源社会保障部 国家税务总局关于企业年金 职业年金个人所得税有关问题的通知》（财税〔2013〕103号）规定的，不并入综合所得，全额单独计算应纳税款。其中按月领取的，适用月度税率表计算纳税；按季领取的，平均分摊计入各月，按每月领取额适用月度税率表计算纳税；按年领取的，适用综合所得税率表计算纳税。

个人因出境定居而一次性领取的年金个人账户资金，或个人死亡后，其指定的受益人或法定继承人一次性领取的年金个人账户余额，适用综合所得税率表计算纳税。对个人除上述特殊原因外一次性领取年金个人账户资金或余额的，适用月度税率表计算纳税。

5. 关于保险营销员、证券经纪人佣金收入的政策

保险营销员、证券经纪人取得的佣金收入，属于劳务报酬所得，以不含增值税的收入减除20%的费用后的余额为收入额，收入额减去展业成本以及附加税费后，并入当年综合所得，计算缴纳个人所得税。保险营销员、证券经纪人展业成本按照收入额的25%计算。

6. 关于上市公司股权激励的政策

居民个人取得股票期权、股票增值权、限制性股票、股权奖励等股权激励（以下简称股权

激励），符合相关政策规定的条件的，在 2021 年 12 月 31 日前，不并入当年综合所得，全额单独适用综合所得税率表，计算纳税。计算公式为：

$$应纳税额＝股权激励收入×适用税率－速算扣除数$$

居民个人一个纳税年度内取得两次以上（含两次）股权激励的，应当合并后，全额单独适用综合所得税率表，计算纳税。

7.7.3　个人取得拍卖收入等项目的征税规定

1. 个人取得拍卖收入征收个人所得税

个人通过拍卖市场拍卖个人财产，对其取得所得按以下规定征税。

（1）作者将自己的文字作品手稿原件或复印件拍卖取得的所得，按照"特许权使用费"所得项目缴纳个人所得税。

（2）个人拍卖除文字作品原稿及复印件外的其他财产，应以其转让收入额减除财产原值和合理费用后的余额为应税所得额，按照"财产转让所得"项目适用税率缴纳个人所得税。

转让收入额是指财产的最终拍卖成交价格；财产原值和合理费用是指纳税人持有的合法有效凭证（税务机关监制的正式发票、相关境外交易单据或海关报关单据、完税证明等）相对应的财产原值，以及拍卖财产过程中缴纳的税金及有关合理费用。

2. 房屋赠与个人所得税征收规定

以下情形的房屋产权赠与，不需要征收双方个人所得税

（1）房屋产权所有人将房屋产权无偿赠与配偶、父母、子女、祖父母、外祖父母、孙子女、外孙子女、兄弟姐妹。

（2）房屋产权所有人将房屋产权无偿赠与对其承担直接抚养或者赡养义务的抚养人或者赡养人。

（3）房屋产权所有人死亡，依法取得房屋产权的法定继承人、遗嘱继承人或受遗赠人。

除上述情形外，房屋产权所有人将房屋产权无偿赠与他人的，受赠人因无偿取得房屋的受赠所得，应当缴纳个人所得税。

3. 个人取得有奖发票奖金的征税规定

个人取得单张有奖发票奖金所得不超过 800 元（含 800 元）的，暂免征收个人所得税；个人取得单张有奖发票奖金所得超过 800 元的，应全额按照个人所得税法规定的"偶然所得"税目征收个人所得税。

4. 企业资金为个人购房个人所得税征收规定

符合以下情形的房屋或其他财产，不论所有权人是否将财产无偿或有偿交付企业使用，其实质均为企业对个人进行了实物性质的分配，应依法计征个人所得税。

（1）企业出资购买房屋及其他财产，将所有权登记为投资者个人、投资者家庭成员或企业其他人员的。

（2）企业投资者个人、投资者家庭成员或企业其他人员向企业借款用于购买房屋及其他财产，将所有权登记为投资者、投资者家庭成员或企业其他人员，且借款年度终了后未归还借款的。

对个人独资企业、合伙企业的个人投资者或其家庭成员取得的上述所得，视为企业对个人投资者的利润分配，按照"经营所得"项目计征个人所得税；对除个人独资企业、合伙企业以外其他企业的个人投资者或其家庭成员取得的上述所得，视为企业对个人投资者的红利分配，

按照"利息、股息、红利所得"项目计征个人所得税；对企业其他人员取得的上述所得，按照"工资、薪金所得"项目计征个人所得税。

5. 个人取得量化资产征税规定

在企业改组改制过程中，个人取得量化资产形式不同，个人所得税征税规定不同。对职工个人以股份形式取得的仅作为分红依据，不拥有所有权的企业量化资产，不征收个人所得税。

对职工个人以股份形式取得的拥有所有权的企业量化资产，暂缓征收个人所得税；待个人将股份转让时，就其转让收入额，减除个人取得该股份时实际支付的费用支出和合理转让费用后的余额，按"财产转让所得"项目计征个人所得税。

对职工个人以股份形式取得的企业量化资产参与企业分配而获得的股息、红利，应按"利息、股息、红利所得"项目计征个人所得税。

6. 个人以非货币资产投资的征税规定

（1）个人以非货币性资产投资，属于个人转让非货币性资产和投资同时发生。对个人转让非货币性资产的所得，应按照"财产转让所得"项目，依法计算缴纳个人所得税。非货币性资产是指现金、银行存款等货币性资产以外的资产，包括股权、不动产、技术发明成果以及其他形式的非货币资产。非货币性资产投资，包括以非货币性资产出资设立新的企业，以及以非货币性资产出资参与企业增资扩股、定向增发股票、股权置换、重组改制等投资行为。

（2）个人以非货币性资产投资，应按评估后的公允价值确认非货币性资产转让收入。非货币性资产转让收入减除该资产原值及合理税费后的余额为应税所得额。

（3）个人以非货币性资产投资，应于非货币性资产转让、取得被投资企业股权时，确认非货币性资产转让收入的实现。个人应在发生上述应税行为的次月15日内向主管税务机关申报纳税。纳税人一次性缴纳有困难的，可合理确定分期缴纳计划并报主管税务机关备案后，自发生上述应税行为之日起不超过5个公历年度内（含）分期缴纳个人所得税。

（4）个人以非货币性资产投资交易过程中取得现金补价的，现金部分应优先用于缴税；现金不足以缴纳的部分，可分期缴纳。

7. 关于企业转增股本个人所得税的征税规定

自2016年1月1日起，全国范围内的中小高新技术企业以未分配利润、盈余公积、资本公积向个人股东转增股本时，个人股东一次缴纳个人所得税确有困难的，可根据实际情况自行制定分期缴税计划，在不超过5个公历年度内（含）分期缴纳，并将有关资料报主管税务机关备案。

个人股东获得转增的股本，应按照"利息、股息、红利所得"项目征收个人所得税。股东转让股权并取得现金收入的，该现金收入应优先用于缴纳尚未缴清的税款。

在股东转让该部分股权之前，企业依法宣告破产，股东进行相关权益处置后没有取得收益或收益小于初始投资额的，主管税务机关对其尚未缴纳的个人所得税可不予追征。

所称中小高新技术企业，是指注册在中国境内实行查账征收的、经认定取得高新技术企业资格，且年销售额和资产总额均不超过2亿元、从业人数不超过500人的企业。

上市中小高新技术企业或在全国中小企业股份转让系统挂牌的中小高新技术企业向个人股东转增股本，股东应纳的个人所得税，继续按照现行有关股息红利差别化个人所得税政策执行，不适用此项规定的分期纳税政策。

7.7.4　个人转让限售股的征税规定

对个人转让限售股取得的所得，按照"财产转让所得"征收个人所得税。

（1）限售股范围。

① 上市公司股权分置改革完成后股票复牌日之前股东所持原非流通股股份，以及股票复牌日至解禁日期间由上述股份孳生的送、转股（以下统称股改限售股）；

② 2006年股权分置改革新老划断后，首次公开发行股票并上市的公司形成的限售股，以及上市首日至解禁日期间由上述股份孳生的送、转股（以下统称新股限售股）。

③ 个人从机构或其他个人受让的未解禁限售股；

④ 个人因依法继承或家庭财产依法分割取得的限售股；

⑤ 个人持有的从代办股份转让系统转到主板市场（或中小板、创业板市场）的限售股；

⑥ 上市公司吸收合并中，个人持有的原被合并方公司限售股所转换的合并方公司股份；

⑦ 上市公司分立中，个人持有的被分立方公司限售股所转换的分立后公司股份；

⑧ 其他限售股。

（2）限售股在解禁前被多次转让的，转让方对每一次转让所得均应按规定缴纳个人所得税。对具有下列情形的，应按规定征收个人所得税。

① 个人通过证券交易所集中交易系统或大宗交易系统转让限售股；

② 个人用限售股认购或申购交易型开放式指数基金（ETF）份额；

③ 个人用限售股接受要约收购；

④ 个人行使现金选择权将限售股转让给提供现金选择权的第三方；

⑤ 个人协议转让限售股；

⑥ 个人持有的限售股被司法扣划；

⑦ 个人因依法继承或家庭财产分割让渡限售股所有权；

⑧ 个人用限售股偿还上市公司股权分置改革中由大股东代其向流通股股东支付的对价；

⑨ 其他具有转让实质的情形。

（3）个人转让限售股，以每次限售股转让收入，减除股票原值和合理税费后的余额为应税所得额。

应税所得额＝限售股转让收入－（限售股原值＋合理税费）

应纳税额＝应纳税所得额×20%

所称限售股转让收入，是指转让限售股股票实际取得的收入。限售股原值，是指限售股买入时的买入价及按照有关规定缴纳的有关费用。合理税费，是指转让限售股过程中发生的印花税、佣金、过户费等与交易相关的税费。

如果纳税人未能提供完整、真实的限售股原值凭证的，不能准确计算限售股原值的，主管税务机关一律按照限售股转让收入的15%核定限售股原值及合理税费。

限售股转让所得个人所得税，以限售股持有者为纳税义务人，以个人股东开户的证券机构为扣缴义务人。

7.8

个人税前捐赠的扣除规定

7.8.1 捐赠限额扣除的一般规定

对个人将其所得通过中国境内非营利的社会团体、国家机关向教育和其他公益事业以及遭受严重自然灾害地区、贫困地区捐赠，捐赠额不超过应纳税所得额 30%的部分，可以从其应纳税所得额中扣除。纳税人的捐赠需要明确以下两点：

（1）纳税人的捐赠应属于公益、救济性的捐赠；

（2）纳税人的捐赠应是通过境内非营利社会团体和国家机关的捐赠。

7.8.2　捐赠限额扣除的其他规定

（1）纳税人通过中国人口福利基金会、光华科技基金会的公益、救济性捐赠，可在应纳税所得额的 30%内扣除。

（2）对企业、事业单位、社会团体和个人等社会力量，通过非营利的社会团体和国家机关、中国金融教育发展基金会、中国国际民间组织合作促进会、中国社会工作协会、孤残儿童救助基金管理委员会、中国发展研究基金会、陈嘉庚科学奖基金会、中国友好和平发展基金会、中华文学基金会、中华农业科教基金会、中国少年儿童文化艺术基金会和中国公安英烈基金会等捐赠的用于公益救济性的款项，企业在年度应纳税所得额 3%以内的部分，个人在申报应纳税所得额 30%以内的部分，准予在计算缴纳企业所得税和个人所得税税前扣除。

7.8.3　捐赠全额扣除的规定

（1）个人通过非营利的社会团体和国家机关向农村义务教育的捐赠，准予在缴纳个人所得税前的所得额中全额扣除。农村义务教育的范围，是政府和社会力量举办的农村乡镇（不含县和县级市政府所在地的镇）、村的小学和初中以及属于这一阶段的特殊教育学校。纳税人对农村义务教育与高中在一起学校的捐赠，也享受全额扣除的规定。

（2）个人的所得（不含偶然所得和经国务院财政部门确定征税的其他所得）用于资助非关联的科研机构和高等学校研究开发新产品、新技术、新工艺所发生的研究开发经费，经主管税务机关确定，可以全额在下月（工资、薪金所得）或下次（按次计征的所得）或当年（按年计征的所得）计征个人所得税时，从应纳税所得额中扣除，不足抵扣的，不得结转抵扣。

【例7-11】　居民李某购买彩票，获得奖金收入100 000元，他将奖金中的5 000元通过当地民政部门捐赠给贫困地区，计算其应缴纳的个人所得税。

（1）应税所得额＝100 000（元）

（2）公益捐赠扣除限额＝100 000×30%＝30 000（元），实际捐赠未超过扣除限额

（3）考虑捐赠之后的应纳所得税额＝（100 000－5 000）×20%＝19 000（元）

7.9　境外所得已纳税额的扣除

按照现行税法的规定，居民个人从中国境内和境外取得的综合所得、经营所得，应当分别合并计算应纳税额；从中国境内和境外取得的其他所得，应当分别单独计算应纳税额。个人从境外取得的所得，在境外已缴纳了个人所得税，准予其在应纳税额中扣除已在境外缴纳的个人所得税税额。但扣除额不得超过该纳税义务人境外所得依照我国税法规定计算的应纳税额。具体解释如下：

（1）已在境外缴纳的个人所得税税额，是指纳税义务人从中国境外取得的所得，依照该所得来源国家或者地区的法律应当缴纳并且实际已经缴纳的税额。

（2）依照我国税法规定计算的应纳税额，是指境外所得已纳税额的扣除实施限额扣除，扣除限额为纳税义务人从中国境外取得的所得，区别不同国家或者地区和不同应税项目，依照我国税法规定的费用减除标准和适用税率计算的应纳税额；同一国家或者地区内不同应税项目，依照我国税法计算的应纳税额之和，为该国家或者地区的扣除限额。

（3）纳税义务人在中国境外一个国家或者地区实际已经缴纳的个人所得税税额，低于依照上述规定计算出的该国家或者地区扣除限额的，应当在中国缴纳差额部分的税款；超过该国家或者地区扣除限额的，应按计算出的扣除限额进行扣除，其超过部分不得在本纳税年度的应纳税额中扣除，但是可以在以后纳税年度的该国家或者地区扣除限额的余额中补扣，补扣期限最长不得超过 5 年。

【例7-12】 中国居民赵某2019年4月在甲国取得股息收入合计人民币15 000元，在甲国按照相关规定缴纳了个人所得税1 830元，计算赵某该项个人收入的税款抵扣限额及应向中国补缴的税款。

（1）股息收入应纳个人所得税额＝15 000×20%＝3 000（元）

（2）赵某在甲国已纳个人所得税额＝1 830（元）

（3）赵某应补缴个人所得数额＝3 000－1 830＝1 170（元）

7.10 税收优惠

《个人所得税法》及其他规定，对个人所得税的一些项目给予了减免税的优惠，这些优惠措施体现了国家税收政策。

7.10.1 免税项目

（1）省级人民政府、国务院部委和中国人民解放军军以上单位，以及外国组织颁发的科学、教育、技术、文化、卫生、体育和环境保护等方面的奖金。

（2）国债和国家发行的金融债券利息。

国债利息，是指个人持有中华人民共和国财政部发行的债券而取得的利息所得，以及 2009 年、2010 年和 2011 年发行的地方政府债券利息所得；国家发行的金融债券利息，是指个人持有经国务院批准发行的金融债券而取得的利息所得。

（3）按照国家统一规定发给的补贴、津贴。

按照国家统一规定发给的补贴、津贴，是指按照国务院规定发给的政府特殊津贴和国务院规定免纳个人所得税的补贴、津贴。

（4）福利费、抚恤金、救济金。

福利费，是指根据国家有关规定，从企业、事业单位、国家机关、社会团体提留的福利费或者工会经费中支付给个人的生活补助费；抚恤金，是指国家或组织发给因公受伤或残疾的人员或因公牺牲以及病故人员的家属的费用；救济金，是指国家民政部门支付给个人的生活困难补助费。

（5）保险赔款。

（6）军人的转业费、复员费。

（7）按照国家统一规定发给干部、职工的安家费、退职费、退休工资、离休工资、离休生活补助费。

（8）依照我国有关法律规定应予免税的各国驻华使馆、领事馆的外交代表、领事官员和其他人员的所得。

（9）中国政府参加的国际公约以及签订的协议中规定免税的所得。

（10）见义勇为者奖金。

对乡、镇（含乡镇）以上人民政府或经县（含县）以上人民政府主管部门批准成立的有机构、有章程的见义勇为基金或者类似性质组织奖励见义勇为者的奖金或奖品，经主管税务机关核准，免征个人所得税。

（11）企业和个人按照省级以上人民政府规定的比例提取并缴付的住房公积金、医疗保险金、基本养老保险金、失业保险金，不计入个人当期的工资、薪金收入，免予征收个人所得税。超过规定的比例缴付的部分计征个人所得税。

个人领取原提存的住房公积金、医疗保险金、基本养老保险金时，免予征收个人所得税。

（12）个人取得的教育储蓄存款利息所得以及国务院财政部门确定的其他专项储蓄存款或者储蓄性专项基金存款的利息所得，免征个人所得税。

（13）储蓄机构内从事代扣代缴工作的办税人员取得的扣缴利息税手续费所得，免征个人所得税。

（14）生育妇女按照县级以上人民政府根据国家有关规定制定的生育保险办法，取得的生育津贴、生育医疗费或其他属于生育保险性质的津贴、补贴，免征个人所得税。

（15）对工伤职工及近亲属按照《工伤保险条例》规定取得的工伤保险待遇，免征个人所得税。

工伤保险待遇，包括工伤职工按照《工伤保险条例》规定取得的一次性伤残补助金、伤残津贴、一次性工伤医疗补助金、一次性伤残就业补助金、工伤医疗待遇、住院伙食补助费、外地就医交通食宿费用、工伤康复费用、辅助器具费用、生活护理费等，以及职工因工死亡，其近亲属按照《工伤保险条例》规定取得的丧葬补助金、供养亲属抚恤金和一次性工亡补助金等。

（16）个人办理代扣代缴税款手续，按规定取得的扣缴手续费。

（17）个人转让自用达 5 年以上并且是唯一的家庭居住用房取得的所得。

（18）对按照相关规定，达到离休、退休年龄，但确因工作需要，适当延长离休、退休年龄的高级专家，其在延长离休、退休期间的工资、薪金所得，视同退休工资、离休工资免征个人所得税。

延长离休、退休年龄的高级专家包括：

① 享受国家发放的政府特殊津贴的专家、学者；

② 中国科学院、工程院院士。

（19）外籍专家取得的工资、薪金所得免征税

凡符合下列条件之一的外籍专家取得的工资、薪金所得，可免征个人所得税：

① 根据世界银行专项贷款协议由世界银行直接派往我国工作的外国专家；

② 联合国组织直接派往我国工作的专家；

③ 为联合国援助项目来华工作的专家；

④ 援助国派往我国专为该国无偿援助项目工作的专家;

⑤ 根据两国政府签订文化交流项目来华工作 2 年以内的文教专家,其工资、薪金所得由该派遣国负担的;

⑥ 根据我国大专院校国际交流项目来华工作 2 年以内的文教专家,其工资、薪金所得由该派遣国负担的;

⑦ 通过民间科研协定来华工作的专家,其工资、薪金所得由该派遣国政府机构负担的。

(20)经国务院财政部门批准免税的所得。

7.10.2 减征个人所得税项目

有下列情形之一的,经批准可以减征个人所得税:

(1)残疾、孤老人员和烈属的所得;

(2)因严重自然灾害造成重大损失的;

(3)其他经国务院财政部门批准减税的。

7.11 征收管理

2019 年新《个人所得税法》对个人所得纳税申报、税款扣缴等情况进行了一定的调整。

7.11.1 扣缴申报管理

为贯彻落实新修改的《中华人民共和国个人所得税法》及其实施条例,国家税务总局制定了《个人所得税扣缴申报管理办法(试行)》。

1. 扣缴义务人的一般规定

个人所得税以所得人为纳税人,以支付所得的单位或者个人为扣缴义务人。

扣缴义务人,是指向个人支付所得的单位或者个人。扣缴义务人应当依法办理全员全额扣缴申报。全员全额扣缴申报,是指扣缴义务人应当在代扣税款的次月十五日内,向主管税务机关报送其支付所得的所有个人的有关信息、支付所得数额、扣除事项和数额、扣缴税款的具体数额和总额以及其他相关涉税信息资料。扣缴义务人扣缴税款时,纳税人应当向扣缴义务人提供纳税人识别号。纳税人有中国公民身份号码的,以中国公民身份号码为纳税人识别号;纳税人没有中国公民身份号码的,由税务机关赋予其纳税人识别号。

扣缴义务人每月或者每次预扣、代扣的税款,应当在次月十五日内缴入国库,并向税务机关报送《个人所得税扣缴申报表》。

实行个人所得税全员全额扣缴申报的应税所得包括:

(1)工资、薪金所得;

(2)劳务报酬所得;

(3)稿酬所得;

(4)特许权使用费所得;

（5）利息、股息、红利所得；

（6）财产租赁所得；

（7）财产转让所得；

（8）偶然所得。

2. 工资薪金的累计预扣法规定

扣缴义务人向居民个人支付工资、薪金所得时，应当按照累计预扣法计算预扣税款，并按月办理扣缴申报。

累计预扣法，是指扣缴义务人在一个纳税年度内预扣预缴税款时，以纳税人在本单位截至当前月份工资、薪金所得累计收入减除累计免税收入、累计减除费用、累计专项扣除、累计专项附加扣除和累计依法确定的其他扣除后的余额为累计预扣预缴应纳税所得额，适用个人所得税预扣率表（见表 7-9），计算累计应预扣预缴税额，再减除累计减免税额和累计已预扣预缴税额，其余额为本期应预扣预缴税额。余额为负值时，暂不退税。纳税年度终了后余额仍为负值时，由纳税人通过办理综合所得年度汇算清缴，税款多退少补。具体计算公式如下：

$$\text{本期应预扣预缴税额} = \left(\text{累计预扣预缴应纳税所得额} \times \text{预扣率} - \text{速算扣除数} \right) - \text{累计减免税额} - \text{累计已预扣预缴税额}$$

$$\text{累计预扣预缴应纳税所得额} = \text{累计收入} - \text{累计免税收入} - \text{累计减除费用} - \text{累计专项扣除} - \text{累计专项附加扣除} - \text{累计依法确定的其他扣除}$$

其中，累计减除费用，按照 5 000 元/月乘以纳税人当年截至本月在本单位的任职受雇月份数计算。

表 7-9 　　　　　　　　　　　　　　居民个人工资、薪金所得预扣率表

级数	累计预扣预缴应税所得额	预扣率（%）	速算扣除数
1	不超过 36 000 元的部分	3	0
2	超过 36 000 元至 144 000 元的部分	10	2 520
3	超过 144 000 元至 300 000 元的部分	20	16 920
4	超过 300 000 元至 420 000 元的部分	25	31 920
5	超过 420 000 元至 660 000 元的部分	30	52 920
6	超过 660 000 元至 960 000 元的部分	35	85 920
7	超过 960 000 元的部分	45	181 920

【例7-13】　　高某2018年应聘到甲公司任职，自2019年1月1日起，公司每月支付工资20 000元。高某个税的专项扣除标准为1 000元/月，专项附加扣除标准为1 000元/月；除工资薪金所得外高某无其他所得，无其他减免及特殊事项。请计算自2019年1～3月，甲公司作为扣缴义务人每个月应预扣预缴的税额。

（1）扣缴义务人向居民个人支付工资、薪金所得时，应当按照累计预扣法计算预扣税款，并按月办理扣缴申报。

（2）2019年1月：

① $\text{累计预扣预缴应纳税所得额} = \text{累计收入} - \text{累计免税收入} - \text{累计减除费用} - \text{累计专项扣除} - \text{累计专项附加扣除} - \text{累计依法确定的其他扣除}$
$$= 20\ 000 - 0 - 5\ 000 - 1\ 000 - 1\ 000 - 0 = 13\ 000（元）$$

② 本期应预扣 $=\left(\begin{array}{c}\text{累计预扣预缴}\\\text{应纳税所得额}\end{array}\times\text{预扣率}-\begin{array}{c}\text{速算}\\\text{扣除数}\end{array}\right)-\begin{array}{c}\text{累计减}\\\text{免税额}\end{array}-\begin{array}{c}\text{累计已预扣}\\\text{预缴税额}\end{array}$

$=(13\,000\times3\%-0)-0-0=390$（元）

（3）2019年2月：

① $\begin{array}{c}\text{累计预扣预}\\\text{缴应纳税所得额}\end{array}=\begin{array}{c}\text{累计}\\\text{收入}\end{array}-\begin{array}{c}\text{累计免}\\\text{税收入}\end{array}-\begin{array}{c}\text{累计减}\\\text{除费用}\end{array}-\begin{array}{c}\text{累计专}\\\text{项扣除}\end{array}-\begin{array}{c}\text{累计专项}\\\text{附加扣除}\end{array}-\begin{array}{c}\text{累计依法确定}\\\text{的其他扣除}\end{array}$

$=20\,000\times2-0-5\,000\times2-1\,000\times2-1\,000\times2-0=26\,000$（元）

② $\begin{array}{c}\text{本期应预}\\\text{扣预缴税额}\end{array}=\left(\begin{array}{c}\text{累计预扣预缴}\\\text{应纳税所得额}\end{array}\times\text{预扣率}-\begin{array}{c}\text{速算}\\\text{扣除数}\end{array}\right)-\begin{array}{c}\text{累计减}\\\text{免税额}\end{array}-\begin{array}{c}\text{累计已预扣}\\\text{预缴税额}\end{array}$

$=(26\,000\times3\%-0)-0-390=390$（元）

（4）2019年3月：

① $\begin{array}{c}\text{累计预扣预}\\\text{缴应纳税所得额}\end{array}=\begin{array}{c}\text{累计}\\\text{收入}\end{array}-\begin{array}{c}\text{累计免}\\\text{税收入}\end{array}-\begin{array}{c}\text{累计减}\\\text{除费用}\end{array}-\begin{array}{c}\text{累计专}\\\text{项扣除}\end{array}-\begin{array}{c}\text{累计专项}\\\text{附加扣除}\end{array}-\begin{array}{c}\text{累计依法确定}\\\text{的其他扣除}\end{array}$

$=20\,000\times3-5\,000\times3-1\,000\times3-1\,000\times3-0=39\,000$（元）

② $\begin{array}{c}\text{本期应预}\\\text{扣预缴税额}\end{array}=\left(\begin{array}{c}\text{累计预扣预缴}\\\text{应纳税所得额}\end{array}\times\text{预扣率}-\begin{array}{c}\text{速算}\\\text{扣除数}\end{array}\right)-\begin{array}{c}\text{累计减}\\\text{免税额}\end{array}-\begin{array}{c}\text{累计已预扣}\\\text{预缴税额}\end{array}$

$=(39\,000\times10\%-2\,520)-0-(390+390)=600$（元）。

3. 劳务报酬所得等的按月预扣预缴的规定

扣缴义务人向居民个人支付劳务报酬所得、稿酬所得、特许权使用费所得时，应当按照以下方法按次或者按月预扣预缴税款。

（1）劳务报酬所得、稿酬所得、特许权使用费所得以收入减除费用后的余额为应税所得额；其中，稿酬所得的收入额减按百分之七十计算。

（2）减除费用是指预扣预缴税款时，劳务报酬所得、稿酬所得、特许权使用费所得每次收入不超过四千元的，减除费用按八百元计算；每次收入四千元以上的，减除费用按收入的百分之二十计算。

（3）劳务报酬所得、稿酬所得、特许权使用费所得，以每次应税所得额为预扣预缴应纳税所得额，计算应预扣预缴税额。

（4）劳务报酬所得适用个人所得税预扣率表（见表7-10），稿酬所得、特许权使用费所得适用百分之二十的比例预扣率。

表 7-10　　　　　　　　　　　　　　居民个人劳务报酬所得预扣率表

级数	预扣预缴应税所得额	预扣率（%）	速算扣除数
1	不超过 20 000 元的部分	20	0
2	超过 20 000 元至 50 000 元的部分	30	2 000
3	超过 50 000 元的部分	40	7 000

【例7-14】 2019年5月，居民纳税人黄先生受邀参加H公司（非任职公司）的技术讲座活动，取得H公司支付的一次性劳务报酬20 000元。假设黄先生个税无其他减免及特殊事项。请计算2019年5月，H公司作为扣缴义务人，应当预扣预缴的个税具体税额。

（1）劳务报酬应税所得额＝收入－费用＝20 000－20 000×20%＝16 000（元）

（2）应预扣预缴税额＝预扣预缴应纳税所得额×预扣率－速算扣除数

$=16\,000\times20\%-0=3\,200$（元）

4. 其他所得的代扣代缴规定

扣缴义务人支付利息、股息、红利所得，财产租赁所得，财产转让所得或者偶然所得时，应当依法按次或者按月代扣代缴税款。

支付工资、薪金所得的扣缴义务人应当于年度终了后两个月内，向纳税人提供其个人所得和已扣缴税款等信息。纳税人年度中间需要提供上述信息的，扣缴义务人应当提供。纳税人取得除工资、薪金所得以外的其他所得，扣缴义务人应当在扣缴税款后，及时向纳税人提供其个人所得和已扣缴税款等信息。

居民个人办理年度综合所得汇算清缴时，应当依法计算劳务报酬所得、稿酬所得、特许权使用费所得的收入额，并入年度综合所得计算应纳税款，税款多退少补。居民个人应当在取得所得的次年三月一日至六月三十日内办理汇算清缴。

对扣缴义务人按照规定扣缴的税款，按年付给百分之二的手续费。扣缴义务人有未按照规定向税务机关报送资料和信息、未按照纳税人提供信息虚报虚扣专项附加扣除、应扣未扣税款、不缴或少缴已扣税款、借用或冒用他人身份等行为的，依照《中华人民共和国税收征收管理法》等相关法律、行政法规处理。

7.11.2　纳税申报管理

纳税人取得经营所得，按年计算个人所得税，由纳税人在月度或者季度终了后十五日内向税务机关报送纳税申报表，并预缴税款；在取得所得的次年三月三十一日前办理汇算清缴。

有下列情形之一的，纳税人应当依法办理纳税申报：

（1）取得综合所得需要办理汇算清缴；

（2）取得应税所得没有扣缴义务人；

（3）取得应税所得，扣缴义务人未扣缴税款；

（4）取得境外所得；

（5）因移居境外注销中国户籍；

（6）非居民个人在中国境内从两处以上取得工资、薪金所得；

（7）国务院规定的其他情形。

纳税人取得应税所得没有扣缴义务人的，应当在取得所得的次月十五日内向税务机关报送纳税申报表，并缴纳税款。

纳税人取得应税所得，扣缴义务人未扣缴税款的，纳税人应当在取得所得的次年六月三十日前，缴纳税款；税务机关通知限期缴纳的，纳税人应当按照期限缴纳税款。

居民个人从中国境外取得所得的，应当在取得所得的次年三月一日至六月三十日内申报纳税。

非居民个人在中国境内从两处以上取得工资、薪金所得的，应当在取得所得的次月十五日内申报纳税。

纳税人因移居境外注销中国户籍的，应当在注销中国户籍前办理税款清算。

纳税人办理汇算清缴退税或者扣缴义务人为纳税人办理汇算清缴退税的，税务机关审核后，按照国库管理的有关规定办理退税。

思考与练习

一、辨析题

1. 在中国境内定居的中国公民和外国侨民是我国的居民纳税人。（　　）

2. 工资薪金所得适用九级超额累进税率。（　　）

3. 个人独资、合伙企业属于个人所得税的纳税义务人。（　　）

4. 经营所得按照个人所得税法中的五级超额累进税率计算其应纳税额。（　　）

5. 非居民纳税人取得工资薪金、劳务报酬收入应当合并为一项征收个人所得税。（　　）

6. 劳务报酬所得按次计算纳税，但若属于同一项目连续取得收入的，以1个月内取得的收入为一次。（　　）

7. 个人向社会公益事业以及遭受自然灾害地区、贫困地区的直接捐赠，捐赠额未超过纳税人申报的应纳税所得额30%的部分，可以从其应税所得额中扣除。（　　）

8. 个人购买国家发行的金融债券和企业债券的利息免征个人所得税。（　　）

9. 非居民纳税人身份的时间标准是在一个纳税年度内单次离境不超过30天，多次累计离境不超过180天。

10. 利息、股息、红利所得，以每次收入额为应纳税所得额，不允许扣除任何费用。（　　）。

二、单项计算题

1. 非居民纳税人小林光一先生2019年2月赴苏州进行技术讲座，取得举办方支付的报酬26 000元人民币，计算其应纳的个人所得税额。

2. 李某为一政府工作人员，2019年取得工资薪金收入15万元，专项扣除费用5.5万元，本年子女教育费用扣除额为1.2万元，赡养老人支出扣除1.2万元。计算李某2019年应纳个人所得税额。

3. 个体工商户李某2019年取得经营收入35万元，发生的成本、费用共计175 000元，缴纳的增值税17 000元，缴纳的其他税费42 000元。计算李某2019年的应税所得额。

4. 陆某在2019年1月够得福利彩票一张，当月开奖，陆某中奖350万元，计算陆某中奖应缴纳的个人所得税额。

5. 外籍人汤姆现受聘于广州某高校任教，2019年3月取得工资收入22 000元，学校每月另行发放交通补贴1 500元，汤姆3月在中国应缴纳的个人所得税额。

第8章

资源税

资源税是以各种应税自然资源为课税对象、为了调节资源级差收入并体现国有资源有偿使用而征收的一种税。我国目前开征的资源税采取"普遍征收，级差调节"的原则，即所有开采者开采的所有应税资源都应缴纳资源税，但对由于矿产资源等级不同而给开采者带来的极差收入要相应多缴纳一部分资源税。

8.1
税种概述

8.1.1 资源税的设置

资源税法是指国家制定的用以调整资源税征收与缴纳之间权利及义务关系的法律规范。对资源占用行为课税不仅被当今世界许多国家所采用，而且具有十分悠久的历史。1950 年中央人民政府政务院就发布了《全国税政实施要则》，明确将盐税列为一个税种征收，从此建立起我国对资源征税的制度。1973 年将盐税并入工商税，1984 年又分离出来，成为独立税种，1994 年 1 月并入资源税。现行资源税的基本规范，是 2011 年 9 月 30 日国务院发布的《国务院关于修改〈中华人民共和国资源税暂行条例〉的决定》及 2011 年 10 月 28 日财政部、国家税务总局公布的《中华人民共和国资源税暂行条例实施细则》、2015 年 7 月 1 日国家税务总局公布的《煤炭资源税征收管理办法（试行）》以及 2016 年 5 月 9 日财政部、国家税务总局公布的《关于全面推进资源税改革的通知》和《关于资源税改革具体政策问题的通知》。自 2016 年 7 月 1 日起全面推进资源税改革。

8.1.2 资源税的特点

我国现行资源税具有以下特点。

1. 实行对特定资源征税

资源的含义比较广泛，它是指自然界存在的一切天然物质。我国现行资源税为狭义资源税，其课税范围只限于矿产资源和盐，主要选择一些开采利用价值较高、级差收益较大、税源相对集中的大宗自然资源进行征税。

2. 具有级差收入征税特点

资源税的立法原则是"普遍征收，级差调节"。自然资源在客观上都存在着质量、开采条件、地理位置等方面的差异，这些差异必然导致资源开发者和使用者的收益存在差异。现行资源税通过对同一资源实行高低不同的差别税率，可以直接调节因资源条件不同而产生的级差收入。由此可见，资源税实际上是一种级差收入税。

8.1.3 资源税的作用

资源税的设置与开征，其目的是要发挥调节级差收入、促进企业平等竞争、保护自然资源的作用，对于完善我国税制结构、拓宽税收宏观调控职能，具有重要意义。

1. 促进资源合理开采

资源税的课征，体现了国有自然资源有偿使用的原则，促使纳税人节约、合理开发和利用自然资源，防止任意开采的行为，从而减少资源的浪费和损失，最大限度地提高资源的使用效率。

2. 合理调节级差收入

我国的资源税根据资源产品的质量、开采难易程度等因素设置了不同档次的定额税率，这样做解决了由自然资源条件不同而带来的成本不同，企业获得不同利润回报的问题。自然资源条件好，企业成本低，利润水平高的企业，适用税额高，税负较高；自然资源条件一般，企业成本高，利润水平较低的企业，适用税额低，税负较低，这为企业创造了良好的平等竞争环境。

3. 筹集财政收入

资源税在发挥调节级差收入，促进资源合理开采的过程中，也增加了财政收入。随着课征范围的逐渐扩展，资源税的税收收入也将增加。

8.2 纳税人与征税范围

8.2.1 纳税义务人

1. 纳税义务人

资源税的纳税义务人，是指在中华人民共和国领域及管辖海域开采应税资源的矿产品或者生产盐的单位和个人。

单位是指国有企业、集体企业、私营企业、股份制企业、其他企业和行政单位、事业单位、军事单位、社会团体及其他单位；个人是指个体经营者和其他个人；其他单位和个人包括外商投资企业、外国企业及外籍人员。

2. 扣缴义务人

收购未税矿产品的单位为资源税的扣缴义务人，在收购矿产品时代扣代缴资源税。独立矿山、联合企业和其他收购未税矿产品的单位为资源税的扣缴义务人。独立矿山是指只有采矿或只有采矿和选矿，独立核算、自负盈亏的单位，其生产的原矿和精矿主要用于对外销售。联合企业，是指只有采矿、选矿、冶炼（或加工）连续生产的企业或采矿、选矿冶炼（或加工）连续生产的企业，其采矿单位，一般是该企业的二级或二级以下核算单位。其他单位也包括收购未税矿产品的个体户。

8.2.2 征税范围

我国现行资源税的征税范围只包括矿产品资源和盐资源，其他自然资源均未列入征税范围。具体的征税范围如下。

（1）原油，指开采的天然原油，不包括人造石油。

（2）天然气，专门开采的天然气和与原油同时开采的天然气属于征税范围；煤矿生产的天然气暂不征税。

（3）煤炭，包括原煤和以未税原煤（即自采原煤）加工的洗选。

（4）金属矿，包括铁矿、金矿、铜矿、铅锌矿、铝土矿、钨矿、锡矿、锑石、铝矿、镍矿、未列举名称的其他金属矿产品原矿或精矿。

（5）其他非金属矿，包括石墨、硅藻土、高岭土、萤石、石灰石、硫铁矿、磷矿、氯化钾、硫酸钾、井矿盐、湖盐、提取地下卤水晒制的盐、煤层（成）气、海盐、稀土、未列举名称的其他非金属矿产品。

8.3 税目与税率

资源税税率采用比例或定额税率两种形式，并根据纳税人所处地区资源贮存情况、开采条件、等级优劣等的不同，规定了应税产品高低不等的税率与税额，以调节不同资源品种所产生的级差收益。

1. 资源税税目、税率

资源税税目、税率如表 8-1 所示。

表 8-1 资源税税目与税率表

	税目	征税对象	税率幅度
金属矿	铁矿	精矿	1%～6%
	精矿	金锭	1%～4%
	铜矿	精矿	2%～8%
	铝土矿	原矿	3%～9%
	铅锌矿	精矿	2%～6%
	镍矿	精矿	2%～6%
	锡矿	精矿	2%～6%
	未列举名称的其他金属矿产品	原矿或精矿	税率不超过 20%
非金属矿	石墨	精矿	3%～10%
	硅藻土	精矿	1%～6%
	高岭土	原矿	1%～6%
	萤石	精矿	1%～6%
	石灰石	原矿	1%～6%
	硫铁矿	精矿	1%～6%
	磷矿	原矿	3%～8%
	氯化钾	精矿	3%～8%
	硫酸钾	精矿	6%～12%
	井矿盐	氯化钠初级产品	1%～6%
	湖盐	氯化钠初级产品	1%～6%
	提取地下卤水晒制的盐	氯化钠初级产品	3%～15%
	煤层（成）气	原矿	1%～2%
	稀土、砂石	原矿	每吨或立方米 0.1～5 元

税目		征税对象	税率幅度
非金属矿	未列举名称的其他非金属矿产品	原矿或精矿	从量税率每吨或立方米不超过 30 元;从价税率不超过 20%
海盐		氯化钠初级产品	1%～5%
原油			6%～10%
天然气			6%～10%
煤炭			2%～10%

2. 资源税税额确定的其他规定

(1)对表 8-1 中列举名称的资源品目,由省级人民政府在规定的税率幅度内提出具体适用税率建议,财政部、国家税务总局审批。

对未列举名称的其他金属和非金属矿产品,按照从价计征为主、从量计征为辅的原则,由省级人民政府根据实际情况确定具体税目和适用税率建议,财政部、国家税务总局审批。

(2)纳税人开采或生产不同税目应税产品的,应分别核算不同税目应税产品的课税数量;未分别核算或者不能准确提供不同税目应税产品课税数量的,从高适用税额。

(3)煤炭资源税税率幅度为 2%～10%,具体适用税率由省级财政部门在此幅度内,根据本地区清理收费基金、企业承受能力、煤炭资源条件等因素提出建议,报省级人民政府拟定。省级人民政府需将拟定的适用税率在公布前报财政部、国家税务总局审批。跨省煤田的适用税率由财政部、国家税务总局确定。

3. 扣缴义务人适用税额规定

(1)独立矿山、联合企业收购未税矿产品的单位,按照本单位应税产品税额标准,依据收购的数量代扣代缴资源税。

(2)其他收购未税矿产品的单位,按其主管税务机关核定的应税产品税额标准,依据收购的数量代扣代缴资源税。

8.4

应纳税额的计算

8.4.1 计税依据的确定

1. 从价定率征收的计税依据

资源税实行从价定率征收的,以销售额为计税依据。销售额是纳税人销售应税资源产品向购买方收取的全部价款和价外费用,但是不包括收取的增值税销项税额和运杂费用。

运杂费用是指应税产品从坑口或洗选(加工)地到车站、码头或购买方指定地点的运输费用、建设基金以及随运销产生的装卸、仓储、港杂费用。运杂费用应与销售额分别核算,凡未取得相应凭据或不能与销售额分别核算的,应当一并计征资源税。

纳税人开采应税矿产品由其关联单位销售的,按其关联单位的销售额征收资源税。纳税人既有对外销售应税产品,又有将应税产品用于除连续生产应税产品以外的其他方面的,则自用的这部分应税产品按纳税人对外销售应税产品的平均价格计算销售额征收资源税。

纳税人将其开采的应税产品直接出口的,按其离岸价格(不含增值税)计算销售额征收资源税。

价外费用，包括价外向购买方收取的手续费、补贴、基金、集资费、返还利润、奖励费、违约金（延期付款利息）、包装费、包装物租金、储备费、优质费、运输装卸费、代收款项、代垫付款项及其他各种性质的价外收费。但上述价外费用不包括以下四项费用。

① 同时符合以下条件代为收取的政府性基金或者行政事业性收费：一是由国务院或者省级人民政府及其财政、价格主管部门批准设立的行政事业性收费；二是由收取时开具省级以上财政部门印制的财政票据；三是所收款项全额上缴财政。

② 同时符合以下两个条件的代垫运费：一是承运部门的运费发票开具给购货方的，二是纳税人将该项发票转交给了购货方的。在这种情况下，纳税人仅仅只是为购货人代办运输业务，而未从中收取额外费用。

纳税人以人民币以外的货币结算销售额的，应当折合成人民币计算。其销售额的人民币折合率可以选择销售额发生的当天或者当月 1 日的人民币汇率中间价。纳税人应事先确定采用何种折合率计算方法，确定后 1 年内不得变更。

2. 从量定额征收的计税依据

（1）实行从量定额征收的以销售数量为计税依据。

① 纳税人开采或者生产应税产品销售的，以销售数量为课税数量。

② 纳税人开采或者生产应税产品自用的，以视同销售的自用数量为课税数量。

（2）纳税人不能准确提供应税产品的销售数量或移送使用数量的，以应税产品产量或主管税务机关确定的折算比换算成的数量为课税数量。

外购已税盐的资源税计算

8.4.2 应纳税额的计算

在确定了计税依据后，资源税应纳税额按以下公式计算。

1. 从价定率

应纳资源税税额＝销售额×适用比例税率

【例8-1】 某油田2018年8月开采原油10 000吨，其中已销售8 000吨，开具增值税专用发票取得不含增值税销售额5 000万元。该油田适用的资源税税率为8%。计算其8月应纳的资源税。

应纳资源税税额＝5 000×8%＝400（万元）

2. 从量定额

应纳税额＝课税数量×适用单位税额

代扣代缴应纳税额＝收购未税矿产品的数量×适用单位税额

【例8-2】 一家锡矿山开采企业，2017年12月销售锡砂石50 000立方米，资源税税额为每立方米2元。计算企业12月应纳资源税。

销售锡矿石应纳资源税税额＝50 000×2＝100 000（元）

3. 关于原矿销售额与精矿销售额的换算或折算

为公平原矿与精矿之间的税负，对同一种应税产品，征税对象为精矿的，纳税人销售原矿时，应将原矿销售额换算为精矿销售额缴纳资源税；征税对象为原矿的，纳税人销售自采原矿加工的精矿，应将精矿销售额折算为原矿销售额缴纳资源税。换算比或折算率原则上应通过原矿售价、精矿售价和选矿比计算，也可通过原矿销售额、加工环节的平均成本和利润计算。

金矿以标准金锭为征税对象，纳税人销售金原矿、金精矿的，应比照上述规定将其销售额换算为金锭销售额缴纳资源税。

换算比或折算率应按简便可行、公平合理的原则，由省级财税部门确定，并报财政部、国家税务总局备案。

4. 已税产品的税务处理

纳税人用已纳资源税的应税产品进一步加工为应税产品销售的，不再缴纳资源税。纳税人以未税产品和已税产品混合销售或者混合加工为应税产品销售的，应当准确核算已税产品的购进金额，在计算加工后的应税产品销售额时，准予扣减已税产品的购进金额；未分别核算的，一并计算缴纳资源税。

5. 煤炭资源税税额计算规定

自 2014 年 12 月 1 日起在全国范围内实施煤炭资源税从价计征改革，煤炭资源税应纳税额按照原煤或洗选煤计税销售额乘以适用税率计算。

原煤计税销售额是指纳税人销售原煤向购买方收取的全部价款和价外费用，不包括收取的增值税销项税额以及从坑口到车站、码头或购买方指定地点的运输费用。

洗选煤计税销售额按洗选煤销售额乘以折算率计算。洗选煤销售额是指纳税人销售洗选煤向购买方收取的全部价款和价外费用，包括洗选副产品的销售额，不包括收取的增值税销项税额以及从洗选煤厂到车站、码头或购买方指定地点的运输费用。

在计算煤炭计税销售额时，纳税人原煤及洗选煤销售额中包含的运输费用、建设基金以及伴随运销产生的装卸、仓储、港杂等应与煤价分别核算，凡取得相应凭据的，允许在计算煤炭计税销售额时予以扣减。扣减的凭据包括有关发票或者经主管税务机关审核的其他凭据。运输费用明显高于当地市场价格导致应税煤炭产品价格偏低，且无正当理由的，主管税务机关有权合理调整计税价格。

（1）洗选煤折算率计算

洗选煤折算率由省、自治区、直辖市财税部门或其授权地市级财税部门根据煤炭资源区域分布、煤质煤种等情况确定，体现有利于提高煤炭洗选率、促进煤炭清洁利用和环境保护的原则。洗选煤折算率一经确定，原则上在一个纳税年度内保持相对稳定，但在煤炭市场行情、洗选成本等发生较大变化时可进行调整。

洗选煤折算率计算公式如下：

① 洗选煤折算率 $= \left(\dfrac{\text{洗选煤平均}}{\text{销售额}} - \dfrac{\text{洗选环节}}{\text{平均成本}} - \dfrac{\text{洗选环节}}{\text{平均利润}} \right) \div \dfrac{\text{洗选煤平均}}{\text{销售额}} \times 100\%$

洗选煤平均销售额、洗选环节平均成本、洗选环节平均利润可按照上年当地行业平均水平测算确定。

② 洗选煤折算率 $=$ 原煤平均销售额 $\div$（洗选煤平均销售额 $\times$ 综合回收率）$\times 100\%$

原煤平均销售额、洗选煤平均销售额可按照上年当地行业平均水平测算确定。

综合回收率 $=$ 洗选煤数量 $\div$ 入洗前原煤数量 $\times 100\%$

（2）特殊规定

纳税人销售应税煤炭的，在销售环节缴纳资源税。纳税人以自采原煤直接或者经洗选加工后连续生产焦炭、煤气、煤化工、电力及其他煤炭深加工产品的，视同销售，在原煤或者洗选煤移送环节缴纳资源税。

纳税人申报的原煤或洗选煤销售价格明显偏低且无正当理由的，或者有视同销售应税煤炭行为而无销售价格的，主管税务机关应按下列顺序确定计税价格。

① 按纳税人最近时期同类原煤或洗选煤的平均销售价格确定。

② 按其他纳税人最近时期同类原煤或洗选煤的平均销售价格确定。

③ 按组成计税价格确定。

$$组成计税价格＝成本×（1＋成本利润率）÷（1－资源税税率）$$

上式中的成本利润率由税务机关按同类应税煤炭的平均成本利润率确定。

④ 按其他合理方法确定。

纳税人与其关联企业之间的业务往来，应当按照独立企业之间的业务往来收取或支付价款、费用；不按照独立企业之间的业务往来收取或支付价款、费用，而减少其应纳税收入的，税务机关有权按照《中华人民共和国税收征收管理法》及其实施细则的有关规定进行合理调整。

纳税人以自采原煤或加工的洗选煤连续生产焦炭、煤气、煤化工、电力等产品，自产自用且无法确定应税煤炭移送使用量的，可根据最终产成品的煤耗指标确定用煤量，即：煤电一体化企业可按照每千瓦时综合供电煤耗指标进行确定；煤化工一体化企业可按照煤化工产成品的原煤耗用率指标进行确定；其他煤炭连续生产企业可采取其产成品煤耗指标进行确定，或者参照其他合理方法进行确定。

（3）扣减额计算

纳税人将自采原煤与外购原煤（包括煤矸石）进行混合后销售的，应当准确核算外购原煤的数量、单价及运费，在确认计税依据时可以扣减外购相应原煤的购进金额。

$$计税依据＝当期混合原煤销售额－当期用于混售的外购原煤的购进金额$$
$$外购原煤的购进金额＝外购原煤的购进数量×单价$$

纳税人将自采原煤连续加工的洗选煤与外购洗选煤进行混合后销售的，比照上述有关规定计算缴纳资源税。

纳税人以自采原煤和外购原煤混合加工洗选煤的，应当准确核算外购原煤的数量、单价及运费，在确认计税依据时可以扣减外购相应原煤的购进金额。

$$计税依据＝当期洗选煤销售额×折算率－当期用于混洗混售的外购原煤的购进金额$$
$$外购原煤的购进金额＝外购原煤的购进数量×单价$$

纳税人以自采原煤和外购原煤混合加工洗选煤的，应当准确核算外购原煤的数量、单价及运费，在确认计税依据时可以扣减外购相应原煤的购进金额。

$$计税依据＝当期洗选煤销售额×折算率－当期用于混洗混售的外购原煤的购进金额$$
$$外购原煤的购进金额＝外购原煤的购进数量×单价$$

纳税人扣减当期外购原煤或者洗选煤购进额的，应当以增值税专用发票、普通发票或者海关报关单作为扣减凭证。

8.5 税收优惠

资源税立法原则是普遍征收、级差调节，因此免税项目比较少，主要税收优惠如下。

（1）开采原油过程中用于加热、修井的原油，免税。

（2）纳税人开采或者生产应税产品过程中，因意外事故、自然灾害等原因遭受重大损失的，由省、自治区、直辖市人民政府酌情决定减税或者免税。

（3）铁矿石资源税减按 40%征收资源税。

（4）从 2007 年 1 月 1 日起，对地面抽采煤矿瓦斯暂不征收资源税。

（5）对鼓励利用的低品位矿、废石、尾矿、废渣、废水、废气等提取的矿产品，由省级人民政府根据实际情况确定是否减税或免税，并制定具体办法。

（6）有下列情形之一的，免征或减征资源税。

① 油田范围内运输稠油过程中用于加热的原油、天然气，免征资源税。

② 稠油、高凝油和高含硫天然气资源税减征 40%。

稠油，是指地层原油黏度大于或等于 50 毫帕/秒或原油密度大于或等于 0.92 克/立方厘米的原油。高凝油，是指凝固点大于 40℃的原油。高含硫天然气，是指硫化氢含量大于或等于 30 克/立方米的天然气。

③ 三次采油资源税减征 30%。三次采油是指二次采油后继续以聚合物驱、三元复合驱、泡沫驱、二氧化碳驱、微生物驱等方式进行采油。

④ 对深水油气田资源税减征 30%。

深水油气田，是指水深超过 300 米（不含）的油气田。

符合上述减免税规定的原油、天然气划分不清的，一律不予减免资源税；同时符合上述两项及两项以上减税规定的，只能选择其中一项执行，不能叠加适用。财政部和国家税务总局根据国家有关规定及实际情况的变化适时对上述政策进行调整。

⑤ 对低丰度油气田资源税减征 20%。

陆上低丰度油田，是指每平方公里原油可采储量丰度在 25 万立方米（不含）以下的油田；陆上低丰度气田，是指每平方公里天然气可采储量丰度在 2.5 亿立方米（不含）以下的气田。

海上低丰度油田，是指每平方公里原油可采储量丰度在 60 万立方米（不含）以下的油田；海上低丰度气田，是指每平方公里天然气可采储量丰度在 6 亿立方米（不含）以下的气田。

⑥ 对实际开采年限在 15 年以上的衰竭期矿山开采的矿产资源，资源税减征 30%。

衰竭期矿山是指省域可开采储量下降到原设计可采储量的 20%（含）以下或剩余服务年限不超过 5 年的矿山，以开采企业下属的单个矿山为单位确定。

⑦ 对依法在建筑物下、铁路下、水体下通过充填开采方式采出的矿产资源，资源税减征 50%。

充填开采是指随着回采工作面的推进，向采空区或离层带等空间充填废石、尾石、废渣、建筑废料以及专用充填合格材料等采出矿产品的开采方法。

为促进共伴生矿的综合利用，纳税人开采销售共伴生矿，共伴生矿与主矿产品销售额分开核算的，对共伴生矿暂不计征资源税；没有分开核算的，共伴生矿按主矿产品的税目和适用税率计征资源税。

8.6

征收管理

8.6.1 纳税义务发生时间

1. 纳税人销售应税产品，其纳税义务发生时间为：

（1）纳税人采取分期收款结算方式的，其纳税义务发生时间为销售合同规定的收款日期的当天；

（2）纳税人采取预收货款结算方式的，其纳税义务发生时间为发出应税产品的当天；

（3）纳税人采取其他结算方式的，其纳税义务发生时间为收讫销售款或者取得索取销售款凭据的当天。

2. 纳税人自产自用应税产品的纳税义务发生时间为移送使用应税产品的当天。

3. 扣缴义务人代扣代缴税款的纳税义务发生时间为支付首笔货款或者开具应支付货款凭据的当天。

8.6.2 纳税期限

纳税期限是纳税人发生纳税义务后缴纳税款的期限。资源税的纳税期限为1日、3日、5日、10日、15日或者1个月，由主管税务机关根据实际情况具体核定。不能按固定期限计算纳税的，可以按次计算纳税。

纳税人以1个月为一期纳税的，自期满之日起10日内申报纳税；以1日、3日、5日、10日或者15日为一期纳税的，自期满之日起5日内预缴税款，于次月1日起10日内申报纳税并结清上月税款。

8.6.3 纳税环节和纳税地点

资源税在应税产品的销售或自用环节计算缴纳。以自采原矿加工精矿产品的，在原矿移送使用时不缴纳资源税，在精矿销售或自用时缴纳资源税。

纳税人以自采原矿加工金锭的，在金锭销售或自用时缴纳资源税。纳税人销售自采原矿或者自采原矿加工的金精矿、粗金，在原矿或者金精矿、粗金销售时缴纳资源税，在移送使用时不缴纳资源税。

纳税人应当向矿产品的开采地或盐的生产地缴纳资源税。纳税人在本省、自治区、直辖市范围开采或者生产应税产品，其纳税地点需要调整的，由税务机关决定。

如果纳税人应纳的资源税属于跨省开采，其下属生产单位与核算单位不在同一省、自治区、直辖市的，对其开采的矿产品一律由独立核算的单位按照每个开采地或者生产地的销售量及使用税率计算划拨；实行从价计征的应税产品，其应纳税款一律由独立核算的单位按照每个开采地或者生产地的销售量、单位销售价格及适用税率计算划拨。

扣缴义务人代扣代缴的资源税，也应当向收购地主管税务机关缴纳。

思考与练习

一、辨析题

1. 资源税的纳税人不包括生产或开采应税资源的外商投资企业、外国企业或外籍人员。（　　　）

2. 纳税人用应税矿产品继续加工生产精矿产品并销售，应税矿产品不缴纳资源税。（　　　）

3. 纳税人进口的应税资源产品，在进口环节需要缴纳资源税、进口关税和增值税。（　　　）

4. 资源税扣缴义务人代扣代缴的资源税，应当向生产所在地主管税务机关缴纳。（　　　）

5. 开采过程中对用于加热、修井的原油征收资源税。（　　　）

6. 未列举名称的其他非金属矿原矿一律免征资源税。（ 　 ）

7. 对开采主矿产品过程中伴采的其他应税矿产品，一律按主矿产品税目征收资源税。（ 　 ）

8. 纳税人出口应税资源产品，在退（免）增值税的同时，也应退（免）资源税。（ 　 ）

9. 铁矿石资源税减按40%征收资源税。（ 　 ）

10. 原油是资源税的应税资源，包括天然原油和人造原油。（ 　 ）

二、综合计算题

1. 一家煤矿开采企业为增值税一般纳税人，2017年12月销售原煤30万吨，开具增值税专用发票注明金额9 000万元，另领用原煤5万吨用于企业冬季取暖，该企业同类原煤最高售价为400元/吨（不含增值税），平均售价310元/吨（不含增值税），当地规定煤炭资源税税率10%。计算：该企业当月应纳资源税。

2. 甲油田2018年9月开采原油一批，全部销售，开具增值税专用发票取得销售额8 000万元，增值税1 360万元，其适用税率为8%。计算该油田9月应纳资源税。

第9章

土地增值税

土地增值税是一种主要针对房地产行业较高利润回报而征收的调节税。它是对房地产经营企业等单位和个人，有偿转让国有土地使用权以及在房屋销售过程中获得增值收入，按一定比例向国家缴纳的一种税。土地增值税实行四级超率累进税率，体现增值程度的不同，国家调节的力度不同，增值率高的，缴纳较多的税收，增值率低的，缴纳较少的税收，没有发生增值的，不纳税。

9.1 税种概述

9.1.1 土地增值税的设置

土地增值税是对转让国有土地使用权、地上建筑物及其附着物并取得收入的单位和个人，就其转让房地产所取得的增值额征收的一种税。土地增值税是指国家制定的用以调整土地增值税征收与缴纳之间权利及义务关系的法律规范。

1993 年 12 月 13 日国务院发布了《中华人民共和国土地增值税暂行条例》，从 1994 年 1 月 1 日起开征土地增值税。1995 年 1 月 27 日财政部颁布了《中华人民共和国土地增值税暂行条例实施细则》，进一步细化了土地增值税征收管理办法。

9.1.2 土地增值税的特点

我国现行土地增值税主要有以下几个特征。

1. 征税范围比较广泛

凡在我国境内转让国有土地使用权、地上建筑物及其附着物并取得收入的单位和个人，除税法规定免税的以外，均应依照税法规定缴纳土地增值税。也就是所有发生应税行为的单位和个人，不论何种性质均有缴纳土地增值税的义务。

2. 以增值额作为计税依据

我国土地增值税以转让房地产取得的增值额为征税对象，增值额为纳税人转让房地产的收入减去税法准予扣除项目金额后的余额。

3. 实行按次征收

土地增值税在房地产发生转让的环节，实行按次征收。每发生一次转让行为，就应根据每次取得的增值额征一次税。

4. 实行超率累进税率

土地增值税的税率是以转让房地产的增值率高低为依据，按照累进原则设计的，实行分级计税。增值率高的，适用税率高，多纳税；增值率低的，税率低，少纳税，体现税收的公平性。

9.1.3 土地增值税的作用

1. 增强国家宏观调控职能

土地增值税的开征有利于增强国家对房地产开发和房地产交易市场的调控，特别是利用税收杠杆对房地产业的开发、经营和房地产市场进行适当调控，以保证房地产业和房地产市场的健康发展，控制投资规模，促进土地资源的合理利用。

2. 抑制投机者牟取暴利的行为

土地收益主要来源于土地的增值，包括自然增值和投资增值。通过开征土地增值税，国家参与土地增值收益的分配，可以遏制投机者牟取暴利的行为，保障国家的土地权益。

3. 增加地方财政收入

土地增值税的开征规范了国家参与土地增值收益的分配，增加了国家财政收入的来源。目前，土地增值税收入属于地方财政收入，为地方政府积累建设资金发挥了积极作用。

9.2 纳税人与征税范围

9.2.1 纳税义务人

土地增值税的纳税义务人为转让国有土地使用权、地上建筑及其附着物并取得收入的单位和个人。其中，单位包括各类企业事业单位、国家机关、社会团体及其他组织。个人包括个体经营者。《中华人民共和国土地增值税暂行条例》对纳税人的界定涵盖了所有性质的单位和个人，体现出只要是有偿转让房产，不论法人与自然人、不论经济性质、不论内资与外资，都是土地增值税的纳税义务人。

9.2.2 征税范围

1. 征税范围的一般规定

《中华人民共和国土地增值税暂行条例》规定凡是将国有土地使用权、地上建筑物及其附着物连同国有土地使用权一并转让并取得收入的，都属于土地增值税征税范围。

所谓的"国有土地"，是指按国家法律规定属于国家所有的土地；"地上建筑物"，是指建于土地上的一切建筑物，包括地上地下的各种附属设施；"附着物"，是指附着于土地上的不能移动或一经移动即遭损坏的物品。

2. 征税范围的具体界定

（1）转让国有土地使用权

土地增值税仅对转让国有土地使用权的征税，即土地使用者通过出让方式，向政府缴纳了土地出让金，有偿受让土地使用权后，仅对土地进行通水、通电、通路和平整地面等土地开发，不进行房产开发，将"生地变熟地"然后直接将空地出售出去。

（2）地上建筑物及其附着物连同国有土地使用权一并转让

取得国有土地使用权后进行房屋开发建造然后出售。这种行为属于房地产开发行为，在房屋出售后，土地使用权与房屋产权一同发生转让，同时开发商取得了收入，因此属于土地增值税的征税范围。

（3）存量房地产的买卖

房屋所有人将已经建成并投入使用的房屋的所有权及其土地使用权一并转让给其他单位和个人，发生了国有土地使用权的转让，并取得了收入，应属于土地增值税的征税范围。

3. 征税范围的具体规定

（1）以继承、赠予方式转让房地产

房地产的继承是指房产的原产权所有人，依照法律规定的取得土地使用权的土地使用人死亡后，由其继承人依法承受死者房产产权和土地使用权的民事法律行为。由于这种行为，被继承人并未取得任何收入，所以，不属于土地增值税的征税范围。

房地产的赠予是指房产所有人、土地使用权所有人将自己所拥有的房地产无偿交给其他人的民事法律行为。房产的赠予虽然发生了产权的变更，但作为房产所有人、土地使用权的所有人并没有因权属的转让而取得任何收入。下列情况的赠予不属于土地增值税的征税范围：

① 房产所有人、土地使用权所有人将房屋所有权、土地使用权赠予直系亲属或承担直接赡养义务人的；

② 房产所有人、土地使用权所有人通过中国境内非营利的社会团体、国家机关将房屋产权、土地使用权赠予教育、民政和其他社会福利、公益事业的。这里的社会团体是指中国青少年发展基金会、希望工程基金会、宋庆龄基金会、减灾委员会、中国红十字会、中国残疾人联合会、中国老年基金会、老区促进会以及经民政部门批准成立的非营利的公益性组织。

房地产赠予虽然发生了房地产的权属变更，但作为房产所有人、土地使用权的所有人并没有因权属的转让而取得任何收入。因此，房地产赠予不属于土地增值税的征税范围。

（2）房地产的出租与抵押

① 房地产的出租，是指房产的产权所有人及依照法律规定取得土地使用权的土地使用权人，将房产、土地使用权租赁给承租人使用，由承租人向出租人支付租金的行为。虽然房地产的出租人取得了收入，但没有发生产权的变更，因此，不属于土地增值税的征税范围。

② 房地产的抵押，是指房产的产权所有人及依照法律规定取得土地使用权的土地使用权人作为债务或第三人向债权人提供不动产作为清偿债务的担保而不转移权属的法律行为。房地产的抵押，在抵押期间不征收土地增值税，待抵押期满后，对于以房地产抵债而发生房地产权属转让的，属于土地增值税的征收范围。

（3）房地产的代建与重新评估

① 房地产的代建行为，是指房地产公司代客户进行房地产的开发，开发完成后向客户收取代建收入的行为。虽然房地产公司取得了收入，但没有发生房地产权属的转移，其收入属于劳务收入，因此不属于土地增值税征税范围。

② 房地产的重新评估，主要是指因对房地产进行重新评估而发生升值的情况。虽然房地产发生了增值，但没有发生产权的转移，房产产权所有人、土地使用权的所有人也未取得任何收入，所以不属于土地增值税的征税范围。

（4）以房地产进行投资、联营

对于以房地产进行投资、联营的，投资、联营的一方以土地（房地产）作价入股进行投资或作为联营条件将房地产转让到所投资、联营的企业中时，暂免征收土地增值税。对投资、联营企业将上述房地产再转让的，应征收土地增值税。

（5）合作建房

对于一方出地，一方出资金，双方合作建房，建成后按比例分房自用的，暂免征收土地增值税；建成后转让的，属于土地增值税征收范围。

（6）房地产的交换

对于一方以房地产与另一方的房地产进行交换的行为，属于土地增值税的征税范围。但对个人之间互换自有居住用房地产的，经当地税务机关核实，可以免征土地增值税。

（7）企业改制重组土地增值税政策

① 按照《中华人民共和国公司法》的规定，非公司制企业整体改建为有限责任公司或者股份有限公司，有限责任公司（股份有限公司）整体改建为股份有限公司（有限责任公司）。对改建前的企业将国有土地、房屋权属转移、变更到改建后的企业，暂不征土地增值税。

整体改建是指不改变原企业的投资主体，并承继原企业权利、义务的行为。

② 按照法律规定或者合同约定，两个或两个以上企业合并为一个企业，且原企业投资主体存续的，对原企业将国有土地、房屋权属转移、变更到合并后的企业，暂不征土地增值税。

③ 按照法律规定或者合同约定，企业分设为两个或两个以上与原企业投资主体相同的企业，对原企业将国有土地、房屋权属转移、变更到分立后的企业，暂不征土地增值税。

④ 单位、个人在改制重组时以国有土地、房屋进行投资，对其将国有土地、房屋权属转移、变更到被投资的企业，暂不征土地增值税。

上述①～④项有关改制重组土地增值税的政策不适用于房地产开发企业。

⑤ 企业改制重组后再转让国有土地使用权并申报缴纳土地增值税时，应以改制前取得该宗国有土地使用权所支付的地价款和按国家统一规定缴纳的有关费用，作为该企业"取得土地使用权所支付的金额"扣除。

企业在重组改制过程中经省级以上（含省级）国土管理部门批准，国家以国有土地使用权作价出资入股的，再转让该宗国有土地使用权并申报缴纳土地增值税时，应以该宗土地作价入股时省级以上（含省级）国土管理部门批准的评估价格，作为该企业"取得土地使用权所支付的金额"扣除。办理纳税申报时，企业应提供该宗土地作价入股时省级以上（含省级）国土管理部门的批准文件和批准的评估价格，不能提供批准文件和批准的评估价格的，不得扣除。

企业享受相关土地增值税优惠政策的，应及时向主管税务机关提交相关房产、国有土地权证、价值证明等书面材料。

9.3 税率

土地增值税采用四级超率累进税率，最低税率为 30%，最高税率为 60%。采用超率累进税率更能体现土地增值税加大调节力度、维护国家权益的开征目的，可以更好地调节因炒卖房地产而获取的过高增值收益，具体税率如表 9-1 所示。

表 9-1　　　　　　　　　土地增值税四级超率累进税率

级数	增值额与扣除项目金额的比率	税率	速算扣除系数
1	不超过 50%的部分	30%	0
2	超过 50%至 100%的部分	40%	5%
3	超过 100%至 200%的部分	50%	15%
4	超过 200%的部分	60%	35%

9.4 应纳税额的计算

9.4.1 计税依据的确定

土地增值税以纳税人转让房地产所取得的土地增值额为计税依据。土地增值额，是指转让房地产取得的收入额减去税法规定的准予扣除项目金额后的余额。计算公式如下：

增值额＝转让房地产收入－准予扣除项目金额

1. 转让房地产收入的确定

按照《中华人民共和国土地增值税暂行条例》及其实施细则的规定，纳税人转让房地产取得的应税收入，应包括转让房地产的全部价款及有关的经济收益，包括货币收入、实物收入和其他性质的收入。

（1）货币收入

货币收入是指纳税人转让房地产而取得的现金、银行存款、支票、银行本票、汇票等各种信用票据和国库券、金融债券、企业债券、股票等有价证券。

（2）实物收入

实物收入是指纳税人转让房地产而取得的各种实物形态的收入，如钢材、水泥等建材，房屋、土地等不动产。

（3）其他收入

其他收入是指纳税人转让房地产而取得的无形资产收入或具有财产价值的权利，如专利权、商标权、著作权、专有技术使用权、土地使用权、商誉权等。

2. 扣除项目的确定

准予纳税人从转让收入额减除的扣除项目有 6 个方面。

（1）取得土地使用权所支付的金额

取得土地使用权所支付的金额包括纳税人为取得土地使用权所支付的地价款和按国家统一规定交纳的有关费用。

纳税人为取得土地使用权所支付的地价款有三种形式：一是，如果是以协议、招标、拍卖等出让方式取得土地使用权的，地价款为纳税人所支付的土地出让金；二是，如果是以行政划拨方式取得土地使用权的，地价款为按照国家有关规定补交的土地出让金；三是，如果是以转让方式取得土地使用权的，地价款为向原土地使用权人实际支付的地价款。

纳税人在取得土地使用权时按国家统一规定交纳的有关费用，是指纳税人在取得土地使用权过程中为办理有关手续，按国家统一规定缴纳的有关登记、过户手续费。

（2）房地产开发成本

房地产开发成本是指纳税人房地产开发项目实际发生的成本，包括土地征用及拆迁补偿费、前期工程费、建筑安装工程费、基础设施费、公共配套设施费、开发间接费用等。

① 土地征用及拆迁补偿费。其包括土地征用费、耕地占用税、劳动力安置费及有关地上、地下附着物拆迁补偿的净支出、安置动迁用房支出等。

② 前期工程费。其包括规划、设计、项目可行性研究和水文、地质、勘察、测绘、"三通一平"等支出。

③ 建筑安装工程费。以出包方式支付给承包单位的建筑安装工程费，以自营方式发生的建筑安装工程费。

④ 基础设施费。其包括开发小区内道路、供水、供电、供气、排污，排洪、通信、照明、环卫和绿化等工程发生的支出。

⑤ 公共配套设施费。其包括不能有偿转让的开发小区内公共配套设施发生的支出。

⑥ 开发间接费用。直接组织、管理开发项目发生的费用，包括工资、职工福利费、折旧费、修理费、办公费、水电费、劳动保护费和周转房摊销费等。

（3）房地产开发费用

房地产开发费用是指与房地产开发项目有关的销售费用、管理费用和财务费用。按照规定，房地产开发费用的确定分两种情况。

① 财务费用中利息支出，若能按转让房地产项目计算分摊并提供金融机构证明的，准予扣除的房地产开发费用计算公式如下：

$$准予扣除的房地产开发费用 = 利息支出 + （取得土地使用权所支付的金额 + 房地产开发成本）\times 5\%$$

财务费用中的利息支出，凡能够按转让房地产项目计算分摊并提供金融机构证明的，允许据实扣除，但最高不能超过按商业银行同类同期贷款利率计算的金额。

其他房地产开发费用，按取得土地使用权所支付的金额和房地产开发成本计算的金额之和的 5% 以内计算扣除。计算扣除的具体比例，由各省、自治区、直辖市人民政府规定。

② 财务费用中利息支出，若不能按转让房地产项目计算分摊并提供金融机构证明的，准予扣除的房地产开发费用计算公式如下：

$$准予扣除的房地产开发费用 = （取得土地使用权所支付的金额 + 房地产开发成本）\times 10\%$$

凡不能按转让房地产项目计算分摊利息支出或不能提供金融机构证明的，利息支出不得单独计算扣除，而应并入房地产开发费用一并计算扣除。房地产开发费用按取得土地使用权所支付的金额和房地产开发成本这两项规定计算的金额之和的 10% 以内计算扣除。

全部使用自有资金，没有利息支出的，按照以上方法扣除。

财政部、国家税务总局对扣除项目金额中利息支出的计算规定：一是利息的上浮幅度按国家的有关规定执行，超过上浮幅度的部分不允许扣除；二是对于超过贷款期限的利息部分和加罚的利息不允许扣除。

（4）与转让房地产有关的税金

与转让房地产有关的税金，是指在转让房地产时缴纳的城市维护建设税和印花税。因转让房地产缴纳的教育费附加，也可视同税金予以扣除。但房地产开发企业由于已将印花税列入管理费用中，因此不允许单独再进行扣除。其他纳税人缴纳的印花税（按产权转移书据所载金额的 5‰ 贴花）允许在此扣除。

（5）加计扣除项目

对专门从事房地产开发的纳税人可按取得使用权所支付的金额和房地产开发成本两项金额之和，加计扣除。计算公式如下：

$$准予扣除的加计扣除项目 = （取得土地使用权所支付的金额 + 房地产开发成本）\times 20\%$$

（6）旧房及建筑物的评估价格

在转让已使用的房屋及建筑物时，准予扣除的是由政府批准设立的房地产评估机构评定的重置成本价乘以成新度折扣率后的价格。评估价格须经当地税务机关确认。

重置成本价，是指对旧房及建筑物，按转让时的建材价格及人工费用计算，建造同样面积、同样层次、同样结构、同样建设标准的新房及建筑物所需花费的成本费用。成新度折扣率，是指按旧房的新旧程度做一定比例的折扣。

纳税人转让旧房及建筑物，凡不能取得评估价格，但能提供购房发票的，经当地税务部门确认，可按发票所载金额并从购买年度起至转让年度止每年加计 5% 计算扣除。计算扣除项目时的"每年"按购房发票所载日期起至售房发票开具之日止，每满 12 个月计 1 年；超过 1 年，未满 12 个月但超过 6 个月的，可以视同为 1 年。

对纳税人购房时缴纳的契税，凡能提供契税完税凭证的，准予作为"与转让房地产有关的税金"予以扣除，但不得作为加计 5% 的基数。

对于转让旧房及建筑物，既没有评估价格，又不能提供购房发票的情况，税务机关可以根据《中华人民共和国税收征收管理法》的规定，实行核定征收。

3. 增值额计算的其他规定

在实际房地产交易活动中，有些纳税人由于不能准确提供房地产转让价格或扣除项目金额，导致增值额不能准确计算，影响了土地增值税的缴纳。因此，《中华人民共和国土地增值税暂行条例》规定，纳税人有下列情形之一的，按照房地产评估价格计算征收土地增值税。

（1）隐瞒、虚报房地产成交价格

纳税人不报或有意低报转让土地使用权、地上建筑物及其附着物价款的行为，属于隐瞒、虚报房地产成交价格。对于隐瞒、虚报房地产成交价格，应由评估机构参照同类房地产的市场交易价格进行评估。税务机关根据评估价格确定转让房地产的收入。

（2）提供扣除项目金额不实

纳税人在纳税申报时不据实提供扣除项目金额的行为属于提供扣除项目金额不实。对于提供扣除项目金额不实的，应由评估机构按照房屋重置成本价乘以成新度折扣率计算的房屋成本价和取得土地使用权时的基准地价进行评估。税务机关根据评估价格确定扣除项目金额。

（3）转让房地产的成交价格低于房地产评估价格且无正当理由

转让房地产的成交价格低于房地产评估价格，又无正当理由的，是指纳税人申报的转让房地产的实际成交价低于房地产评估机构评定的交易价，纳税人又不能提供凭据或无正当理由的行为。对于上述行为，由税务机关参照房地产评估价格确定转让房地产的收入。

9.4.2 应纳税额的计算

土地增值税按照纳税人转让房地产所取得的增值额和规定的税率计算征收。计算公式为：

$$应纳土地增值税税额 = \sum（每级距的土地增值额 \times 适用税率）$$

在实际工作中，分步计算比较烦琐，一般可以采用速算扣除法计算。即：土地增值税税额，可按增值额乘以适用税率减去扣除项目金额乘以速算扣除系数的简便方法计算。计算公式为：

$$应纳土地增值税税额 = 土地增值额 \times 适用税率 - 扣除项目金额 \times 速算扣除系数$$

【例9-1】 某市房地产开发公司建造并出售一幢商品房，取得收入 1 850 万元；纳税人为建造该幢商品房支付地价款及各种费用350万元；建造此楼投入540万元的房地产开发成本；该项目不能提供准确的利息支出情况；转让环节缴纳的有关税费共计为102万元；该单位所在地政府规定的其他房地产开发费用计算扣除比例为10%。计算该房地产开发公司应缴纳的土地增值税。

（1）取得收入1 850万元；

（2）取得土地使用权所支付的地价款为350万元；

（3）房地产开发成本为540万元；

（4）房地产开发费用＝（350＋540）×10%＝89（万元）

（5）允许扣除的税费为102万元；

（6）从事房地产开发的纳税人加计扣除＝（350＋540）×20%＝178（万元）

（7）允许扣除的项目金额合计＝350＋540＋89＋102＋178＝1 259（万元）

（8）增值额＝1 850－1 259＝591（万元）

（9）土地增值比率＝591÷1 259×100%＝47%

（10）应纳土地增值税税额＝591×30%＝177.3（万元）

9.4.3 房地产开发企业土地增值税清算

1. 土地增值税的清算单位

土地增值税以国家有关部门审批的房地产开发项目为单位进行清算，对于分期开发的项目，以分期项目为单位清算。

开发项目中同时包含普通住宅和非普通住宅的，应分别计算增值额。

2. 土地增值税的清算条件

（1）符合下列情形之一的，纳税人应进行土地增值税的清算：

① 房地产开发项目全部竣工、完成销售的；

② 整体转让未竣工决算房地产开发项目的；

③ 直接转让土地使用权的。

（2）符合下列情形之一的，主管税务机关可要求纳税人进行土地增值税清算：

① 已竣工验收的房地产开发项目，已转让的房地产建筑面积占整个项目可售建筑面积的比例在85%以上，或该比例虽未超过85%，但剩余的可售建筑面积已经出租或自用的；

② 取得销售（预售）许可证满三年仍未销售完毕的；

③ 纳税人申请注销税务登记但未办理土地增值税清算手续的；

④ 省级税务机关规定的其他情况。

3. 非直接销售和自用房地产的收入确定

（1）房地产开发企业将开发产品用于职工福利、奖励、对外投资、分配给股东或投资人、抵偿债务、换取其他单位和个人的非货币性资产等，发生所有权转移时应视同销售房地产，其收入按下列方法和顺序确认：

① 按本企业在同一地区、同一年度销售的同类房地产的平均价格确定；

② 由主管税务机关参照当地当年、同类房地产的市场价格或评估价值确定。

（2）房地产开发企业将开发的部分房地产转为企业自用或用于出租等商业用途时，如果产权未发生转移，不征收土地增值税，在税款清算时不列收入，不扣除相应的成本和费用。

（3）土地增值税清算时，已全额开具商品房销售发票的，按照发票所载金额确认收入；未开具发票或未全额开具发票的，以交易双方签订的销售合同所载的售房金额及其他收益确认收入。销售合同所在商品房面积与有关部门实际测量面积不一致，在清算前已发生补、退房款的，应在计算土地增值税时予以调整。

4. 土地增值税的扣除项目

（1）房地产开发企业办理土地增值税清算时计算与清算项目有关的扣除项目金额，应根据《中华人民共和国土地增值税暂行条例》及其实施细则规定执行。除另有规定外，扣除取得土地使用权所支付的金额、房地产开发成本、费用及与转让房地产有关的税金，须提供合法有效凭证；不能提供合法有效凭证的，不予扣除。

（2）房地产开发企业办理土地增值税清算所附送的前期工程费、建筑安装工程费、基础设施费、开发间接费用的凭证或资料不符合清算要求或不实的，税务机关可参照当地建设工程造价管理部门公布的建安造价定额资料，结合房屋结构、用途、区位等因素，核定上述四项开发成本的单位面积金额标准，并据以计算扣除。具体核定方法由税务机关确定。

（3）房地产开发企业开发建造的与清算项目配套的居委会和派出所用房、会所、停车场（库）、物业管理场所、变电站、热力站、水厂、文体场馆、学校、幼儿园、托儿所、医院、邮电通信等公共设施，按以下原则处理：

① 建成后产权属于全体业主所有的，其成本、费用可以扣除；

② 建成后无偿移交给政府、公用事业单位用于非营利性社会公共事业的，其成本、费用可以扣除；

③ 建成后有偿转让的，应计算收入，并准予扣除成本、费用。

（4）房地产开发企业销售已装修的房屋，其装修费用可以计入房地产开发成本。

房地产开发企业的预提费用，除另有规定外，不得扣除。

（5）属于多个房地产项目共同的成本费用，应按清算项目可售建筑面积占多个项目可售总建筑面积的比例或其他合理的方法，计算确定清算项目的扣除金额。

（6）房地产开发企业在工程竣工验收后，根据合同约定扣留建筑安装施工企业一定比例的工程款，作为开发企业的质量保证金，在计算土地增值税时，建筑安装施工企业就质量保证金对房地产开发企业开具发票的，按发票所载金额予以扣除；未开发票的，扣留的质保金不得计算扣除。

（7）房地产开发企业逾期开发缴纳的土地闲置费不得扣除。

5. 土地增值税清算应报送的资料

纳税人办理土地增值税清算应报送以下资料：

（1）房地产开发企业清算土地增值税书面申请、土地增值税纳税申报表；

（2）项目竣工决算报表、取得土地使用权所支付的地价款凭证、国有土地使用权出让合同、银行贷款利息结算通知单、项目工程合同结算单、商品房购销合同统计表等与转让房地产的收入、成本和费用有关的证明资料；

（3）主管税务机关要求报送的其他与土地增值税清算有关的证明资料等。

纳税人委托税务中介机构审核鉴证的清算项目，还应报送中介机构出具的《土地增值税清算税款鉴证报告》。

6. 土地增值税清算项目的审核鉴证

税务中介机构受托对清算项目审核鉴证时，应按税务机关规定的格式对审核鉴证情况出具鉴证报告。对符合要求的鉴证报告，税务机关可以采信。

税务机关要对从事土地增值税清算鉴证工作的税务中介机构在准入条件、工作程序、鉴证内容、法律责任等方面提出明确要求，并做好必要的指导和管理工作。

7. 土地增值税的核定征收

房地产开发企业有下列情形之一的，税务机关可以参照与其开发规模和收入水平相近的当地企业的土地增值税税负情况，按不低于预征率的征收率核定征收土地增值税：

（1）依照法律、行政法规的规定应当设置但未设置账簿的；

（2）擅自销毁账簿或者拒不提供纳税资料的；

（3）虽设置账簿，但账目混乱或者成本资料、收入凭证、费用凭证残缺不全，难以确定转让收入或扣除项目金额的；

（4）符合土地增值税清算条件，未按照规定的期限办理清算手续，经税务机关责令限期清算，逾期仍不清算的；

（5）申报的计税依据明显偏低，又无正当理由的。

8. 清算后再转让房地产的处理

在土地增值税清算时未转让的房地产，清算后销售或有偿转让的，纳税人应按规定进行土地增值税的纳税申报，扣除项目金额按清算时的单位建筑面积成本费用乘以销售或转让面积计算。

单位建筑面积成本费用＝清算时的扣除项目总金额÷清算的总建筑面积

纳税人按规定预缴土地增值税后，清算补缴的土地增值税，在主管税务机关预定的期限内补缴的，不加收滞纳金。

9.5 税收优惠

9.5.1 建造普通标准住宅的优惠

纳税人建造普通标准住宅出售，其增值额未超过扣除项目金额 20%的，免征土地增值税；增值额超过扣除项目金额 20%的，应就其全部增值额计算缴纳税款。

所谓的"普通标准住宅"是指按所在地一般民用住宅标准建造的居住用住宅。高级公寓、别墅、度假村不属于普通标准住宅。

纳税人既建造普通标准住宅，又建造其他房地产开发的，应分别核算增值额。不分别核算增值额或不能准确核算增值额的，其建造的普通标准住宅不适用此规定。

9.5.2 企事业单位、社会团体及其他组织转让旧房作为公租房房源的优惠

企事业单位、社会团体及其他组织转让旧房作为公租房房源，且增值额未超过扣除项目金额 20%的，免征土地增值税。

9.5.3 国家建设需要依法征用、收回的房地产的优惠

国家建设需要依法征用、收回的房地产免征土地增值税。因国家建设需要依法征用、收回的房地产，是指因城市实施规划、国家建设的需要而被政府批准征用的房产或收回的土地

使用权。

9.5.4　因城市规划、国家建设需要而搬迁由纳税人自行转让原房地产的税收优惠

因城市规划、国家建设需要而搬迁由纳税人自行转让原房地产的，免征土地增值税。

9.6 | 征收管理

9.6.1　纳税义务发生时间与纳税期限

1. 土地增值税的预征

由于房地产开发与转让周期较长，造成土地增值税征管难度较大，土地增值税加强了预征的管理。除保障性住房外，东部地区省份预征率不得低于 2%，中部和东北地区省份不得低于1.5%，西部地区省份不得低于 1%。

2. 纳税期限

纳税人应在转让房地产合同签订后的 7 日内，到房地产所在地主管税务机关办理纳税申报，并在税务机关核定的期限内缴纳土地增值税。税务机关核定的纳税期限，应在签订房地产转让合同之后，办理房地产权属转让（过户及登记）手续之前。

9.6.2　纳税地点

土地增值税的纳税人应向房地产所在地主管税务机关办理纳税申报，并在税务机关核定的期限内缴纳土地增值税。

房地产所在地，是指房地产的坐落地。纳税人转让房地产坐落在两个或两个以上地区的，应按房地产所在地分别申报纳税。

思考与练习

一、辨析题

1. 只有专门从事房地产开发的纳税人，计算土地增值额时才可以加计扣除费用。（　　）

2. 确定土地增值额时，可以扣除的项目有房地产开发费用，其中的财务费用按实际发生额扣除，其他开发费用按比例扣除。（　　）

3. 土地增值税的纳税人转让房地产的增值额未超过扣除项目金额20%的，免征土地增值税。（　　）

4. 存量房地产的买卖属于土地增值税的征税范围。（　　）

5. 某房地产所有者将拥有的房产直接捐赠给福利院，未取得任何收入，所以不缴纳土地增值税。（　　）

6. 土地增值税纳税期限为转让房地产合同签订后10日以内。（　　）

7. 对于以房地产进行投资、联营的，应征收土地增值税。（　　）

8. 土地增值额越大，增值额占扣除项目比率越高，计算土地增值税适用税率越高。（　　）

9. 纳税人以协议、招标、拍卖等出让方式取得土地使用权的，地价款为纳税人所支付的土地出让金。（　　）

10. 李某继承了父亲遗留的一套住房，免征土地增值税。（　　）

二、综合计算题

1. 某房地产开发公司2018年8月转让一写字楼，取得转让收入15 000万元，公司即按税法规定缴纳了有关税费（增值税征收率5%，城市维护建设税税率7%，教育费附加3%，印花税税率0.5‰）。已知该公司为取得土地使用权而支付的地价款和按国家统一规定缴纳的有关费用为3 000万元，投入房地产开发成本为4 000万元，房地产开发费用中的利息支出为1 200万元（不能按转让房地产项目分摊利息支出和提供金融机构证明）。计算该公司应缴纳的土地增值税。

2. 一家非房地产开发单位，2018年1月出售了一幢写字楼，取得收入5 000万元，并按税法规定缴纳了有关税费（增值税征收率5%，城市维护建设税税率7%，印花税税率0.5‰，教育费附加3%）。该单位为建此楼支付地价款600万元，投入的房地产开发成本为1 500万元，房地产开发费用为400万元，其中：利息支出240万元（能够按转让房地产项目计算分摊并提供金融机构证明），但比银行的同期同类贷款利率计算的利息多出30万元，其他开发费用160万元。另知该单位所在地人民政府规定的房地产开发费用的计算扣除比例为3%。计算该单位出售写字楼应缴纳土地增值税税额是多少？

第10章

城镇土地使用税与耕地占用税

土地资源是有限的，在社会经济发展过程中，土地资源的利用与保护，影响着国家、地区的可持续发展。城镇土地使用税和耕地占用税都是以土地为课税对象，通过经济手段加强对土地使用的管理，限制不合理使用或浪费土地资源的行为，从而提高土地的利用率和使用效益，发挥税收对经济的调节作用。

10.1 城镇土地使用税

10.1.1 城镇土地使用税概述

城镇土地使用税是指国家制定的调整城镇土地使用税征收与缴纳权利与义务关系的法律规范。城镇土地使用税是以城镇和工矿区的土地为征税对象，对我国境内拥有土地使用权的单位和个人，按照其实际使用的土地面积征收的一种税。

城镇土地使用税的设置，有利于国家通过经济手段加强对土地的管理；通过限制不合理使用或浪费城镇土地资源的行为，提高土地的利用率和使用效益；有利于国家适当调节不同地区、不同地段之间的土地级差收入；有利于国家完善地方税体系，理顺国家和土地使用者的分配关系。

现行城镇土地使用税的基本规范是 2006 年 12 月 31 日国务院修改并颁布的《中华人民共和国城镇土地使用税暂行条例》，2013 年 12 月 4 日国务院对该条例进行了部分修改。

1. 征税对象是国有土地

我国城镇的土地归国家所有，开征城镇土地使用税，其实质是国家运用政治权力，将纳税人获取的本应属于国家的土地收益集中到国家手中。国家有权凭借财产权力对土地使用人获取的收益进行分配，也可以凭借政治权力对土地使用者进行征税。

2. 对占用或使用土地的行为征税

根据我国宪法规定，城镇土地的所有权归国家，单位和个人对占用的土地只有使用权而无所有权。现行的城镇土地使用税是对占用或使用土地资源的行为的课税。

3. 征税范围广

城镇土地使用税是对在我国境内开征范围内使用土地的单位和个人征收，它在筹集地方财政资金、调节土地使用和收益分配等方面，发挥了积极的作用。具体而言，现行城镇土地使用税征税范围限定在城市、县城、建制镇、工矿区；坐落在农村地区的房地产不属于城镇土地使用税的征税范围。

4. 实行差别幅度税额

考虑到土地级差收入的产生主要取决于土地的位置，为了调节土地的级差收入，体现国家政策，城镇土地使用税实行差别幅度税额。即对不同城镇适用不同税额，对同一城镇的不同地段，根据市政建设状况和经济繁荣程度也确定程度不等的负担水平。

10.1.2 纳税义务人

城镇土地使用税的纳税义务人，是城市、县城、建制镇、工矿区范围内拥有国有土地使用权的单位和个人。所称单位，包括国有企业、集体企业、私营企业、股份制企业、外商投资企业、外国企业以及其他企业和事业单位、社会团体、国家机关、军队以及其他单位；个人是指个体工商户及其他个人。

城镇土地使用税的纳税人有以下几类。

（1）拥有土地使用权的单位和个人。

（2）拥有土地使用权的单位和个人不在土地所在地的，其实际使用人和代管人为纳税人。

（3）土地使用权未确定或权属纠纷未解决的，其实际使用人为纳税人。

（4）土地使用权共有的，共有的各方都是纳税人，由共有各方分别纳税。纳税人应根据其实际使用的土地面积，按比例分别计算并缴纳城镇土地使用税。

10.1.3 征税范围与税率

1. 征税范围

城镇土地使用税的征税对象是被使用的土地，其征税范围包括城市、县城、建制镇、工矿区范围内的国家所有和集体所有的土地，具体规定如下。

（1）"城市"是指经国务院批准设立的市，其征收范围为市区、郊区的土地。

（2）"县城"是指县人民政府所在地，其征税范围为县人民政府所在地的城镇的土地。

（3）"建制镇"是指经省、自治区、直辖市人民政府批准设立的镇，其征收范围为镇人民政府所在地（不包括所辖的行政村）的土地。

（4）"工矿区"是指工商业比较发达、人口比较集中、符合国务院规定的建制镇标准，但尚未设立建制镇的大中型工矿企业所在地，其企业所在地的土地属于征收范围。工矿区须经省、自治区、直辖市人民政府批准。

建立在城市、县城、建制镇、工矿区以外的工矿企业不需要缴纳城镇土地使用税。

2. 税率

现行城镇土地使用税实行有幅度的定额差别税率。考虑到不同城镇、工矿区的自然条件和经济发展水平各不相同，根据大、中、小城市和县城、建制镇、工矿区分别规定每平方米的年应纳税额，以调节土地级差收益，税额如表 10-1 所示。

表 10-1   城镇土地使用税税额表   单位：元

级别（划分依据/人口）	每平方米税额
大城市（50 万人以上）	1.5~30
中等城市（20 万~50 万人）	1.2~24
小城市（20 万人以下）	0.9~18
县城、建制镇、工矿区	0.6~12

"大、中、小城市"是以公安部门登记在册的非农业正式户口人数为依据，依照国务院颁布的《城市规划条例》规定的标准进行划分：

（1）人口为 50 万人以上的称为大城市；

（2）人口在 20 万～50 万人的称为中等城市；

（3）人口在 20 万人以下的为小城市。

在规定的城镇土地使用税税额幅度内，各省、自治区、直辖市人民政府可根据其市政建设情况和经济繁荣程度，确定所辖地区的适用税额幅度。

各地政府应当根据实际情况，将本地区的土地划分为若干等级，制定相应的适用税额标准，报省、自治区、直辖市人民政府批准执行。

经济落后地区，土地使用税的适用税额标准可适当降低，但降低额不得超过上述规定最低税额的 30%，经省、自治区、直辖市人民政府批准执行；经济发达地区的税额标准可以适当提高，但须报经财政部批准。

10.1.4　应纳税额的计算

按照规定，城镇土地使用税以纳税人实际占用的土地面积为计税依据。其中，测定实际占用土地面积的规定如下。

（1）凡由省、自治区、直辖市人民政府确定的单位组织测定土地面积的，以测定的面积为准。

（2）尚未组织测量，但纳税人持有政府部门核发的土地使用证书的，以证书的土地面积为准。

（3）尚未组织测量，且尚未持有政府部门核发土地使用证书的土地，应根据纳税人申报的土地面积征税，待核发土地使用证书以后再做调整。

（4）对在城镇土地使用征税范围内单独建造的地下建筑用地，按规定征收城镇土地使用税。其中，已取得地下土地使用权证的，按土地使用权证确认的土地面积计算应征税款；未取得地下土地使用权证或地下土地使用权证上未标明土地面积的，按地下建筑垂直投影面积计算应征税款。地下建筑用地暂按应征税款的 50%征收土地使用税。

税务机关向纳税人征收城镇土地使用税时，其应纳税额是依据纳税人实际占用的土地面积和该土地所适用的单位税额计算求得，具体计算公式如下：

$$应纳税额＝实际占用的应税土地面积（平方米）×适用税额$$

【例10-1】　某市制造企业总部坐落在该市中心地段，占地面积800平方米；为降低运营成本，该企业在郊区地段购地并设置了配送中心，其占地面积为 1 500平方米。经核定，公司总部位于繁华地段，规定的单位税额为15元/平方米；配送中心所在郊区地段，规定的适用税额为5元/平方米。

要求：计算该物流企业全年应纳城镇土地使用税税额。

（1）企业总部应纳税额＝800×15＝12 000（元）

（2）配送中心应纳税额＝1 500×5＝7 500（元）

（3）全年应纳税额＝12 000＋7 500＝19 500（元）

10.1.5　税收优惠

1. 城镇土地使用税免缴的项目

（1）国家机关、人民团体、军队自用的土地：具体是指这些单位本身的办公用地和公务用地，如国家机关的办公楼用地。

（2）国家财政部门拨付事业费的单位自用的土地：即这些单位本身的业务用地，如学校的

税收优惠

教学楼、操场、食堂等占用的土地。

（3）宗教寺庙、公园、名胜古迹自用的土地。

宗教寺庙自用土地，是指举行宗教仪式等的用地和宗教人士生活用地。

公园、名胜古迹自用土地，是指公共参观浏览的用地及其管理单位的办公场所。

以上项目中附设的经营用地和其他用地，如影剧院、饮食部等，不属于免税范围，应对其征收城镇土地使用税。

（4）市政街道、广场、绿化地带等公共用地。

（5）由财政部另行规定免税的能源、交通、水利设施用地和其他用地。

（6）直接用于农、林、牧、渔业的生产用地，不包括农副产品的加工用地和生活办公用地。

（7）经批准开山填海整治的土地和改造的废弃土地，从使用的月份起免缴城镇土地使用税5～10年，具体免税期限由各省、自治区、直辖市在规定期限内自行确定。

（8）非营利性医疗机构、疾病控制机构、妇女保健机构等卫生机构自用的土地，免征城镇土地使用税。

（9）免税单位无偿使用纳税单位的土地，免征城镇土地使用税；纳税单位无偿使用免税单位的土地，纳税单位应照章缴纳城镇土地使用税。纳税单位与免税单位共同使用、共有使用权土地上的多层建筑，对纳税单位可按其占用的建筑面积占总建筑面积的比例计征城镇土地使用税。

（10）为体现国家的产业政策，支持重点产业的发展，对石油、电力、煤炭等能源用地，民用港口、铁路等交通用地和水利设施用地，三线调整企业、盐业、采石场、邮电等一些特殊用地划分了征免税界限和给予政策性减免税照顾。

① 企业的铁路专用线、公路等用地，在厂区以外、与社会公用地段未加隔离的，暂免征收城镇土地使用税。

② 企业厂区以外的公共绿化用地和向社会开放的公园用地，暂免征收城镇土地使用税。

③ 盐场的盐滩、盐矿的矿井用地，暂免征收城镇土地使用税。

④ 对石油天然气生产建设中用于地质勘探、钻井、井下作业、油气田地面工程等施工临时用地暂免征收城镇土地使用税。

（11）企业办的学校、医院、托儿所、幼儿园，其用地能与企业其他用地明确区分的，免征城镇土地使用税。

2. 税务机关确定减免城镇土地使用税的项目

（1）个人所有的居住房屋及院落用地。

（2）房产管理部门在房租调整改革前已经租用的居民住房用地。

（3）免税单位职工家属的宿舍用地。

（4）集体和个人举办的各类学校、医院、托儿所、幼儿园用地。

【例10-2】 某城市一生产企业总部坐落在郊区地段，该企业在城市不同地段分别开设一生产分厂和自办幼儿园，且在该市繁华地段设置了产品直销门店。经税务机关核定后得知：

（1）生产企业总部实际占地面积为5 000平方米，所在地段的土地等级为B级；

（2）生产分厂的实际占地面积为1 800平方米，所在地段土地等级为D级；

（3）直销门店的实际占地面积为1 200平方米，所在地段土地等级为A级；

（4）自办幼儿园的实际占地面积为2 200平方米，所在地段土地等级为A级。

已知该城市规定的适用税额为：A级地段20元/平方米；B级地段15元/平方米；C级地段10元/平方米；D级地段5元/平方米。

要求：计算该生产企业全年应纳城镇土地使用税税额。

（1）企业总部的应纳税额＝5 000×15＝75 000（元）

（2）生产分厂的应纳税额＝1 800×5＝9 000（元）

（3）直销门店的应纳税额＝1 200×20＝24 000（元）

全年应纳城镇土地使用税税额＝75 000＋9 000＋24 000＝108 000（元）

10.1.6 征收管理

1. 纳税期限

城镇土地使用税实行按年计算、分期缴纳的征税办法，其具体实施的缴纳期限由各省、自治区、直辖市人民政府确定。

2. 纳税义务发生时间

（1）纳税人购置新建商品房，自房屋交付使用之次月起，缴纳城镇土地使用税。

（2）纳税人购置存量房，自办理房屋权属转移、变更登记手续，房地产权属登记机关签发房屋权属证书之次月起，缴纳城镇土地使用税。

（3）纳税人出租、出借房产，自交付出租、出借房产之次月起，缴纳城镇土地使用税。

（4）以出让或者转让方式有偿取得土地使用权的，应由受让方从合同约定交付土地时间的次月起缴纳城镇土地使用税；合同未约定交付土地时间的，由受让方从合同签订的次月起缴纳城镇土地使用税。

（5）纳税人新征用的耕地，自批准征用之日起满1年时，开始缴纳城镇土地使用税。

（6）纳税人新征用的非耕地，自批准征用次月起，缴纳城镇土地使用税。

（7）自2009年1月1日起，纳税人因土地的权利发生变化而依法终止城镇土地使用税纳税义务的，其应纳税款的计算截至土地权利发生变化的当月末。

3. 纳税地点

城镇土地使用税的纳税地点为土地所在地。

纳税人使用的土地不属于同一省、自治区、直辖市管辖范围的，由纳税人分别向土地所在地的税务机关缴纳城镇土地使用税；在同一省、自治区、直辖市管辖范围内的，纳税人跨地区使用的土地，其纳税地点由税务机关确定。

城镇土地使用税由土地所在地的税务机关征收，其收入纳入地方财政预算管理。

4. 纳税申报

城镇土地使用税应当向土地所在地的税务机关申报缴纳。纳税人依据当地税务机关的规定期限，将所用土地的具体属性及规定内容，据实填写《城镇土地使用税纳税申报表》，提供相关证明资料，办理纳税申报登记。

10.2

耕地占用税

10.2.1 耕地占用税概述

耕地占用税是指国家制定的调整耕地占用税征收与缴纳权利及义务关系的法律规范。耕地占用税是对占用耕地建房或从事其他非农业建设的单位和个人，就其实际占用的耕地面积征收的一种税，属于对特定土地资源占用征收的课税。

耕地作为一种重要的土地资源，对我国第一产业中的农业而言，是一种最基本的生产资料，对人类生存需求的满足、整个国家的国民经济发展都起到重要的作用。伴随社会经济发展，非农业用地占土地资源的比重越来越大，农业耕地面积逐年减少，人多地少的矛盾日益突出。为保护农业耕地的合理开发和利用，实现土地资源的优化配置，政府决定开征耕地占用税。

耕地占用税的设置，有利于实现政府引导下耕地的合理使用，对实现农业可持续发展、科学管理耕地、落实"三农"政策等，都具有十分重要的推动意义。

现行耕地占用税的基本规范，是 2007 年 12 月 1 日国务院公布的《中华人民共和国耕地占用税暂行条例》。

10.2.2　征税范围及纳税义务人

1. 征税范围

耕地占用税的征收范围包括纳税人用于建房或从事其他非农业建设而占用的国有耕地。其中，"耕地"是指用于种植农作物的土地，包括菜地、园地。其中，园地包括花圃、苗圃、茶园、果园、桑园和其他种植经济林木的土地。

占用鱼塘以及其他农用地建房或从事其他非农业建设，也视同占用耕地，依法征收耕地占用税。占用已开发从事种植、养殖的滩涂、草场、水面和林地等从事非农业建设，由各省、自治区、直辖市依据有利于保护农用土地资源和保护生态平衡的原则，确定是否征税。

2. 纳税义务人

耕地占用税的纳税义务人，是指占用耕地建房或从事非农业建设的单位和个人。其中，"单位"包括国有企业、集体企业、私营企业、股份制企业、外商投资企业、外国企业以及其他企业和事业单位、社会团体、国家机关、军队以及其他单位；"个人"是指个体工商户及其他个人。

10.2.3　耕地占用税的计算

1. 计税依据

耕地占用税的计税依据，是纳税人用于建房或从事其他非农业建设而实际占用的耕地面积，以每平方米为计量单位。

2. 税率

考虑到我国耕地资源分布的不均衡、各地区的经济发展水平各异，为体现税收公平性，耕地占用税采用了地区差别的定额税率。税额的规定如表 10-2 所示。

表 10-2　　　　　　　　　　　　　　　　耕地占用税税率表　　　　　　　　　　　　　　　　单位：元

级别	地区（以县级行政区域为单位）	每平方米（1 亩＝666.67 平方米）税额
1	人均耕地面积不超过 1 亩的地区	10～50
2	人均耕地面积超过 1 亩但不超过 2 亩的地区	8～40
3	人均耕地面积超过 2 亩但不超过 3 亩的地区	6～30
4	人均耕地面积超过 3 亩的地区	5～25

经济特区、经济技术开发区和经济发达、人均耕地特别少的地区，适用税额可以适当提高，

但最高不得超过上述规定税额的50%。各省、自治区、直辖市耕地占用税平均税额如表10-3所示。

表 10-3   各省、自治区、直辖市耕地占用税平均税额   单位：元

地区	每平方米平均税额
上海	45
北京	40
天津	35
江苏、浙江、福建、广东	30
辽宁、湖北、湖南	25
河北、安徽、江西、山东、河南、重庆、四川	22.5
广西、海南、贵州、云南、陕西	20
山西、吉林、黑龙江	17.5
内蒙古、西藏、甘肃、青海、宁夏、新疆	12.5

3. 应纳税额计算

耕地占用税的应纳税额是纳税人实际占用的耕地面积乘以规定的单位税额，其计算公式为：

$$应纳耕地占用税税额＝实际占用耕地面积×适用定额税率$$

【例10-3】 某市一企业新占用20 000平方米的耕地用于企业园区建设，经核定，该企业所占耕地适用的定额税率为25元/平方米。计算该企业应纳的耕地占用税税额。

应纳税额＝20 000×25＝500 000（元）

10.2.4 税收优惠与征收管理

1. 免征耕地占用税的项目

（1）军事设施占用耕地。

（2）学校、幼儿园、养老院、医院用地。

2. 减征耕地占用税的项目

（1）农村居民新建自用住宅用地，可按当地适用税额标准减半征收耕地占用税。

农村烈士家属、残疾军人、鳏寡孤独以及革命老根据地、少数民族聚居区和边远贫困山区生活困难的农村居民，在规定用地标准以内新建住宅缴纳耕地占用税有困难的，经所在地乡（镇）人民政府审核，报县级人民政府批准后，可免征或减征耕地占用税。

（2）铁路线路、公路线路、飞机场跑道、港口、航道占用的耕地，按每平方米2元的税额征收耕地占用税。

免征或减征耕地占用税后，纳税人改变原占地用途，不再属于免征或者减征耕地占用税情形的，应以耕地所在地适用税额补缴耕地占用税。

纳税人临时占用耕地，应当依照本条例的规定缴纳耕地占用税。纳税人在批准临时占用耕地的期限内恢复占用耕地原状的，全额退还已缴纳的耕地占用税。

占用林地、牧草地、农田水利用地、养殖水面以及渔业水域滩涂等其他农用地建房或从事非农业建设的，比照上面的规定征收耕地占用税。建设直接为农业生产服务的生产设施占用规定农用地的，不征收耕地占用税。

3. 征收管理

土地管理部门在批准单位、个人占用耕地后，应及时通知耕地所在地同级税务机关。纳税人自批准占用耕地之日起 30 日内按规定税额一次性缴纳耕地占用税。土地管理部门凭完税凭证和征用耕地批准文件，划拨用地。

思考与练习

一、辨析题

1. 城镇土地使用税的征税范围是城市、县城、建制镇、工矿区范围内的国家所有的土地。（　　　）

2. 土地使用权未确定的土地暂时不缴纳城镇土地使用税，待权属确定时补缴。（　　　）

3. 城镇土地使用税的开征区域不包括市郊和农村。（　　　）

4. 种植、养殖业用地和农副产品加工场地免征城镇土地使用税。（　　　）

5. 个人办学校用地照章征收城镇土地使用税。（　　　）

6. 耕地占用税只在占用耕地建房或从事其他非农业建设行为发生时一次征收，之后不再征纳。（　　　）

7. 占用耕地修建铁路线路的，其耕地占用税按照每平方米 2 元征收。（　　　）

二、计算题

1. 坐落在长沙市的某工业企业，2017 年度拥有土地的使用情况如下：

（1）制造车间占地面积为 30 000 平方米；

（2）自动化仓储中心的占地面积为 20 000 平方米；

（3）企业内部绿化占地面积为 2 500 平方米；

（4）企业自建幼儿园占地面积为 15 000 平方米；

（5）公路等其他设施的占地面积为 1 200 平方米。

要求：计算该制造企业 2017 年应缴纳的城镇土地使用税税额（该城市规定的城镇土地使用税税额为 10 元/平方米）。

2. 某市一家大型商业企业的实际占地面积为 25 000 平方米。考虑到经营发展战略的需要，2018 年 2 月该企业受让了一块尚未办理土地使用证的土地 5 000 平方米，并按当年开发使用的 3 000 平方米土地面积进行申报纳税。此外，企业内自建医院占地 2 500 平方米；对外出租土地面积 1 000 平方米；无偿借给当地学校 3 500 平方米作为宿舍。该企业所处地段规定的城镇土地使用税税额为每平方米 8 元。

要求：计算该商业企业 2018 年应纳的城镇土地使用税。

第11章
房产税与契税

房产税的历史悠久，欧洲中世纪时，房产税就成为封建君主敛财的一项重要手段。对房屋征税，我国自古有之，唐朝的间架税，清末和中华民国的"房捐"等，都是对房屋征税。但随着社会经济的发展和人民收入水平的提高，对房产税的改革已经提上议程。契税起源于东晋时期的"估税"，主要以土地、房屋的买卖、典当等产权变动为征税对象。目前，我国开征的契税是以在中华人民共和国境内转移土地、房屋权属为征税对象。

11.1 房产税

11.1.1 房产税概述

房产税法是指国家制定的调整房产税征收与缴纳之间权利义务关系的法律规范。房产税是以房产为征税对象，依据房产计税余值或出租房产取得的租金收入，向产权所有人或经营者征收的一种财产税。

房产税的产生历史悠久，1950年，中央人民政府政务院颁布了《全国税收实施要则》，规定中设置了全国统一征收房产税和地产税。现行房产税的规范是1986年9月国务院颁布的《中华人民共和国房产税暂行条例》（以下简称《房产税暂行条例》）。

11.1.2 征税对象与范围

1. 征税对象

房产税以房产为征税对象，所谓"房产"，是以房屋形态表现的财产。其中，房屋是指有屋面和围护结构（有墙或两边有柱），能够遮风避雨，可供人们在其中生产、工作、学习、娱乐、居住或储藏物资的场所。

房地产开发企业建造的商品房，在出售前不征收房产税；但对出售前，房地产开发企业已使用或出租、出借的商品房应按照规定征收房产税。

2. 征税范围

现行房产税的征税范围为城市、县城、建制镇和工矿区，具体说明如下：

（1）"城市"是指经国务院批准设立的市，征税范围为市区、郊区；

（2）"县城"是指县人民政府所在的地区；

（3）"建制镇"是指经省、自治区、直辖市人民政府批准设立有政府机构的镇；

（4）"工矿区"是指工商业比较发达、人口比较集中、符合国务院规定的建制镇标准，但尚未设立建制镇的大中型工矿企业所在地。征收房产税的工矿区须经省、自治区、直辖市人民政府批准。

房产税的征收范围不包括农村。

11.1.3　纳税义务人

房产税的纳税义务人为征税范围内的房屋产权所有人，其中"产权所有人"是指拥有房产的使用、收益、出卖、赠送等权利的单位和个人。

（1）产权为国家所有的，房产税由经营管理单位缴纳；产权为集体和个人所有的，房产税由集体单位和个人缴纳。

这里的"单位"包括国有企业、集体企业、私营企业、股份制企业、外商投资企业、外国企业以及其他企业和事业单位、社会团体、国家机关、军队以及其他单位；"个人"是指个体工商户及其他个人。

（2）产权出典的，由承典人缴纳。

产权出典，是指产权所有人将房屋、生产资料等的产权，在一定期限内典当给他人使用，同时获取资金的一种融资业务。

（3）产权的所有人、承典人不在房产所在地的，由房产代管人或使用人缴纳。

（4）产权未确定或租典纠纷未解决的，由房产代管人或使用人缴纳。其中"租典纠纷"是指产权所有人在房产出典和租赁关系上，与承典人、租赁人发生各种争议，尤其是权利和义务的争议未解决的。此外还有一些产权归属不清的问题，也都属于租典纠纷。

（5）纳税人无租使用房产管理部门、免税单位及纳税单位的房产，由使用人代为缴纳房产税。

11.1.4　税率

我国现行的房产税采用比例税率。由于房产税分为从价计征和从租计征两种方式，房产税相应也有两档税率：

（1）按照房产原值一次减除 10%～30% 后的余值计税的，按年从价计征，税率为 1.2%；

（2）依照房产出租的租金收入计征的，按次征税，税率为 12%；

（3）自 2008 年 3 月 1 日起，对个人出租住房，不分用途，按 4% 的税率征收房产税。

11.1.5　应纳税额的计算

1．计税依据的确定

房产税的计税依据包括两种：房产的计税价值和房产的租金收入；按照房产计税价值征税的，称为从价计征；按照房产租金收入征税的，称为从租计征。

（1）从价计征

现行《房产税暂行条例》规定，采用"从价计征"的房产税，依照房产原值一次减除 10%～30% 的损耗价值后的余额为计税依据。房产原值的减除比例，由各省、自治区、直辖市人民政府在税法规定的幅度内自行确定。

① 房产原值的内涵。

"房产原值"是指纳税人按照会计制度规定，在账簿"固定资产"科目中记载的房屋原价。凡按会计制定规定在账簿中记载有房屋原价的，应以房屋原价依照规定减除一定比例后，作为房产余值计征房产税；没有记载房屋原价的，按上述原则，参照同类房屋，确定房产原值，依照规定计征房产税。

自 2009 年 1 月 1 日起，对依照房产原值计税的房产，无论是否记载在会计账簿固定资产科目中，均应按照房屋原价计算缴纳房产税。

自 2010 年 12 月 21 日起，对按照房产原值计税的房产，无论会计上如何核算，房产原值均应包含地价，包括为取得土地使用权支付的地价款以及开发土地发生的成本费用等。宗地容积率低于 0.5 的，按房产建筑面积的 2 倍计算土地面积并据此确定计入房产原值的地价。

② 房产原值的界定。

房产原值应包括与房屋不可分割的各种附属设备或一般不单独计算价值的配套设施，主要包括暖气、卫生、通风、照明、煤气等设备；各种管线，如蒸汽、压缩空气、石油、给水排水等管道及电力、电信、电缆导线；电梯、升降机、过道、晒台等。属于房屋附属设备的水管、下水管、暖气管、煤气管等应从最近的探视井或三通管起，计算原值。

凡以房屋为载体，不可随意移动的附属设备和配套设施，如给排水、采暖、消防、中央空调、电气及智能化楼宇设备等，都应计入房产原值，计征房产税。

纳税人更换房屋附属设备和配套设施的，其价值计入房产原值时，应扣减原有相应设备和设施的价值；对附属设备和配套设施中易损坏、需要经常更换的零配件，更新后不再计入房产原值。

③ 改建支出与房产原值。

纳税人对折旧使用年限内的原有房屋进行改建、扩建，要相应增加房屋的原值；纳税人对已经提足折旧的房屋及建筑物进行改建，即改变房屋及建筑物的结构、延长使用年限的，根据《企业所得税法》规定，其发生的支出作为长期待摊费用，依照规定摊销在税前扣除，不增加房产原值。

④ 其他规定。

对"投资联营的房产"，在计征房产税时应区别对待。对于以房产投资联营、投资者参与投资利润分红、共担风险的，按房产余值作为计税依据征收房产税；对以房产投资、收取固定收入、不承担联营风险的，实际是以联营名义取得房产租金，依据现行《房产税暂行条例》相关规定，由出租方按租金收入计征房产税。

对"融资租赁房屋"的，由于租赁费包括购进房屋的价款、手续费、借款利息等，与一般房屋出租的"租金"内涵不同，且租赁期满后，当承租方偿还最后一笔租赁费时，房屋产权要转移到承租方。其本质是一种变相的分期付款购买固定资产的形式，在计征房产税时应以房产余值计算征收。融资租赁的房产，由承租人自融资租赁合同约定开始日的次月起依照房产余值缴纳房产税。合同未约定开始日期的，由承租人自合同签订的次月起依照房产余值缴纳房产税。

⑤ 居民居住区内业主共有的经营性房产缴纳房产税。

对居民住宅区内业主共有的经营性房产，由实际经营（包括自营和出租）的代管人或使用人缴纳房产税。其中自营的，依照房产原值减除 10%～30%后的余值计征，没有房产原值或不能将业主共有房产与其他房产的原值准确划分开的，由房产所在地税务机关参照同类房产核定房产原值；出租的，依照租金收入计征。

⑥ 凡在房产税征收范围内的具备房屋功能的地下建筑，包括与地上房屋相连的地下建筑以及完全建在地面以下的建筑、地下人防设施等，均应当依照有关规定征收房产税。上述具备房屋功能的地下建筑是指有屋面和维护结构，能够遮风避雨，可供人们在其中生产、经营、工作、

学习、娱乐、居住或储藏物资的场所。

自用的地下建筑，按以下方式计税。

- 工业用途房产，以房屋原价的 50%～60%作为应税房产原值。

  应纳房产税的税额＝应税房产原值×[1－（10%～30%）]×1.2%

- 商业和其他用途房产，以房屋原价的 70%～80%作为应税房产原值。

  应纳房产税的税额＝应税房产原值×[1－（10%～30%）]×1.2%

房屋原价折算为应税房产原值的具体比例，由各省、自治区、直辖市和计划单列市财政和地方税务部门在上述幅度内自行确定。

对于与地上房屋相连的地下建筑，如房屋的地下室、地下停车场、商场的地下部分等，应将地下部分与地上房屋视为一个整体按照地上房屋建筑的有关规定计算征收房产税。

（2）从租计征

根据《房产税暂行条例》规定，对于出租的房屋，以房产租金收入为房产税的计税依据。其中，房产的租金收入，是房屋产权所有人出租房屋使用权所得的报酬，包括货币收入和实物收入。

对以劳务或其他形式作为报酬抵付房租收入的，应依据当地同类房产的租金水平，确定一个标准租金额，依率从租计征。

对出租房产，租赁双方签订的租赁合同约定有免收租金期限的，免收租金期间由产权所有人按照房产原值缴纳房产税。

出租的地下建筑，按照出租地上建筑的有关规定计征房产税。

2. 应纳税额的计算

（1）从价计征的计算

从价计征房产税的应纳税额，是以房产的原值减除一定比例后的余值计征，其计算公式为：

应纳税额＝应税房产原值×（1－扣除比例）×1.2%

【例11-1】 某市一企业拥有一所生产经营用的房屋，该房产账面原值为 2 000 万元，该房屋中的智能化楼宇设备价值 500 万元，当地规定允许按房产原值一次减除 30%的余值计税，试计算该企业应纳的房产税税额。

应纳税额＝（2 000＋500）×（1－30%）×1.2%＝21（万元）

（2）从租计征的计算

从租计征的应纳税额，是以纳税人出租房产的租金收入计征，其计算公式为：

应纳税额＝租金收入×12%（或 4%）

【例11-2】 某生产企业在所在城市拥有一所房屋，因厂址迁移，其将原房屋租给某商业企业，年租金收入为 600 万元，计算该生产企业应纳的房产税税额。

应纳税额＝600×12%＝72（万元）

11.1.6 税收优惠

（1）国家机关、人民团体、军队自用的房产免征房产税。其中，"人民团体"是指经国务院授权的政府部门批准设立或登记备案，并由国家拨付行政事业费的各种社会团体；"自用的房产"是指上述单位本身的办公用房和公务用房。本项目中，免税单位的出租房产以及非自身业务使用的生产、营业用房，不属于免税范围。

（2）国家财政部门拨付事业经费的单位，如学校、医疗卫生单位、托儿所、幼儿园、敬老院、文化、体育、艺术等实行全额或差额预算管理的事业单位所有的，本身业务范围内使用的房产免征房产税。

（3）宗教寺庙、公园、名胜古迹自用的房产免征房产税。其中，宗教寺庙自用的房产，是指举行宗教仪式等的房屋和宗教人员使用的生活用房屋；公园、名胜古迹自用的房产，是指供公共参观游览的房屋及其单位的办公用房。

宗教寺庙、公园、名胜古迹中附设的营业单位，如影剧院、饮食部、茶社、照相馆等所使用的房产及出租的房产，不属于本免税项目，照章纳税。

（4）个人所有非营业用的房产免征房产税。

对个人所有非营业用房（主要指居民住房），不论面积多少，一律免征房产税。

对个人拥有的营业用房或出租等非自用的房产，不属于本免税项目，照章纳税。

（5）非营利性医疗机构、疾病控制机构、妇幼保健机构等医疗和卫生机构自用的房产，可免征房产税。

（6）经营公租房的租金收入，免征房产税。公共租赁房经营管理单位应单独核算公共租赁住房租金收入，未单独核算的，不得享受免征房产税优惠政策。

（7）自2001年1月1日起，对按照政府规定价格出租的公有住房和廉租住房，包括企业和自收自支事业单位向职工出租的单位自有住房，以及房管部门向居民出租的公有住房等，暂免征收房产税。

11.1.7 征收管理

1. 纳税期限

房产税实行按年计算，分期（季度或半年）缴纳的征收方法。具体纳税期限由省、自治区、直辖市人民政府确定。

2. 纳税义务发生时间

（1）纳税人将自建房屋用于生产经营的，从建成之次月起，缴纳房产税。

（2）纳税人委托施工企业建设的房屋，自办理验收手续之次月起缴纳房产税。

（3）纳税人购置新建商品房，自房屋交付使用之次月起，缴纳房产税；纳税人购置存量房，自办理房屋权属转移、变更登记手续，房地产权属登记机关签发房屋权属证书之次月起，缴纳房产税。

（4）纳税人将原有房产用于生产经营的，从生产经营之月起，缴纳房产税。

（5）纳税人出租、出借房产，自交付出租、出借房产之次月起，缴纳房产税。

（6）房地产开发企业自用、出租、出借本企业建造的商品房，自房屋使用或交付之次月起，缴纳房产税。

（7）纳税人因房产的实物或权利状态发生变化而依法终止房产税纳税义务的，其应纳税款的计算应截止到房产的实物或权利状态发生变化的当月末。

3. 纳税地点

房产税在房产的所在地缴纳。房产不在同一地方的纳税人，应按房产的坐落地点分别向房

产所在地的税务机关纳税。

11.2

契税

11.2.1 契税概述

契税法是指国家制定的用以调整契税征收与缴纳权利及义务关系的法律规范。契税是以所有权发生转移的不动产作为课税对象，向产权承受人征收的一种财产税。当不动产（如土地、房屋）的所有权发生变动时，根据当事人所订契约，按不动产价值的一定比例向产权承受人征收契税，税款缴纳后向产权承受人颁发合法的产权凭证。

契税拥有非常悠久的历史，出现在我国东晋时期的"估税"，即是契税的雏形。1950 年我国颁布了《契税暂行条例》，后随时代变迁经历多次修改调整。现行契税的基本规范是 1997 年 7 月 7 日国务院发布的《中华人民共和国契税暂行条例》，于同年 10 月 1 日开始施行。

11.2.2 征税范围

契税是以在中华人民共和国境内转移土地、房屋权属为征税对象。其具体的征收范围主要包括以下内容。

1. 国有土地使用权的出让

出让国有土地使用权，是指土地使用者向国家交付土地使用权的出让费用后，国家允许在一定年限内，将土地使用权让与土地使用者的行为。国有土地使用权出让，受让者向国家缴纳出让金，以出让金为依据计算缴纳契税，不得因减免出让金而减免契税。

2. 土地使用权的转让

土地使用权的转让，是指土地使用者以出售、赠予、交换或其他方式，将土地使用权转移到其他单位或个人的行为，但不包括转移农村集体土地承包经营权。

3. 房屋买卖

房屋买卖，是指以货币为媒介或以其他经济报酬为目的，出售者向购买者让渡房产所有权的交易行为。以下几种特殊情况，视同房屋买卖。

（1）以房产抵债或实物交换房屋。经当地政府和有关部门批准，以房抵债和实物交换房屋的，均视作房屋买卖，由产权承受人按房屋现值缴纳契税。

（2）以房产作为投资或作股份转让。该交易业务属房屋产权转移，根据国家房地产管理的相关规定，办理房屋产权交易和产权变更登记手续，视作房屋买卖，由产权承受方按契税率缴纳契税。自有房产作股投入本人经营企业，免纳契税。

以自有房产作价入股投入本人独资经营的企业，免纳契税。

（3）买房拆料或翻建新房，应正常征收契税。例如，李某购买王某的房产，不论其目的是取得该房产的建筑材料还是翻建新房，只要实际构成房屋买卖，李某都应该首先办理房屋产权变更手续，并按照买价缴纳契税。

4. 房屋赠予

房屋赠予是指房屋产权所有者未获得任何经济报酬，无偿将房屋转让给他人所有。其中，将自己的房屋转交给他人的法人或自然人称为"房屋赠予人"；接受他人房屋的法人或自然人称为"受赠人"。

房屋赠予的前提是赠予人与受赠人双方自愿，无产权纠纷。考虑到房屋属不动产，价值较大，我国法律要求赠予房屋应有书面合同（契约），并到房产管理机关或农村基层政权机关办理登记过户手续，这样才能生效。若房屋赠予行为涉及涉外关系，还需公证处证明和外事部门认证，才能生效。房屋的受赠人按规定缴纳契税。

5. 房屋交换

房屋交换是指房屋所有者之间相互交换而获得房屋的行为，具体包括：

① 房屋使用权交换，即经房屋所有人同意，使用者可通过变更租赁合同，办理过户手续，交换房屋使用权，对此不征收房产税；

② 房屋所有权交换，即交换双方签订交换契约，办理房屋产权变更手续和契税手续。房屋产权交换的，若双方交换价值相等，免征契税，办理免征手续；价值不相等的，按超出部分缴纳契税。

11.2.3 纳税义务人与税率

1. 纳税义务人

契税的纳税义务人，是指在中华人民共和国境内转移土地、房屋权属的单位和个人。其中，土地、房屋权属是指土地使用权和房屋所有权；"单位"是指企业、事业单位、国家机关、军事单位和社会团体及其他组织；"个人"是指个体经营者及其他个人，包括中国公民和外籍人员。

2. 税率

契税实行 3%～5% 的幅度比例税率。考虑到各地区经济发展的不平衡性，具体适用的税率，由各省、自治区、直辖市人民政府在上述规定的范围内，按照本地区的实际情况确定。

11.2.4 应纳税额的计算

1. 计税依据的确定

契税的计税依据为不动产的价格。根据土地、房屋交易的不同情况，具体计税依据的确定各不相同。

（1）国有土地使用权出让、土地使用权出售、房屋买卖：其计税依据为交易的成交价格，即土地、房屋权属转移合同中确定的价格，包括承受者应支付的货币、实物、无形资产或者其他经济利益。

（2）土地使用权赠予、房屋赠予：本行为属于特殊的转移形式，无货币支付，因此由征收机关参照土地使用权出售、房屋买卖的市场价格核定。

（3）土地使用权交换、房屋交换：其计税依据为所交换的土地使用权、房屋的价格差额，由多交付货币、实物、无形资产或其他经济利益的一方缴纳契税；若交换价格相等，免征契税。

（4）以划拨方式取得土地使用权：经批准转让房地产时，由房地产转让者补交契税，其计税依据为补交的土地使用权出让费用或者土地收益。

上述行为中，当成交价格明显低于市场价格且无正当理由的，或所交换土地、房屋的价格差额明显不合理且无正当理由的，当地征收机关可参照市场价格核定计税依据。

（5）个人无偿赠予不动产行为（法定继承人除外）的，应对受赠人全额征收契税。

（6）房屋附属设施征收契税的计税依据

① 房屋附属设施权属变更、转移时单独计价的，依照当地适用税率征收契税；与房屋统一计价的，适用与房屋相同的契税税率。

② 分期支付购买房屋附属设施土地、房屋权属的，按合同规定的总价款计征契税。

③ 对不涉及土地使用权和房屋所有权转移变动的，不征收契税。

2. 应纳税额的计算

契税采用比例税率，当契税依据和税率分别确定后，其应纳税额的计算比较简单，具体计算公式为：

契税应纳税额＝计税依据×税率

【例11-3】 某城市一居民李某拥有三套房屋，其中一套面积为90平方米，将其以40万元出售给居民张某；另一套房屋面积为150平方米，与居民王某交换成两套各70平方米的住房，且支付给王某房屋交换差价10万元。假定当地适用的契税税率为4%，要求计算李某、张某、王某各自应缴纳的契税税额。

（1）张某应纳税额＝400 000×4%＝16 000（元）

（2）李某应纳税额＝100 000×4%＝4 000（元）

（3）王某不缴纳契税。

11.2.5 税收优惠

1. 一般税收优惠的规定

（1）国家机关、事业单位、社会团体、军事单位承受土地或房屋用于办公、教学、医疗、科研和军事设施的，免征契税。

（2）城镇职工在国家规定的标准面积内，第一次购买公有住房的，免征契税。

（3）纳税人承受荒山、荒沟、荒丘、荒滩土地使用权，并用于农、林、牧渔业生产的，免征契税。

（4）土地、房屋被县级以上人民政府征用、占用后，重新承受土地、房屋权属的，是否减征或者免征契税，由各省、自治区、直辖市人民政府确定。

（5）因不可抗力丧失房屋而重新购买住房的，可酌情准予减征或者免征。其中，不可抗力是指自然灾害、战争等不能预见、不能避免并不能克服的客观情况。

（6）依照我国相关法律，以及我国缔结或参加的国际条约、协定中规定应当予以免税的外国驻华使馆、领事馆、联合国驻华机构及其外交代表、领事馆员和其他外交人员承受的土地、房屋权属的，经外交部确认，可免征契税。

（7）公租房经营单位购买住房作为公租房的，免征契税。

（8）对个人购买家庭唯一住房，面积为 90 平方米及以下的，契税税率减按 1%征收；面积为 90 平方米以上的，契税税率减按 1.5%征收。

（9）对个人购买家庭第二套改善性住房，面积为 90 平方米及以下的，契税税率减按 1%征收；面积为 90 平方米以上的，契税税率减按 2%征收。

2. 特殊税收优惠规定

（1）企业公司制改造

非公司制企业改制为有限责任公司或股份有限公司，有限责任公司变更为股份有限公司，股份有限公司变更为有限责任公司，原企业投资主体存续并在改制（变更）后的公司中所持股权（股份）比例超过 75%，且改制（变更）后公司承继原企业权利、义务的，对改制（变更）后公司承受原企业土地、房屋权属，免征契税。

（2）事业单位改制

事业单位按照国家有关规定改制为企业，原投资主体存续并在改制后企业中出资（股权、股份）比例超过 50% 的，对改制后企业承受原事业单位土地、房屋权属，免征契税。

（3）公司合并

两个或两个以上的公司，依照法律规定、合同约定，合并为一个公司，且原投资主体存续的，对其合并后的公司承受原合并各方的土地、房屋权属，免征契税。

（4）公司分立

分设为两个或两个以上投资主体相同的企业，对派生方、新设方承受原土地、房屋权属的，免征契税。

（5）企业破产

企业依照有关法律法规规定实施破产，债权人（包括破产企业职工）承受破产企业抵偿债务的土地、房屋权属，免征契税；对非债权人承受破产企业土地、房屋权属，凡按照《中华人民共和国劳动法》等国家有关法律法规政策妥善安置原企业全部职工，与原企业全部职工签订服务年限不少于三年的劳动用工合同的，对其承受所购企业土地、房屋权属，免征契税；与原企业超过 30% 的职工签订服务年限不少于三年的劳动用工合同的，减半征收契税。

（6）资产划转

对承受县级以上人民政府或国有资产管理部门按规定进行行政性调整、划转国有土地、房屋权属的单位，免征契税。

同一投资主体内部所属企业之间土地、房屋权属的划转，包括母公司与其全资子公司之间，同一公司所属全资子公司之间，同一自然人与其设立的个人独资企业、一人有限公司之间土地、房屋权属的划转，免征契税。

（7）债权转股权

经国务院批准实施债权转股权的企业，对债权转股权后新设立的公司承受原企业的土地、房屋权属，免征契税。

（8）划拨用地出让或作价出资

以出让方式或国家作价出资（入股）方式承受原改制重组企业、事业单位划拨用地的，不属上述规定的免税范围，对承受方应按规定征收契税。

（9）公司股权（股份）转让

在股权（股份）转让中，单位、个人承受公司股权（股份），公司土地、房屋权属不发生转移，不征收契税。

11.2.6 征收管理

1. 纳税地点

契税的纳税地点是土地、房屋所在地的税务机关。

2. 纳税期限

纳税人应当自纳税义务发生之日起 10 日内，向土地、房屋所在地的契税征收机关申报，并在当地契税征收机关规定的期限内缴纳税款。

3. 纳税义务发生时间

契税的纳税义务发生时间为纳税人签订土地、房屋权属转移合同的当天，或者纳税人取得其他土地、房屋权属转移合同性质凭证的当天。

对已经缴纳契税的购房单位和个人，在未办理房屋权属变更登记前退房的，退还已纳契税；在办理房屋权属变更登记后退房的，不予退还已纳契税。

思考与练习

一、辨析题

1. 纳税人对原有房屋进行扩建、改建的，要相应增加房屋的原值。（　　）

2. 土地使用权交换的，其契税的计税依据是所交换的土地使用权的价格。（　　）

3. 房产原值应包括与房屋不可分割的各种附属设备或一般不单独计算价值的配套设施。（　　）

4. 从价计征房产税的，按房产原值每年减除10%～30%后的余值计算缴纳。具体扣除比例由当地税务机关确定。（　　）

5. 旧房安装中央空调设备，要增加房产原值以计算缴纳房产税。（　　）

6. 对以房产投资联营的，投资者参与投资利润分红，共担风险的，按房产评估值作为计税依据。（　　）

7. 不动产成交价格明显低于市场价格且无正当理由的，税收机关可参照市场价格核定契税的计税依据。（　　）

8. 某企业以自有房产作为抵押向银行贷款，应计算并缴纳契税。（　　）

9. 转让不动产活动中契税的纳税人是转让方与承受方。（　　）

10. 对个人购买的90平方米及以下住房，全部免征契税。（　　）

二、计算题

1. 某商贸公司拥有两幢商业大厦，其中一幢为本公司经营自用，房产账面原值为1 500万元；另外一幢出租给其他商业企业，房产账面原值为1 000万元，年租金200万元。当地政府规定的房产原值一次扣除率为20%。要求计算：该商贸公司的应纳房产税税额。

2. 某生产企业2017年年初共有房产账面原值3 500万元；2017年1月1日起，该企业将一栋占地面积为600平方米的仓库用于对外投资联营，此房产账面原值为500万元，投资期限10年，每年固定利润分红60万元，且不承担投资风险；2017年7月1日，对委托施工单位建设的新生产线车间办理验收，由在建工程转入固定资产原值1 000万元。当地政府规定房产税计算余值的扣除比例为20%。要求计算：该企业2017年的应纳房产税税额。

3. 某外商投资企业2018年接受企业A以房产投资入股，房产市场价值为1 200万元；当年该外商投资企业以自有房产与企业B交换房产，支付差价款200万元；同年经政府相关部门批准向该外商企业出让一块土地，该企业缴纳土地出让金180万元。该地区规定契税税率为3%。要求计算：该外商投资企业2018年的应纳契税税额。

第12章

印花税

公元 1624 年，荷兰政府发生经济危机，财政困难，为了解决财政问题，荷兰政府采用公开招标的方式寻求新税设计方案。印花税，就是从千万个应征者设计的方案中精选出来的。由于简便易行，欧美各国竞相效法，在不长的时间内，印花税就成为世界上普遍采用的一个税种。

12.1 印花税概述

印花税法是指国家制定的用以调整印花税征收与缴纳权利及义务关系的法律规范。印花税是对经济活动和经济交往中书立、使用、领受具有法律效力凭证的单位和个人征收的一种税。印花税是一种具有行为税性质的凭证税，凡发生书立、使用、领受应税凭证的行为，必须履行印花税纳税义务。

印花税因采用在凭证上粘贴印花税票的办法征税而得名。印花税具有覆盖面广、税率低、税负轻、由纳税人自行完税等特点，是各国普遍征收的一种税。

现行印花税的基本规范是 1988 年 8 月 6 日国务院发布并于同年 10 月 1 日实施的《中华人民共和国印花税暂行条例》。我国开征印花税，通过对各种凭证贴花和检查，及时了解社会经济活动情况，促进经济行为规范化，有利于推动我国市场经济的有序发展；实行纳税人依法自行计算应纳税额，自行购买印花税税票的缴纳方法，结合轻税重罚的措施，有利于提高纳税人的法制观念和纳税自觉性，有利于维护国家权益。

12.2 征税对象和纳税义务人

12.2.1 征收对象

印花税属于行为税，其征收对象为在中华人民共和国境内书立、领受应税凭证的行为。印花税法明确规定了应当纳税的项目，划定了应税凭证的具体范围，主要包括以下内容。

1. 合同或者具有合同性质的凭证

其包括具有合同效力的协议、契约、合约、单据、确认书及其他各种名称的凭证，具体包括以下 10 类合同。

（1）购销合同

购销合同包括供应、预购、采购、购销结合及协作、调剂、补偿和贸易等合同；包括出版单位与发行单位之间订立的图书、报纸、期刊和音像制品的应税凭证，如订购单、订数单等。

发电厂与电网企业之间、电网与电网企业之间（国家电网公司系统、南方电网公司系统内部各级电网互供电量除外）签订的购售电合同。电网与用户之间签订的供用电合同不属于印花税列举征税的凭证，不征收印花税。

（2）加工承揽合同

加工承揽合同包括加工、定做、修缮、修理、印刷、广告、测绘和测试等合同。

（3）建筑工程勘察设计合同

建筑工程勘察设计合同包括勘察、设计合同。

（4）建筑安装工程承包合同

建筑安装工程承包合同包括建筑、安装工程承包合同；承包合同包括总承包合同、分包合同和转包合同。

（5）财产租赁合同

财产租赁合同包括租赁房屋、船舶、飞机、机动车辆、机械、器具和设备等合同；还包括企业、个人出租门店、柜台等签订的合同。

（6）货物运输合同

货物运输合同包括民用航空、铁路运输、海上运输、公路运输和联合运输合同，以及作为合同使用的单据。

（7）仓储保管合同

仓储保管合同包括仓储合同、保管合同，以及作为合同使用的仓单、栈单等；对有些凭证使用不规范，不便计税的，可将其结算单据作为计税贴花的凭证。

（8）借款合同

借款合同银行及其他金融组织与借款人（不包括银行同业拆借）所签订的合同，以及只填开借据并作为合同使用、取得银行借款的借据。银行及其他金融机构经营的融资租赁业务，是一种以融物方式达到融资目的的业务，实际上是分期偿还的固定资金借款，因此融资租赁合同也属于借款合同。

（9）财产保险合同

财产保险合同包括财产、责任、保证、信用保险合同，以及作为合同使用的单据。财产保险合同可分为企业财产保险、机动车车辆保险、货物运输保险、家庭财产保险和农牧业保险五大类。

（10）技术合同

技术合同包括技术开发、转让、咨询、服务等合同，以及作为合同使用的单据。

技术转让合同，包括专利申请转让和非专利技术转让。

技术咨询合同，是当事人就有关项目的分析、论证、预测和调查所订立的技术合同。但一般的法律、会计、审计等方面的咨询不属于技术咨询，其所立合同不贴印花。

技术服务合同是当事人一方委托另一方就解决有关特定技术问题，如为改进产品结构、改良工艺流程、提高产品质量、降低产品成本、保护资源环境、实现安全操作、提高经济效益等，提出实施方案，实施指导所订立的技术合同。以常规手段或者为生产经营目的进行一般加工、修理、修缮、广告、印刷、测绘、标准化测试以及勘察、设计等所书立的合同，不属于技术服务合同。

2. 产权转移书据

其包括财产所有权和版权、商标专用权、专利权、专有技术使用权等转移书据和专利实施许可合同、土地使用权出让合同、土地使用权转让合同、商品房销售合同等权力转移合同。产权转移书据是指单位和个人产权的买卖、继承、赠予、交换、分割等所立的书据。财产所有权转移书据的征税范围包括：

① 经政府管理机关登记注册的动产、不动产的所有权转移所立的书据；

② 企业股权转让所立的书据；

③ 个人无偿赠送不动产所签订的"个人无偿赠予不动产登记表"；当纳税人完税后，税务机关应在纳税人印花税完税凭证上加盖"个人无偿赠予"印章。

3. 营业账簿

营业账簿指单位或者个人记载生产经营活动的财务会计核算账簿。营业账簿按其反映内容的不同，可分为记载资金的账簿和其他账簿。其中，记载资金的账簿是指反映生产经营单位资本金增减变化的账簿；其他账簿是指上述账簿以外的有关其他生产经营活动内容的账簿，包括日记账簿和各种明细分类账簿。

金融系统营业账簿，应当结合金融系统财务会计核算的实际情况进行具体分析。凡银行用以反映资金存贷经营活动、记载经营资金增减变化、核算经营成果的账簿，如各种日记账、明细账和总账都属于营业账簿，应按照规定缴纳印花税；银行根据业务管理需要设置的各种登记簿，如空白重要凭证登记簿、有价单证登记簿、现金收付登记簿等，其记载的内容与资金活动无关，仅用于内部备查，属于非营业账簿，均不征收印花税。

4. 权利、许可证照

其包括政府部门发给的房屋产权证、工商营业执照、商标注册证、专利证和土地使用证。

12.2.2　纳税义务人

印花税的纳税义务人，是指在中华人民共和国境内书立、使用、领受印花税法所列举的凭证，并应依法履行纳税义务的单位和个人。其中，"单位"是指国内各类企业、事业、机关、团体、部队以及中外合资企业、合作企业、外资企业、外国公司企业和其他经济组织及其在华机构等单位；"个人"是指在境内的我国公民和外国公民。

依据书立、使用、领受应税凭证的不同，印花税的纳税人主要包括以下五种。

1. 各类合同立合同人

各类合同的纳税人是立合同的人。

其中，"立合同人"是指合同的当事人，即对凭证有直接权利义务关系的单位和个人，但不包括合同的担保人、证人和鉴定人；"各类合同"包括购销、加工承揽、建设工程承包、财产租赁、货物运输、仓储保管、借款、财产保险、技术合同或具有合同性质的凭证。

当事人的代理人有代理纳税义务，与纳税人负有同等的税收法律义务和责任。

2. 立据人

产权转移书据的纳税人是立据人。立据人是指土地、房屋权属转移过程中买卖双方的当事人。

3. 立账簿人

营业账簿的纳税人是立账簿人。立账簿人是指设置并使用营业账簿的单位和个人。

4. 领受人

权利、许可证照的纳税人是领受人。领受人是指领取或接受权利、许可证照的单位和个人。

5. 使用人

在国外书立、领受，但在国内使用的应税凭证，其纳税人是使用人。

6. 各类电子应税凭证的签订人

以电子形式签订的各类应税凭证的当事人。

对合同、书据等应税凭证，凡由两方或两方以上当事人共同书立的，其当事人各方都是印花税的纳税人，应分别就其所持凭证的计税金额履行纳税义务。

12.3 税率

现行印花税采用比例税率和定额税率两种税率形式，其税目税率如表 12-1 所示。

表 12-1　　　　　　　　　　　印花税税目与税率表

序号	税目	范围（说明）		税率	纳税人
1	购销合同	包括供应、预购、采购购销结合及协作、调剂、补偿、易货等合同		按购销金额 0.3‰贴花	立合同人
2	加工承揽合同	包括加工、定做、修缮、修理、印刷、广告、测绘、测试等合同		按加工或承揽收入 0.5‰贴花	立合同人
3	建设工程设计合同	包括勘察、勘察设计合同		按收取费用 0.5‰贴花	立合同人
4	建筑安装合同	包括建筑、安装工程承包合同		按承包金额 0.3‰贴花	立合同人
5	财产租赁合同	包括租赁房屋、船舶、飞机、机动车辆、机械、器具、设备等合同		按承租金额 1‰贴花	立合同人
6	货物运输合同	包括民用航空、铁路运输、水路运输、公路运输和联运合同		按运输费用 0.5‰贴花	立合同人
7	仓储保管合同	包括仓储、保管合同		按仓储保管费用 1‰贴花	立合同人
8	借款合同	银行及其他金融组织和借款人（不包括银行同业拆借）所签订的借款合同		按借款金额 0.05‰贴花	立合同人
9	财产保险合同	包括财产、责任、保证、信用等保险合同		按投保金额 1‰贴花	立合同人
10	技术合同	包括技术开发转让、咨询、服务等合同		按所载金额 0.3‰贴花	立合同人
11	产权转移书据	财产所有权和版权、商标专用权、专利权、专有技术使用权等转移书据、土地使用权出让合同、土地使用权转让合同、商品房销售合同		按所载金额 0.5‰贴花	立据人
	股份转让书据	上市股票和企业内部发行的股票买卖、继承、赠予等转让书据		按书立当日实际成交价计算金额 1‰贴花	立据人
12	营业账簿	生产经营用账册	记载资金的账簿	按实收资本和资本公积的合计总额 0.5‰贴花	立账簿人
			其他账簿	按件贴花 5 元	立账簿人
13	权利许可证照	包括政府部门发给的房屋产权证、工商营业执照、商标注册证、专利证、土地使用证		按件贴花 5 元	领受人

印花税共设有 13 个税目，对列入税目中的征税，未列入税目的不征税。根据不同凭证的性质和特点，按照合理负担、便于征纳的原则，分别采用不同的税率。

1．比例税率

印花税的比例税率分为 4 个档次，分别为 0.05‰、0.3‰、0.5‰、1‰。

按比例税率征收的包括：各类合同或者具有合同性质的凭证、记载资金的账簿以及产权转移书据，上述凭证一般都载有金额，按比例税率纳税。

（1）适用 0.05‰税率的是借款合同。

（2）适用 0.3‰税率的是购销合同、建筑安装工程承包合同、技术合同。

（3）适用 0.5‰税率的是加工承揽合同、建筑安装工程勘察设计合同、货物运输合同、产权转移书据、营业账簿税目中记载资金的账簿。

（4）适用 1‰税率的是财产租赁合同、仓储保管合同、财产保险合同、股权转让书据。

（5）在上海证券交易所、深圳证券交易所、全国中小企业股份转让系统买卖、集成、赠予优先股所书立的股权转让数据，均依照书立时实际成交金额，由出让方按照 1‰税率计算缴纳证券（股票）交易印花税。

2．定额税率

在印花税的 13 种税目中，"权利、许可证照"和"营业账簿"税目中的其他账簿，适用定额税率，均为按件贴花，税额为 5 元。

12.4 | 应纳税额的计算

12.4.1　计税依据的规定

1．一般规定

印花税的计税依据是应税凭证上所记载的计税金额。

（1）购销合同的计税依据为购销金额。其中，对以货换货方式签订的购销合同，其计税金额为合同所载的购、销金额合计数。

（2）加工承揽合同的计税依据为加工或承揽收入的金额，分别如下。

① 对于由委托方提供主要原材料或原料，受托方只提供辅助材料的加工合同，只对辅助材料与加工费的合计金额，依照加工承揽合同计税贴花；对委托方提供的主要材料或原料金额，不征收印花税。

② 对于由受托方提供原材料的加工、定做合同，且在合同中分别记载原材料费和加工费金额的，应分别按"加工承揽合同"和"购销合同"计税，其税额相加，即为合同应贴印花；若合同中并未分别记载，则就全部金额依据本款项计税贴花。

加工承揽合同的
计税依据

（3）建设工程勘察设计合同的计税依据为收取的费用。

（4）建筑安装工程承包合同的计税依据为承包金额。

（5）财产租赁合同的计税依据为租赁金额；经计算税额不足 1 元的，按 1 元贴花。

（6）货物运输合同的计税依据为所收取的运输费用，但不包括运输货物的金额、装卸搬运费及保险费用等。

（7）仓储保管合同的计税依据为仓储保管费。

（8）借款合同的计税依据为借款金额。针对实际接待活动中不同的借款形式，税法规定了

不同的计税方法。

① 凡是一项信贷业务既签订整体借款合同，又一次或分次填开借据的，只以借款合同所载金额为依据计税贴花；凡是只填开借据并作合同使用的，应以借据所载金额为计税依据计税贴花。

② 借贷双方签订的流动资金周转性借款合同，一般按年（期）签订，规定最高限额，借款人在规定期限和最高限额内随借随还。以其规定的最高限额为依据，在签订时贴花一次；期限及限额内不签订新合同的，不再另贴印花。

③ 借款方以财产做抵押，取得抵押贷款的合同，应按借款合同贴花；借款方因无力偿还借款而将抵押财产转移给贷款方时，应再就双方签订的产权转移书据，按产权转移书据的规定计税贴花。

④ 对银行及其他金融组织融资租赁业务签订的融资租赁合同，应按合同所载租金总额，暂按借款合同计税。

⑤ 在贷款业务中，如果贷方是由若干银行组成的银团，银团各方均承担一定的贷款数额。借款合同由借款方与银团各方共同书立，各执一份合同正本。各方分别在所执正本上，按各自的借款金额计税贴花。

⑥ 在基本建设贷款中，如果按年度用款计划分年签订借款合同，最后一年签订包含分合同的总借款合同，且总合同的借款金额包括各个份合同的借款金额的，应按照分合同分别贴花，最后签订的总合同，只就借款总额扣除分合同借款金额后的余额计税贴花。

（9）财产保险合同的计税依据为保险费收入，不包括所保财产的金额。

（10）技术合同的计税依据为合同所载的价款、报酬或使用费。为鼓励技术研发，技术开发合同只就合同所载的报酬金额计税贴花。

（11）产权转移书据的计税依据为所载金额。

（12）营业账簿税目中记载资金的账簿的计税依据为"实收资本"与"资本公积"两项的合计金额。其中，"实收资本"包括现金、实物、无形资产和材料物资。现金按实际收到或存入纳税人开户银行的金额确定。实物是指房屋、机器等，按评估确认的价值或者合同、协议约定的价格确定；无形资产和材料物资，按评估确认的价值确定。"资本公积"包括接受捐赠、法定财产重估增值、资本折算差额、资本溢价等。如果是实物捐赠，则按同类资产的市场价格或有关凭证确定。

其他账簿的计税依据为应税凭证件数。

（13）权利、许可证照的计税依据为应税凭证件数。

2. 特殊规定

（1）上述凭证以"金额""收入""费用"作为计税依据的，应当全额计税，不得做任何扣除。

（2）同一凭证，载有两个或两个以上经济事项而适用不同税目税率，且分别记载金额的，应分别计算应纳税额，相加后按合计税额贴花；若未分别记载金额的，按税率高的计税贴花。

（3）按金额比例贴花的应税凭证，未标明金额的，应按照凭证所载数量及国家牌价计算金额；没有国家牌价的，按市场价格计算金额，然后按规定税率计算应纳税额。

（4）应税凭证所载金额为外国货币的，应按照凭证书立当日国家外汇管理局公布的外汇牌价折合为人民币，然后计算应纳税额。

（5）印花税最低税额为 1 角，若计算所得应纳税额不足 1 角的，免纳印花税；应纳税额在 1

角以上的，其税额尾数不满 5 分的不计，满 5 分的按 1 角计算。

（6）在签订时无法确定计税金额的合同，可在签订时先按定额 5 元贴花，以后结算时再按实际金额计税，补贴印花。

（7）无论合同是否履行，均应计算应纳税额并贴花。对已履行并贴花的合同，所载金额与合同履行后实际结算金额不一致的，只要双方未修改合同金额，一般不再办理完税手续。

（8）对有经营收入的事业单位，凡属由国家财政拨付事业经费，实行差额预算管理的单位，其记载经营业务的账簿，按其他账簿定额贴花，不记载经营业务的账簿不贴花；凡属经费来源实行自收自支的单位，其营业账簿，应对记载资金的账簿和其他账簿分别计算应纳税额。

（9）施工单位将自己承包的建设项目，分包或转包给其他施工单位所签订的分包合同或转包合同，应按新的分包合同或转包合同所载金额计算应纳税额。新的分包或转包合同是一种新的凭证，又发生了新的纳税义务。

（10）对国内各种形式的货物联运，凡在起运地统一结算全程运费的，应以全程运费作为计税依据，由起运地运费结算双方缴纳印花税；凡分程结算运费的，应以分程的运费作为计税依据，分别由办理运费结算的各方缴纳印花税。

（11）从 2008 年 9 月 19 日起，对证券交易印花税由双边征收改为单边征收，即只对卖出方征收证券（股票）交易印花税，对买入方不再征收，税率为 1‰。

印花税票为有价证券，票面金额以人民币为单位，分为 1 角、2 角、5 角、1 元、2 元、5 元、10 元、50 元、100 元 9 种。

12.4.2 应纳税额的计算

印花税分别采用从价计征和从量计征两种方式。

1. 从价计征的应纳税额

采用从价计征的，其计税依据为应税凭证上记载的金额，具体应纳税额的计算公式为：

应贴印花税额＝计税依据×适用比例税率

2. 从量计征的应纳税额

采用从量计征的，其计税依据为应税凭证的数量，具体应纳税额的计算公式为：

应贴印花税额＝应税凭证件数×5（元）

【例12-1】 某货物运输企业A与另一生产企业B签订了一份远洋货物运输合同，其合同所载的运输费金额为50万元，装卸搬运费用1万元。计算两企业分别应纳印花税税额。

应纳税额＝（500 000＋10 000）×0.5‰＝255（元）

【例12-2】 某生产制造企业于2017年8月8日开业，当年发生的主要业务包括：

（1）领受房屋产权证、工商营业执照、土地使用权证各一件；

（2）与其他企业签订专用技术转让使用权书据一件，所载金额150万元；

（3）与其他生产企业订立以货易货合同1份，约定以原材料60万元换取其价值50万元的产成品；

（4）订立借款合同一份，所载金额200万元；

（5）签订财产保险合同一份，投保金额180万元；

（6）该企业记载资金的账簿中，"实收资本"所载金额为500万元，建有其他账簿8本。

计算该企业2017年应缴纳的印花税税额。

（1）领受权利、许可证照的应纳税额＝3×5＝15（元）

（2）签订产权转移书据的应纳税额＝1 500 000×0.5‰＝750（元）

（3）订立购销合同的应纳税额＝（600 000＋500 000）×0.3‰＝330（元）

（4）订立借款合同的应纳税额＝2 000 000×0.05‰＝100（元）

（5）财产保险合同的应纳税额＝1 800 000×1‰＝1 800（元）

（6）记载资金的账簿应纳税额＝5 000 000×0.5‰＝2 500（元）

（7）其他账簿的应纳税额＝8×5＝40（元）

（8）应纳印花税税额＝15＋750＋330＋100＋1 800＋2 500＋40＝5 535（元）

12.5 税收优惠

下列项目属于免征印花税的范畴。

（1）已缴纳印花税凭证的副本或者抄本。

凭证的正式签署本已按规定缴纳了印花税，其副本或者抄本对外不发生权利义务关系，仅留存备查的，免贴印花。但以副本或者抄本视同正本使用的，则应另贴印花税票。

（2）对房地产管理部门与个人签订的用于生活居住的租赁合同。

（3）农牧业保险合同。

（4）无息、贴息贷款合同。

无息、贴息贷款合同通常是在特定时期内，为了体现国家政策或满足某种需要，其全部或部分利息由国家负担，对此类合同征收印花税意义不大。

（5）与高校学生签订的高校学生公寓租赁合同。

（6）对改造安置住房经营管理单位、开发商与改造安置住房相关的印花税以及购买安置住房的个人涉及的印花税自2013年7月4日起予以免征。

（7）对公租房经营管理单位建造管理公租房涉及的印花税免征。

12.6 征收管理

1. 缴纳办法

印花税实行由纳税人根据规定自行计算应纳税额，购买并一次贴足印花税票的缴纳办法。依照税额大小、贴花次数以及税收征收管理的需要，可分别采用以下三种纳税方法。

（1）自行贴花办法

自行贴花办法一般适用于应税凭证较少或者贴花次数较少的纳税人。

纳税人书立、领受或者使用印花税法列举的应税凭证的同时，纳税义务即已产生，应当根据应纳税凭证的性质和适用的税目税率，自行计算应纳税额，自行购买印花税票，自行一次贴足印花税票并加以注销或划销，纳税义务才算全部履行完毕，即通常所说的"三自"纳税办法。

对已贴花的凭证，修改后所载金额增加的，其增加部分应当补贴印花税票。凡多贴印花税票者，不得申请退税或者抵用。

（2）汇贴或汇缴办法

汇贴或汇缴办法一般适用于应纳税额较大或者贴花次数频繁的纳税人。

一份凭证的应纳税额超过 500 元的，应向当地税务机关申请填写缴款书或者完税证，将其中一联粘贴在凭证上，或者由税务机关在凭证上加注完税标记代替贴花，即通常所说的"汇贴"办法。

同一种类应纳税凭证，需频繁贴花的，纳税人可自行决定是否采用按期汇总缴纳印花税的方式，汇总缴纳的期限为 1 个月；采用按期汇总缴纳方式的纳税人，事先应告知主管税务机关；缴纳方式一旦确定，一年内不得改变。

实行印花税按期汇总缴纳的单位，对征税凭证和免税凭证汇总时，凡分别汇总的，按本期征税凭证的汇总金额计算缴纳印花税；凡确属不能分别汇总，应按其全部凭证的实际汇总金额计算缴纳印花税。

凡汇总缴纳印花税的凭证，应加注税务机关指定的汇缴戳记、编号并装订成册，将已贴印花或者缴款书的一联粘附册后，盖章注销，保存备查。

（3）委托代征办法

委托代征办法主要是通过税务机关的委托，经由发放或者办理应纳税凭证的单位代为征收印花税税款。税务机关应与代征单位签订代征委托书。其中，"发放或者办理应纳税凭证的单位"是指发放权利、许可证照的单位和办理凭证的签证、公证及其他有关事项的单位。

现行印花税法规定，发放或者办理应纳税凭证的单位，负有监督纳税人依法纳税的义务，具体是指对以下纳税事项进行监督：

① 纳税凭证是否已贴印花；

② 粘贴的印花是否足额；

③ 粘贴的印花是否按规定注销。

对未完成以上纳税手续的，应督促纳税人当场完成。

2. 纳税地点和纳税环节

印花税一般实行就地纳税，且印花税应当在书立或领受时贴花。具体内容包括在合同签订时、账簿启用时和证照领受时贴花。

对涉及省际关系的全国性订货会上所签订的合同，其应纳的印花税，可由纳税人回其所在地及时办理贴花完税手续；对地方主办订货会上所签合同的印花税，其纳税地点由各省、自治区、直辖市人民政府自行确定。若合同是在国外签订，且不便在国外贴花的，应在将合同带入境时办理贴花纳税手续。

3. 违章处理

印花税纳税人出现下列行为之一的，由税务机关根据情节轻重予以处罚。

（1）在应纳税凭证上未贴或少贴印花税票的或者已粘贴在应纳税凭证上的印花税票，未注销或者未划销的，由税务机关追缴其不缴或少缴的税款、滞纳金，并处不缴或少缴的税款 50%以上 5 倍以下的罚款。

（2）已用的印花税票揭下重用的，税务机关追缴其不缴或少缴的印花税税款及滞纳金，并处不缴或少缴的税款 50%以上 5 倍以下的罚款；构成犯罪的，依法追究其刑事责任。

（3）伪造印花税票的，由税务机关责令改正，处以 2 000 元以上 1 万元以下的罚款，情节严重的，处以 1 万元以上 5 万元以下的罚款；构成犯罪的，依法追究其刑事责任。

（4）按期汇总缴纳印花税的纳税人，超过税务机关核定的纳税期限，未缴或少缴印花税款的，由税务机关追缴其不缴或少缴的税款、滞纳金，并处不缴或少缴的税款 50%以上 5 倍以下的罚款；情节严重的，同时撤销其汇缴许可证；构成犯罪的，依法追究其刑事责任。

（5）纳税人违反以下规定的，由税务机关责令限期改正，可处以 2 000 元以下的罚款；情节严重的，处以 2 000 元至 1 万元以下的罚款。

① 凡汇总缴纳印花税的凭证，应加注税务机关制定的汇缴戳记，编号并装订成册后，将已贴印花或者缴款书的一联粘附册后，盖章注销，保存备查。

② 纳税人对纳税凭证应当妥善保存。凭证的保存期限，凡国家明确规定的，按规定保存；没有明确规定的其余凭证均应在履行完毕后保存 1 年。

（6）代售户对取得的税款逾期不缴或者挪作他用，或者违反合同将所领印花税票转托他人代售或者转至其他地区销售，或者未按规定详细提供领、售印花税票情况的，税务机关可视其情节轻重，给予警告或者取消其代售资格的处罚。

思考与练习

一、辨析题

1. 国外某公司与我国境内企业在国外签订的技术转让合同，在我国境内使用时不必缴纳印花税。（　　　）

2. 企业记载资金的账簿，本年比上年实收资本和资本公积增加的，仅就其增加部分按照5‰贴花；如果没有增加，免贴印花。（　　　）

3. 甲企业与乙企业签订了一份购销合同，甲企业向乙企业提供30万元货物，乙企业向甲企业提供32万元货物，甲企业另向乙企业支付2万元货款。则甲企业应纳印花税的计税依据为30万元，乙企业应纳印花税的计税依据为32万元。（　　　）

4. 某厂与铁路部门签订运输合同，合同上注明运费和保管费共计5万元，则该运输合同以5万元和运输合同适用税率计税贴花。（　　　）

5. 一份已纳印花税的购销合同所载购销金额为50万元，但实际成交金额为54万元，尽管购销双方未修改合同条款，也应再按4万元为依据再贴缴印花。（　　　）

6. 某建筑公司将自己承包的一项8 000万元酒店建设项目的内装修工程以2 000万元转包给其他单位，则转包合同应以2 000万元为计税依据计征印花税，由承接装修工程单位缴纳。（　　　）

二、计算题

1. 2018年6月甲方（某建设单位）与乙方（建筑公司）、丙方（建筑设计单位）签订了一份经济合同，将建筑安装工程承包给乙方，将建筑设计项目承包给丙方。建筑总投资2 000万元，勘察设计费用200万元。

要求：计算甲、乙、丙三方各自应缴纳的印花税税额。

2. 某企业2018年2月发生下列业务：

（1）领取《营业执照》《房产证》《土地使用证》各一份；

（2）签订加工合同，由乙企业提供货样，本企业为乙企业购买原料和主要材料80万元，并收取加工费2万元；

（3）设立资金账簿和其他账簿11本；

（4）订立借款合同一份，贷款500万元，应付利息50万元；

（5）投保综合财产险一份，保额1 000万元，交纳保险费4万元；投保机动车险3份，保险金额50万元，应交保险费12 000元，保单列明优惠金1 000元；

（6）签订加工合同，由甲企业提供原料和主要材料100万元，本企业代垫辅助材料2万元并收取加工费3万元；

要求：

（1）计算权利许可证照应纳（贴）印花税额；

（2）计算账簿应纳（贴）印花税额；

（3）计算保险单应纳（贴）印花税额；

（4）计算贷款合同应纳（贴）印花税额；

（5）计算加工合同应纳（贴）印花税额。

第13章

车辆购置税

车辆购置税是对在我国境内购置规定车辆的单位和个人征收的一种税，它由车辆购置附加费演变而来。世界上许多国家在车辆购置环节都开征相关税种，税率高低不同，税率较高的国家，仅在购置环节征收，税率较低的国家，不仅在购置环节征收，在使用环节通过征收较高的燃油税来体现国家对汽车消费的宏观政策。

13.1 车辆购置税概述

车辆购置税法是指国家制定的用以调整车辆购置税征收与缴纳权利及义务关系的法律规范。车辆购置税是指在中华人民共和国境内，以购置规定车辆为课税对象，在特定环节向车辆购置的单位和个人征收的一种税。

我国现行车辆购置税法的基本规范是第十三届全国人民代表大会常务委员会第七次会议通过的《中华人民共和国车辆购置税法》，于 2019 年 7 月 1 日起施行。

车辆购置税的特点：一是征收范围单一，以购置特定车辆为课税对象；二是征收环节单一，仅在退出流通进入消费领域的特定环节征收；三是税率单一，按统一比例税率征收，计征简便。

13.2 征税范围与纳税义务人

13.2.1 征税范围

车辆购置税以中国境内购置的规定的车辆作为征收对象，其具体征税范围包括以下几类车辆。

（1）汽车：包括各类汽车。

（2）摩托车：排气量超过一百五十毫升的摩托车。

（3）电车：有轨电车。

（4）挂车：包括全挂车、半挂车。

（5）农用运输车：包括三轮农用运输车、四轮农用运输车。

车辆购置税征收范围的调整，由国务院决定并公布，其他任何部门、单位及个人无权擅自扩大或缩小。

13.2.2 纳税义务人

车辆购置税的纳税义务人是指在中华人民共和国境内购置规定车辆的单位和个人。

纳税人的"购置"行为主要包括：购买国产或进口应税车辆；直接进口使用应税车辆；受赠使用车辆（包括免税车辆）；以自产自用、获奖或其他方式（如拍卖、抵债、罚没）取得并自用应税车辆。

单位包括国有企业、集体企业、私营企业、股份制企业、外商投资企业、外国企业以及其他事业单位、社会团体、国家机关、部队、其他单位。个人包括个体工商户和其他个人，既包括中国公民又包括外国公民。

13.3 税率与计税依据

13.3.1 车辆购置税的税率

车辆购置税实行统一比例税率，税率统一规定为10%。

计税依据的确认

13.3.2 计税依据

车辆购置税的计税依据是指应税车辆的价格，即计税价格。考虑到应税车辆的"购置"行为各不相同，计税价格的组成也不一致，具体计税依据包括下列情况：

（1）纳税人购买自用应税车辆。

纳税人购买自用应税车辆的，以纳税人购买应税车辆而支付给销售者的全部价款（不含增值税税款）作为计税依据，组成计税价格的计算公式为：

$$计税价格＝含增值税的销售价格÷（1＋13\%）$$

价外费用是指销售方价外向购买方收取的基金、集资费、违约金（延期付款利息）和手续费、包装费、储存费、优质费、运输装卸费、保管费，以及其他各种性质的价外收费。但不包括销售方代办保险等而向购买方收取的保险费，以及向购买方收取的代购买方缴纳的车辆购置税、车辆牌照费。

（2）纳税人进口自用车辆。

纳税人进口自用的应税车辆，以组成计税价格为计税依据，组成计税价格的计算公式为：

$$计税价格＝关税完税价格＋关税＋消费税$$

进口自用的应税车辆是指纳税人直接从境外进口或委托代理人进口自用的应税车辆，即非贸易方式进口自用的应税车辆。纳税人购买自用或者进口应税车辆，申报的计税价格低于同类型应税车辆的最低计税价格，又无正当理由的，计税价格为国家税务总局核定的最低计税价格。

（3）其他自用的应税车辆。

纳税人自产自用应税车辆的计税价格，按照纳税人生产的同类应税车辆的销售价格确定，不包括增值税税款。纳税人以受赠、获奖或者其他方式取得自用应税车辆的计税价格，按照购置应税车辆时相关凭证载明的价格确定，不包括增值税税款。

纳税人申报的应税车辆计税价格明显偏低，又无正当理由的，由税务机关依照《中华人民共和国税收征收管理法》的规定核定其应纳税额。

免税条件消失的车辆，自初次办理纳税申报之日起，使用年限未满10年的，计税价格以免税车辆初次办理纳税申报时确定的计税价格为准，每满 1 年扣减 10%；未满 1 年的，计税价格为免税车辆的原计税价格；使用年限 10 年（含）以上的，计税价格为 0。

（4）最低计税价格的确定。

最低计税价格是指国家税务总局依据机动车生产企业或经销商提供的车辆价格信息，参照应税车辆市场平均交易价格核定的车辆购置税价格。考虑到纳税人购置应税车辆的具体情况，国家税务总局针对特殊情形下的应税车辆最低计税价格做出相关规定：

① 对已缴纳车辆购置税并办理了登记注册手续的车辆，其底盘和发动机同时发生更换的，最低计税价格按同类型新车最低计税价格的 70% 计算；

② 非贸易渠道进口车辆的最低计税价格，为同类型新车最低计税价格。

（5）免征、减征车辆购置税的车辆，由于转让、改变用途等原因不再属于免税、减税范围的，其最低计税价格按以下公式计算：

最低计税价格＝同类新车最低计税价格×[1−（已使用年限÷规定使用年限）]×100%

（6）纳税人以外汇结算应税车辆价款的，按照申报纳税之日的人民币汇率中间价折合为人民币，计算缴纳车辆购置税的应纳税额。

13.4 应纳税额的计算

车辆购置税按规定的应税车辆计税价格和适用税率计算应纳税额，计算公式为：

应纳税额＝计税依据×税率

其中，计税依据由上述不同情况分别确定。

车辆购置税实行一次征收制度，购置已征车辆购置税的车辆，不再征税。

【例13-1】 关某2019年8月从某汽车专卖公司购买一辆小汽车自用，根据销售合同，王某支付的价款（含增值税税款）为282 500元，计算关某应纳车辆购置税。

（1）计税依据=282 500÷（1+13%）=250 000（元）

（2）应纳税额=250 000×10%=25 000（元）

【例13-2】 某商贸公司从国外进口8辆小轿车，其中1辆留作自用商务车。该批车辆报关进口时，报关地海关核定完税完税价格为每辆300 000元人民币，按关税政策规定每辆轿车征收关税330 000元；按消费税、增值税规定分别代征了每辆小轿车的进口消费税20 800元和增值税10 700元。计算该公司应纳的车辆购置税。

（1）计税依据=300 000+330 000+20 800=650 800（元）

（2）应纳税额=650 800×10%=65 080（元）

【例13-3】 某客车制造企业将自产的一辆中轻型客车用于企业后勤服务，该企业在办理车辆上牌前，出具该车的发票，注明金额535 000元，并按照此金额向主管税务机关申报纳税。经审核，国家税务总局对该车同类型车辆核定的最低计税价格为705 000元。计算该车应纳车辆购置税。

（1）计税依据=705 000（元）

（2）应纳税额=705 000×10%=70 500（元）

13.5 | 税收优惠

13.5.1 车辆购置税的减免税规定

（1）外国驻华使馆和外交代表、外国驻华领事馆和领事官员、国际组织驻华机构及其官员的自用车辆免税。

（2）设有固定装置的非运输专用作业车辆免税。

（3）中国人民解放军和中国人民武装警察部队列入军队武器装备订货计划的车辆免税。

（4）悬挂应急救援专用号牌的国家综合性消防救援车辆。

（5）城市公交企业购置的公共汽电车辆。

（6）国务院规定予以免税或者减税的其他情形的，按照规定免税或减税。这些情形主要有以下几种。

① 防汛部门和森林消防部门用于指挥、检查、调度、报讯（警）、联络的指定厂家生产的专用车辆免税。

② 回国服务的在外留学人员用现汇购买的自用国产小汽车（限 1 辆）免税。

③ 长期来华定居专家进口自用的小汽车（限 1 辆）免税。

④ 农用三轮运输车免征。

13.5.2 车辆购置税的退税

纳税人已缴纳车辆购置税，但在办理车辆登记注册手续前，需要办理退还车辆购置税的，由纳税人申请，征收机构审查后办理退还车辆购置税手续。

13.6 | 征收管理

13.6.1 纳税期限

纳税人购买自用的应税车辆，自购买之日起 60 日内申报纳税；进口自用的应税车辆，应当自进口之日起 60 日内申报纳税；自产、受赠、获奖和以其他方式取得并自用应税车辆的，应当自取得之日起 60 日内申报纳税。其中，"购买之日"是指纳税人购车发票上注明的销售日期；"进口之日"是指纳税人报关进口的当天。

13.6.2 纳税地点

纳税人购置应税车辆，应当向车辆登记注册地的主管税务机关申报纳税。购置不需办理车辆登记注册手续的应税车辆，应当向纳税人所在地的主管税务机关申报纳税。其中，"车辆登记注册地"是指车辆的上牌落籍地或落户地。

13.6.3 纳税环节

车辆购置税的征税环节为使用环节,即最终消费环节。具体而言,纳税人应当在向公安机关等车辆管理机构办理车辆登记注册手续前,缴纳车辆购置税。购买已经办理车辆购置免税手续的二手车,购买者应当到税务机关重新办理申报缴税或免税手续。未按规定办理的,按征管法的规定处理。

13.6.4 纳税申报

车辆购置税实行"一车一申报"制度。纳税人在办理纳税申报时应如实填写《车辆购置税纳税申报表》,同时提供车主身份证明、车辆价格证明、车辆合格证明及要求提供的其他资料的原件和复印件,经车购办审核后,由税务机关保存有关复印件。

13.6.5 缴税管理

车辆购置税税款缴纳方法主要有以下几种。

1. 自报核缴

由纳税人自行计算应纳税额、自行填报纳税申报表有关资料,向主管税务机关申报,经税务机关审核后,开具完税证明,由纳税人持完税凭证向当地金库或金库经收处缴纳。

2. 集中征收缴纳

集中征收缴纳包括两种情况:一是实行集中购置应税车辆的单位缴纳和经批准实行代理经销商的,由纳税人集中向税务机关统一申报纳税;二是由税务机关集中报缴税款,即在纳税人向实行集中征收的主管税务机关申报缴纳税款,税务机关开具完税凭证后,由税务机关填写汇总缴款书,将税款集中缴入当地金库或金库经收处。

3. 代征、代扣、代收

代征、代扣、代收是指扣缴义务人按照税法规定代扣代缴或代收代缴税款、税务机关委托征收单位代征税款的征收方式。

13.6.6 车辆购置税的退税制度

(1)已缴纳车辆购置税的车辆,发生下列情形之一的,准予纳税人申请退税:

① 车辆退回生产企业或者经销商的;

② 符合免税条件的设有固定装置的非运输车辆但已征税的;

③ 其他依据法律法规规定应予退税的情形。

(2)纳税人申请退税时,应如实填写《车辆购置税退税申请表》(以下简称退税申请表),由本人、单位授权人员到主管税务机关办理退税手续,按下列情况分别提供资料。

① 车辆退回生产企业或者经销商的,提供生产企业或经销商开具的退车证明和退车发票。

② 未办理车辆登记注册的,提供原完税凭证、完税证明正本和副本;已办理车辆登记注册

的，提供原完税凭证、完税证明正本、公安机关车辆管理机构出具的机动车注销证明。

③ 符合免税条件的设有固定装置的非运输车辆但已征税的，未办理车辆登记注册的，提供原完税凭证、完税证明正本、公安机关车辆管理机构出具的机动车注销证明或者税务机关要求的其他资料。

（3）车辆退回生产企业或者经销商的，纳税人申请退税时，主管税务机关自纳税人办理纳税申报之日起，按已缴纳税款每满1年扣减10%计算退税额；未满1年的，按已缴纳税款全额退税。

其他退税情形，纳税人申请退税时，主管税务机关依据有关规定计算退税额。

思考与练习

一、辨析题

1. 受赠使用行为属于车辆购置税的应税行为，但获奖使用行为不属于车辆购置税的应税行为。（　　　）

2. 购置车辆支付的价款，若含有车辆装饰费，在计算车辆购置税时，应予以扣除。（　　　）

3. 设有固定装置的运输车辆免缴车辆购置税。（　　　）

4. 纳税人购买自用应税车辆的，应当自上牌照之日起60日内申报缴纳车辆购置税。（　　　）

5. 回国服务的留学人员用现汇购买1辆个人自用进口小汽车也免征车辆购置税。（　　　）

二、计算题

1. 北京某贸易公司2018年进口20辆小汽车，海关审定的完税价格为25万元/辆，当月销售10辆，取得不含税收入300万元；2辆留企业自用，剩余8辆用于投资。

要求：计算该贸易公司应缴纳的车辆购置税。小汽车适用关税税率28%，消费税税率9%。

2. H公司2019年1月购买了一辆小轿车，支付含增值税的价款275 500元，由汽车销售方开具统一发票。

要求：计算H公司应缴纳的车辆购置税。

第14章

车船税与船舶吨税

车船税是对在我国境内应依法到公安、交通、农业、渔业、军事等管理部门办理登记的车辆、船舶，根据其种类，按照规定的计税依据和年税额标准计算征收的一种财产税。车船税的征收发挥了对消费者购买使用汽车的引导作用，对节约能源、保护环境具有一定的积极作用。船舶吨税是海关代为对进出中国港口的国际航行船舶征收的一种税。其征收税款主要用于港口建设维护及海上干线公用航标的建设维护。

14.1 车船税

14.1.1 车船税概述

车辆购置税与
车船税的区别

车船税法是指国家制定的用以调整车船税征收与缴纳权利及义务关系的法律规范。车船税是指以车船为课税对象，在中华人民共和国境内向车辆、船舶的所有人或管理者征收的一种税。

车船税在我国是一种古老的课税种类。1951 年我国颁布了《车辆使用牌照税暂行条例》，在部分地区开征车船税。现行车船税的基本规范是 2011 年 2 月 25 日，由中华人民共和国第十一届全国人民代表大会常务委员会第十九次会议通过的《中华人民共和国车船税法》（以下简称《车船税法》），2012 年 1 月 1 日起施行。

14.1.2 纳税义务人与征税范围

1. 纳税义务人

车船税的纳税义务人，是指在中华人民共和国境内，车辆、船舶（简称车船）的所有人和管理人，依照《车船税法》规定缴纳车船税。

2. 征税范围

车船税的征税范围，是指在中华人民共和国境内属于《车船税法》所附《车船税税目税额表》规定的车辆船舶。车辆、船舶是指：

（1）依法应当在车船管理部门登记的车辆和船舶；

（2）依法不需要在车船管理部门登记、在单位内部场所行驶或者作业的机动车辆和船舶。

车船管理部门是指公安、交通、农业、渔业、军队、武装警察部队等依法具有车船管理职能的部门；单位，是指依照中国法律、行政法规规定，在中国境内成立的行政机关、企业、事业单位、社会团体以及其他组织。

14.1.3　车船税税目与税率

1. 车船税税目税额

车船税实行幅度定额税率的从量计税方法，即对征税的车船规定单位固定税额。车船税的适用税额，按《车船税税目税额表》执行，具体如表 14-1 所示。

表 14-1　车船税税目税额表

目录		计税单位	年基准税额（元）	备注
乘用车按发动机气缸容量（排气量分档）	1.0 升（含）以下的	每辆	60～360	核定载客人数 9 人（含）以下
	1.0 升以上至 1.6 升（含）的		300～540	
	1.6 升以上至 2.0 升（含）的		360～660	
	2.0 升以上至 2.5 升（含）的		660～1 200	
	2.5 升以上至 3.0 升（含）的		1 200～2 400	
	3.0 升以上至 4.0 升（含）的		2 400～3 600	
	4.0 升以上的		3 600～5 400	
商用车	客车	每辆	480～1 440	核定载客人数 9 人（包括电车）以上
	货车	整备质量每吨	16～120	1. 包括半挂牵引车、挂车、客货两用汽车、三轮汽车、低速载货汽车等 2. 挂车按照货车税额的 50% 计算
其他车辆	专用作业车	整备质量每吨	16～120	不包括拖拉机
	轮式专用机械车	整备质量每吨	16～120	
摩托车		每辆	36～180	
船舶	机动船舶	净吨位每吨	3～6	拖船、非机动驳船分别按机动船舶税额的 50% 计算
	游艇	艇身长度每米	600～2 000	

车辆的具体适用税额可由省、自治区、直辖市人民政府依照《车船税税目税额表》中规定的税额幅度和国务院的规定确定。

船舶的具体适用税额由国务院在车船税法所附《车船税税目税额表》规定的税额幅度内确定。

2. 车船税税目税额其他规定

（1）机动船舶具体适用税额

✧　净吨位不超过 200 吨（含）的，每吨 3 元。

✧　净吨位超过 200 吨但不超过 2 000 吨（含）的，每吨 4 元。

✧　净吨位超过 2 000 吨但不超过 10 000 吨（含）的，每吨 5 元。

✧　净吨位超过 10 000 吨的，每吨 6 元。

拖船按照发动机功率每 1 千瓦折合净吨位 0.67 吨计算征收车船税。

（2）游艇具体适用税额

✧　艇身长度不超过 10 米的，每米 600 元。

✧　艇身长度超过 10 米但不超过 18 米的，每米 900 元。

✧　艇身长度超过 18 米但不超过 30 米的，每米 1 300 元。

✧　艇身长度超过 30 米的，每米 2 000 元。

◇ 辅助动力帆艇，每米 600 元。

游艇艇身长度是指游艇的总长。

（3）整备质量、净吨位、艇身长度等计税单位，有尾数的一律按照包含尾数的计税单位据实计算车船税应纳税额。计算出的应纳税额小数点后超过两位的可以四舍五入保留两位小数。

（4）乘用车以车辆登记管理部门核发的机动车登记证书或行驶证书所载的排气量毫升数确定税额区间。

（5）涉及的排气量、整备质量、载客人数净吨位、艇身长度等计税标准，以车船管理部门核发的车船登记证书或者行驶证书相应项目所载数额为准。

纳税人未按照规定到车船管理部门办理登记手续的，上述计税标准以车船出厂合格证明或者进口凭证相应项目所载数额为准；不能提供车船出厂合格证明或者进口凭证的，由税务机关根据车船自身状况并参照同类车船核定。

14.1.4 应纳税额计算

（1）新购置车船当年的应纳税额自纳税义务发生的当月起按月计算，计算公式为：

应纳税额＝（年应纳税额÷12）×应纳税月份数

应纳税月份数＝12－纳税义务发生时间（月份）＋1

（2）在一个纳税年度内，已完税的车船被盗抢、报废、灭失的，纳税人可以凭有关管理机关出具的证明和完税证明，向纳税所在地主管税务机关申请退还自被盗抢、报废、灭失的月份起至该纳税年度终了期间的税款。

（3）已办理退税的被盗抢车船，失而复得的，纳税人应从公安机关出具相关证明的当月起计算缴纳车船税。

（4）在一个纳税年度内，纳税人在非车辆登记地由保险机构代收代缴机动车车船税，且能够提供合法有效完税证明的，纳税人不再向车辆登记的地方税务机关缴纳车船税。

（5）已缴纳车船税的车船在同一纳税年度内办理转让过户的，不另纳税，也不退税。

【例14-1】 某物流公司拥有车辆的详细情况为：载货汽车16辆，货车整备质量全部为10吨；载人大客车15辆，小客车12辆。假设该地区车船税年税额的具体规定为：载货汽车为每吨年税额80元，载人大客车每辆年税额500元，小客车每辆年税额350元。计算该公司应纳的车船税税额。

（1）载货汽车的应纳税额＝16×10×80＝12 800（元）

（2）载人客车的应纳税额＝15×500＋12×350＝11 700（元）

（3）全年的应纳车船税额＝12 800＋11 700＝24 500（元）

14.1.5 税收优惠

1. 法定减免

（1）捕捞、养殖渔船。其是指在渔业船舶管理部门登记为捕捞船或养殖船的渔业船舶，免征车船税。

（2）军队、武警专用的车船，免征车船税。

（3）依照法律规定应当予以免税的外国驻华使领馆、国际组织驻华代表机构及其有关人员的车船。

（4）警用车船。其是指公安机关、国家安全机关、监狱、劳动教养管理机关和人民法院、人民检察院领取警用牌照的车辆和执行警务的专用车船，免征车船税。

（5）对节约能源的车辆，减半征收车船税；对使用新能源的车辆，免征车船税。

使用新能源的车辆包括纯电动汽车、燃料电池汽车和混合动力汽车。纯电动汽车、燃料电池汽车不属于车船税征收范围，其他混合动力汽车按照同类车辆适用税额减半征税。

（6）省、自治区、直辖市人民政府根据当地实际情况，可以对公共交通车船，农村居民拥有并主要在农村地区使用的摩托车、三轮汽车和低速载货汽车定期减征或免征车船税。

2. 特定减免

（1）经批准临时入境的外国车船和我国香港特别行政区、澳门特别行政区、台湾地区的车船，不征收车船税。

（2）按照规定缴纳船舶吨税的机动船舶，自《车船税法》实施之日起 5 年内免征车船税。

（3）机场、港口内部行驶或作业的车船，自《车船税法》实施之日起 5 年内免征车船税。

14.1.6　征收管理

1. 纳税义务发生时间

车船税纳税义务发生时间为取得车船所有权或者管理权的当月。以购买车船的发票或其他证明文件所载日期的当月为准。

2. 纳税申报

车船税按年申报缴纳，分月计算，一次性缴纳。纳税年度自公历 1 月 1 日起至 12 月 31 日止。具体申报纳税期限由省、自治区、直辖市人民政府确定。

（1）税务机关可以在车船管理部门、车辆检验机构的办公场所集中办理车船税征收事宜。

（2）纳税人在首次购买机动车交通事故责任强制保险时缴纳车船税或者自行申报缴纳车船税的，应当提供购车发票及反映排气量、整备质量、核定载客人数等与纳税相关的信息及其相应凭证。

（3）对于依法不需要购买机动车交通事故责任强制保险的车辆，纳税人应当向主管税务机关申报缴纳车船税。

（4）从事机动车第三者责任强制保险业务的保险机构为机动车车船税的扣缴义务人，应当在收取保险费时依法代收车船税，并出具代收税款凭证。

3. 纳税地点

车船税的纳税地点为车船的登记地或者车船税扣缴义务人所在地。依法不需要办理登记的车船，纳税地点为车船所有人或者管理人主管税务机关所在地。

（1）扣缴义务人代收代缴车船税的，纳税地点为扣缴义务人所在地。

（2）纳税人自行申报缴纳车船税的，纳税地点为车船登记地的主管税务机关所在地。

（3）依法不需要办理登记的车船，纳税地点为车船所有人或管理人税务机关所在地。

14.2 ｜ 船舶吨税

14.2.1　船舶吨税概述

船舶吨税法是指国家制定的用以调整船舶吨税征收与缴纳权利及义务关系的法律规范。现行船舶吨税的规范是 2011 年 11 月 23 日国务院公布的《中华人民共和国船舶吨税暂行条例》，2012 年 1 月 1 日起开始施行。

14.2.2 征税范围与税率

1. 征税范围

自中华人民共和国境外港口进入境内港口的船舶（以下简称"应税船舶"），应当依照本条例缴纳船舶吨税。船舶吨税的税目、税率依照《船舶吨税税目、税率表》执行。

2. 税率

船舶吨税设置优惠税率和普通税率。中华人民共和国籍的应税船舶，船籍国（地区）与中华人民共和国签订含有相互给予船舶税费最惠国待遇条款的条约或者协定的应税船舶，适用优惠税率。其他应税船舶，适用普通税率。《船舶吨税税目、税率表》，具体如表 14-2 所示。

表 14-2　　　　　　　　　　　　　　　　船舶吨税税目、税率表

税目 （按船舶净吨位划分）	税率（元/净吨）						备注
	普通税率 （按执照期限划分）			优惠税率 （按执照期限划分）			
	1 年	90 日	30 日	1 年	90 日	30 日	
不超过 2 000 净吨	12.6	4.2	2.1	9.0	3.0	1.5	拖船和非机动驳船分别按净吨位船舶税率的 50%计征税款
超过 2 000 净吨，但不超过 10 000 净吨	24.0	8.0	4.0	17.4	5.8	2.9	
超过 10 000 净吨，但不超过 50 000 净吨	27.6	9.2	4.6	19.8	6.6	3.3	
超过 50 000 净吨	31.8	10.6	5.3	22.8	7.0	3.8	

注：拖船，是指专门用于拖（推）动运输船舶的专业作业船舶，拖船按照发动机功率每 1 千瓦折合净吨位 0.67 吨；非机动驳船，是指在船舶管理部门登记为驳船的非机动船舶。

14.2.3 应纳税额计算

船舶吨税的应纳税额按照船舶净吨位乘以适用税率计算。净吨位是指由船籍国（地区）政府授权签发的船舶吨位证明书上标明的净吨位。计算公式为：

应纳税额＝船舶净吨位×定额税率

应税船舶在进入港口办理入境手续时，应当向海关申报纳税领取吨税执照，或者交验吨税执照。应税船舶负责人在每次申报纳税时，可以按照《船舶吨税税目、税率表》选择申领一种期限的吨税执照。应税船舶负责人缴纳吨税或者提供担保后，海关按照其申领的执照期限填发吨税执照。

应税船舶负责人申领吨税执照时，应当向海关提供下列材料：

（1）船舶国籍证书或者海事部门签发的船舶国籍证书收存证明；

（2）船舶吨位证明。

应税船舶在离开港口办理出境手续时，应当交验吨税执照。

【例14-2】　2018年5月25日，甲国某运输公司一艘货运船舶驶入我国某港口，该货轮净吨位为20 000吨，货轮负责人已向我国海关领取了船舶吨税执照，在港口停留期限为30天。甲国与我

国签订有相互给予船舶税费的最惠国待遇条款。计算该货轮负责人应向我国缴纳的船舶吨税税额。

（1）该船舶享受优惠税率，每净吨位3.3元

（2）应纳船舶吨税税额＝20 000×3.3＝66 000（元）

14.2.4　税收优惠

1. 直接优惠

下列船舶免征吨税：

（1）应纳税额在人民币 50 元以下的船舶；

（2）自境外以购买、受赠、继承等方式取得船舶所有权的初次进口到港的空载船舶；

（3）吨税执照期满后 24 小时内不上下客货的船舶；

（4）非机动船舶（不包括非机动驳船），是指自身没有动力装置，依靠外力驱动的船舶；

（5）捕捞、养殖渔船，是指在中华人民共和国渔业船舶管理部门登记为捕捞船或养殖船的船舶；

（6）避难、防疫隔离、修理、终止运营或者拆解，并不上下客货的船舶；

（7）军队、武装警察部队专用或者征用的船舶；

（8）依照法律规定应当予以免税的外国驻华使领馆、国际组织驻华代表机构及其有关人员的船舶；

（9）国务院规定的其他船舶。

上述（5）～（8）项优惠，应当提供海事部门、渔业船舶管理部门或者卫生检疫部门等部门、机构出具的具有法律效力的证明文件或者使用关系证明文件，申明免税理由。

2. 延期优惠

在船舶吨税执照期限内，应税船舶发生下列情形之一的，海关按照实际发生的天数批注延长吨税执照期限。

（1）避难、防疫隔离、修理，并不上下客货。

（2）军队、武装警察部队征用。

（3）应税船舶因不可抗力在未设立海关地点停泊的，船舶负责人应当立即向附近海关报告，并在不可抗力原因消除后，依照本条例规定向海关申报纳税。

上述船舶，应当提供海事部门、渔业船舶管理部门或者卫生检疫部门等部门、机构出具的具有法律效力的证明文件或者使用关系证明文件，申明延长吨税执照期限的依据和理由。

14.2.5　征收管理

（1）船舶吨税由海关负责征收。海关征收船舶吨税应当制发缴款凭证。

（2）船舶吨税的纳税义务发生时间为应税船舶进入港口的当日。

（3）应税船舶负责人应当自海关填发船舶吨税缴款凭证之日起 15 日内向指定银行缴清税款。未按期缴清税款的，自滞纳税款之日起，按日加收滞纳税款 0.5‰的滞纳金。

（4）应税船舶到达港口前，经海关核准先行申报并办结出入境手续的，应税船舶负责人应当向海关提供与其依法履行吨税缴纳义务相适应的担保；应税船舶到达港口后，依照本条例规定向海关申报纳税。下列财产、权利可以用于担保：

① 人民币、可自由兑换货币；

② 汇票、本票、支票、债券、存单；

③ 银行、非银行金融机构的保函；

④ 海关依法认可的其他财产、权利。

（5）应税船舶在吨税执照期限内，因修理导致净吨位变化的，吨税执照继续有效。应税船舶办理出入境手续时，应当提供船舶经过修理的证明材料。

（6）应税船舶在吨税执照期限内，因税目税率调整或者船籍改变而导致适用税率变化的，吨税执照继续有效。

（7）海关发现少征或者漏征税款的，应当自应税船舶应当缴纳税款之日起 1 年内，补征税款。但因应税船舶违反规定造成少征或者漏征税款的，海关可以自应当缴纳税款之日起 3 年内追征税款，并自应当缴纳税款之日起按日加征、少征或者漏征税款 0.5‰的滞纳金。

（8）应税船舶有下列行为之一的，由海关责令限期改正，处 2 000 元以上 3 万元以下罚款；不缴或者少缴应纳税款的，处不缴或者少缴税款 50%以上 5 倍以下的罚款，但罚款不得低于 2 000 元：

① 未按照规定申报纳税、领取吨税执照的；

② 未按照规定交验吨税执照及其他证明文件的。

（9）船舶在吨税执照期满前毁损或者遗失的，应当向原发照海关书面申请核发吨税执照副本，不再补税。

（10）船舶吨税税款、滞纳金、罚款以人民币计算。

思考与练习

一、辨析题

1. 载货汽车的车船税以整备质量每吨为计税依据。（　　　）

2. 船舶吨税的税额有差异的唯一原因是船舶的净吨位不同。（　　　）

3. 省级税务机关有权确定城市、农村公共交通车船是否定期减税、免税。（　　　）

4. 所有港口的船舶都需要缴纳船舶吨税。（　　　）

5. 车船税的纳税地点为车船的登记地或者车船税扣缴义务人所在地。（　　　）

6. 电动汽车不征收车船使用税。（　　　）

7. 应税船舶负责人应当自海关填发船舶吨税缴款凭证之日起15日内向指定银行缴清税款。（　　　）

8. 新购置车船当年的应纳车船税额自纳税义务发生的次月起按月计算。（　　　）

二、计算题

1. 某小型运输公司2017年拥有并使用以下车辆：企业职工上下班载客汽车2辆，载货汽车10辆，净吨位为4吨的挂车5辆，客货两用汽车1辆，净吨位3吨。当地政府规定的载客汽车车船税额是200元/辆，载货汽车单位税额为50元/吨。计算该运输公司2017年应缴纳的车船税。

2. 2018年6月1日，A国某远洋运输公司两艘货运船舶驶入我国某港口，第一艘货轮净吨位为30 000吨，已向我国海关领取了船舶吨税执照，在港口停留期限为90天。第二艘货轮净吨位为100 000吨，已向我国海关领取了船舶吨税执照，在港口停留期限为30天。A国与我国签订有相互给予船舶税费的最惠国待遇条款。计算两艘货轮应向我国缴纳的船舶吨税。

第15章

环境保护税

2018年1月1日《中华人民共和国环境保护税法》(以下简称"环境保护税法")正式实施，意味着我国诞生了一个全新的税种。开征环境保护税旨在保护和改善环境，减少污染物排放，推进生态文明建设。

15.1 环境保护税概述

环境保护税法是指国家制定的用以调整环境保护税征收与缴纳权利及义务关系的法律规范。

1979年我国颁布的《中华人民共和国环境保护法（试行）》明确了排污收费制度。1982年颁布《征收排污费暂行办法》，在全国实施排污收费。2003年国务院又发布了《排污费征收使用管理条例》。在我国"推动环境保护费改税"及"落实税收法定原则"的改革推动下，2018年《中华人民共和国环境保护税法》正式实施，遵循了"谁污染谁付费"的基本原则。

15.2 纳税义务人与征税范围

15.2.1 纳税义务人

环境保护税的纳税义务人是在中华人民共和国领域和中华人民共和国管辖的其他海域直接向环境排放应税污染物的企业事业单位和其他生产经营者。

有下列情形之一的，不属于直接向环境排放污染物，不缴纳相应污染物的环境保护税。

（1）企事业单位和其他生产经营者向依法设立的污水集中处理场所、生活垃圾集中处理场所排放应税污染物的。

（2）企事业单位和其他生产经营者在符合国家和地方环境保护标准的设施、场所贮存或者处置固体废物的。

15.2.2 征税范围

环境保护税的征税对象是应税污染物，主要包括四大类：大气污染物、水污染物、固体废物和噪声。

15.3 税目与税率

环境保护税主要采用定额税率，其中应税大气污染物和水污染物采用幅度定额税率，具体适用税额的确定和调整由省、自治区直辖市人民政府根据本地区环境承载能力、污染物排放现状和社会生态发展目标要求，在规定的税额幅度内提出，由同级人民代表大会常务委员会决定，并报全国人民代表大会常务委员会和国务院备案。环境保护税税目税额如表 15-1 所示。

表 15-1　　　　　　　　　　　　　　　　　环境保护税税目税额

税目		计税单位	税额	备注
大气污染物		每污染当量	1.2 元至 12 元	
水污染物		每污染当量	1.4 元至 14 元	
固体废物	煤矸石	每吨	5 元	
	尾矿	每吨	15 元	
	危险废物	每吨	1 000 元	
	冶炼渣、粉煤灰、炉渣、其他固体废物（含半固态、液态废物）	每吨	25 元	
噪声	工业噪声	超标 1~3 分贝	每月 350 元	1. 一个单位边界上有多处噪声超标，根据最高一处超标声计算应纳税额；当沿边届长度超过 100 米有两处以上噪声超标，按照两个单位计算应纳税额
		超标 4~6 分贝	每月 700 元	2. 一个单位有不同作业地点场所的，应当分别计算应纳税额，合并计税
		超标 7~9 分贝	每月 1 400 元	3. 昼夜均超标的环境噪声，昼、夜分别计算应纳税额，累计计征
		超标 10~12 分贝	每月 2 800 元	4. 声源一个月内超标不足 15 天的，减半计算应纳税额
		超标 13~15 分贝	每月 5 600 元	5. 夜间频繁突发和夜间偶然突发厂界超标噪声，按等效声级和峰值噪声两种指标中超标分贝值高的一项计算应纳税额
		超标 16 分贝以上	每月 11 200 元	

15.4 计税依据

15.4.1 计税依据确定的基本方法

应税污染物的计税依据按照下列方法确定：应税大气污染物、水污染物按照污染物排放量折合的污染当量数确定；应税固体废物按照固体污染物的排放量确定；应税噪声按照超过国家规定标准的分贝数确定。

1. 应税大气污染物、水污染物按照污染物排放量折合的污染当量数确定计税依据

污染当量数的计算公式如下：

应税大气污染物、水污染物污染当量数＝该污染物的排放量÷该污染物的污染当量值

污染当量是指根据污染物或者污染排放活动对环境有害程度以及处理的技术经济性，衡量不同污染物对环境污染的综合性指标或者计量单位。同一介质相同污染当量的不同污染物，其污染程度基本相同。每种应税大气污染物、水污染物的具体污染当量值，依照《环境保护税法》所附《应税污染物和当量值表》执行，如表15-2～表15-5所示。

表15-2   大气污染物污染当量值

污染物	污染当量值（千克）	污染物	污染当量值（千克）
1. 二氧化硫	0.95	23. 二甲苯	0.27
2. 氮氧化物	0.95	24. 苯并（a）芘	0.000 002
3. 一氧化碳	16.7	25. 甲醛	0.09
4. 氯气	0.34	26. 乙醛	0.45
5. 氯化氢	10.75	27. 丙烯醛	0.06
6. 氟化物	0.87	28. 甲醇	0.67
7. 氰化氢	0.005	29. 酚类	0.35
8. 硫酸雾	0.6	30. 沥青烟	0.19
9. 铬酸雾	0.000 7	31. 苯胺类	0.21
10. 汞及其化合物	0.000 1	32. 氯苯类	0.72
11. 一般性粉尘	4	33. 硝基苯	0.17
12. 石绵尘	0.53	34. 丙烯晴	0.22
13. 玻璃棉尘	2.13	35. 氯乙烯	0.55
14. 炭黑尘	0.59	36. 光气	0.04
15. 铅及其化合物	0.02	37. 氯化氢	0.29
16. 镉及其化合物	0.03	38. 氨	9.09
17. 铍及其化合物	0.000 4	39. 三甲胺	0.32
18. 镍及其化合物	0.13	40. 甲硫醇	0.04
19. 锡及其化合物	0.27	41. 甲硫醚	0.28
20. 烟尘	2.18	42. 二甲二硫	0.28
21. 苯	0.05	43. 苯乙烯	25
22. 甲苯	0.18	44. 二硫化碳	20

表15-3   第一类水污染物污染当量值

污染物	污染当量值（千克）	污染物	污染当量值（千克）
1. 总汞	0.000 5	6. 总铅	0.025
2. 总镉	0.005	7. 总镍	0.025
3. 总铬	0.04	8. 苯并（a）芘	0.000 000 3
4. 六价铬	0.02	9. 总铍	0.01
5. 总砷	0.02	10. 总银	0.02

表 15-4 第二类水污染物污染当量值

污染物	污染当量值（千克）	污染物	污染当量值（千克）
11. 悬浮物（SS）	4	37. 五氯酚及五氯酚钠（以五氯酚计）	0.25
12. 生化需氧量（BOD_5）	0.5	38. 三氯甲烷	0.04
13. 化学需氧量（COD_{cr}）	1	39. 可吸附有机卤化物（AOX）（以 CI 计）	0.25
14. 总有机碳（TOC）	0.49	40. 四氯化碳	0.04
15. 石油类	0.1	41. 三氯乙烯	0.04
16. 动植物油	0.16	42. 四氯乙烯	0.04
17. 挥发酚	0.08	43. 苯	0.02
18. 总氰化物	0.05	44. 甲苯	0.02
19. 硫化物	0.125	45. 乙苯	0.02
20. 氨氮	0.8	46. 邻-二甲苯	0.02
21. 氟化物	0.5	47. 对-二甲苯	0.02
22. 甲醛	0.125	48. 间-二甲苯	0.02
23. 苯胺类	0.2	49. 氯苯	0.02
24. 硝基苯类	0.2	50. 邻二氯苯	0.02
25. 阴离子表面活性剂（LAS）	0.2	51. 对二氯苯	0.02
26. 总铜	0.1	52. 对硝基氯苯	0.02
27. 总锌	0.2	53. 2，4-二硝基氯苯	0.02
28. 总锰	0.2	54. 苯酚	0.02
29. 彩色显影剂（CD-2）	0.2	55. 间-甲酚	0.02
30. 总磷	0.25	56. 2，4-二氯酚	0.02
31. 元素磷（以 P 计）	0.05	57. 2，4，6-三氯酚	0.02
32. 有机磷农药（以 P 计）	0.05	58. 邻苯二甲酸二丁酯	0.02
33. 乐果	0.05	59. 邻苯二甲酸二辛酯	0.02
34. 甲基对硫磷	0.05	60. 丙烯腈	0.125
35. 马拉硫磷	0.05	61. 总硒	0.02
36. 对硫磷	0.05		

说明：第一、二类污染物的分类依据为《污水综合排放标准》（GB8978-1996）；同一排放口中的化学需氧量（COD）、生化需氧量（BOD_5）和总有机碳（TOC），只征收一项。

表 15-5 pH 值、色度、大肠菌群数、余氯量污染当量值

污染物		污染当量值	备注
1. pH 值	1.0～1，13～14	0.06 吨污水	pH5～6 指大于等于 5，小于 6；pH9～10 指大于9，小于等于 10,其余类推。
	2.1～2，12～13	0.125 吨污水	
	3.2～3，11～12	0.25 吨污水	
	4.3～4，10～11	0.5 吨污水	
	5.4～5，9～10	1 吨污水	

续表

污染物		污染当量值	备注
1. pH 值	6.5～6	5 吨污水	
2. 色度		5 吨水·倍	
3. 大肠菌群数		3.3 吨污水	大肠菌群数和总余氯只征收一项。
4. 余氯量（用氯消毒的医院废水）		3.3 吨污水	

表 15-6　　　　　禽畜养殖业、小型企业和第三产业污染当量值

类型		污染当量值
禽畜养殖场	1. 牛	0.1 头
	2. 猪	1 头
	3. 鸡、鸭等家禽	30 羽
4. 小型企业		1.8 吨污水
5. 饮食娱乐服务业		0.5 吨污水
6. 医院	消毒	0.14 床
		2.8 吨污水
	不消毒	0.07 床
		1.4 吨污水

每一排放口或者没有排放口的应税大气污染物，按照污染当量数从大到小排序，对前三项污染物征收环境保护税。每一排放口的应税水污染物，按照《环境保护税法》所附《应税污染物和当量值表》，区分第一类水污染物和其他类水污染物，按照污染当量数从大到小排序，对第一类水污染物按照前五项征收环境保护税，对其他类水污染物按照前三项征收环境保护税。

省、自治区、直辖市人民政府根据本地区污染物减排的特殊需要，可以增加同一排放口征收环境保护税的应税污染物项目数，报同级人民代表大会常务委员会决定，并报全国人民代表大会常务委员会和国务院备案。

纳税人有下列情形之一的，以其当期应税大气污染物、水污染物的产生量作为污染物的排放量：

（1）未依法安装使用污染物自动监测设备或者未将污染物自动监测设备与环境保护主管部门的监控设备联网；

（2）损毁或者擅自移动、改变污染物自动监测设备；

（3）篡改、伪造污染物监测数据；

（4）通过暗管、渗井、渗坑、灌注或者稀释排放以及不正常运行防治污染设施等方式违法排放应税污染物；

（5）进行虚假纳税申报。

【例15-1】　某企业2018年6月直接排放应税大气污染物铍及其化合物10千克，根据大气污染物污染当量值表，铍及其化合物的污染当量值为0.000 4（千克），其污染当量数为：10÷0.000 4＝25 000。

2. 应税固体废物按照固体污染物的排放量确定计税依据

固体废物排放当量为当期应税固体废物的产生量减去当期应税固体废物的贮存量、处置量、综合利用量的余额。其中固体废物的贮存量、处置量是指在符合国家和地方环境保护标准的设施、场所贮存或者处置的固体废物数量；固体废物的综合利用量是指按照国务院发展改革委员会、工业和信息化主管部门关于资源综合利用要求以及国家和地方环境保护标准进行综合利用的固体废物数量。计算公式如下：

固体废物排放当量＝当期固体废物的产生量－当期固体废物的综合利用量－当期固体废物的贮存量－当期固体废物的处置量

纳税人有下列情形之一的，以其当期应税应税固体废物的产生量作为固体废物的排放量：

（1）非法倾倒固体废物；

（2）进行虚假纳税申报。

3. 应税噪声按照超过国家规定标准的分贝数确定计税依据

工业噪声按照超过国家规定标准的分贝数确定每月税额，超过国家规定标准的分贝数是指实际产生的工业噪声与国家规定的工业噪声排放标准限值之间的差值。

15.4.2 应税污染物的排放量和噪声分贝数的确定

应税大气污染物、水污染物、固体废物的排放量和噪声分贝数，按照下列方法和顺序计算：

（1）纳税人安装使用符合国家规定和监测规范的污染物自动监测设备的，按照污染物自动监测数据计算。

（2）纳税人未安装使用污染物自动监测设备的，按照监测机构出具的符合国家有关规定和监测规范的监测数据计算。

（3）因排放污染物种类多等原因不具备监测条件的，按照国务院环境保护主管部门规定的排污系数、物料衡算方法计算。

（4）不能按照上述（1）至（3）规定的方法计算的，按照省、自治区、直辖市人民政府环境保护主管部门规定的抽样测算的方法核定计算。

15.5
应纳税额的计算

15.5.1 应税大气污染物应纳税额的计算

污染当量数和具体适用税额计算应纳税额，计算公式为：

应税大气污染物应纳税额＝污染当量数×适用税额

【例15-2】 某企业2018年4月向大气直接排放二氧化硫、氟化物各200千克，一氧化碳300千克，氯化氢80千克，假设当地大气污染物每污染物当量税额1.2元，该企业只有一个排放口。计算企业当月应缴纳的环境保护税。

（1）计算各污染物的污染当量数

二氧化硫污染当量数＝200÷0.95＝210.53

氟化物污染当量数＝200÷0.87＝229.89

一氧化碳当量数＝300÷16.7＝17.96

氯化氢染当量数＝80÷10.75＝7.44

（2）按污染当量数排序

该企业只有一个排放口，对污染物当量进行排序，选取前三项污染物进行计税：

氟化物污染当量数>二氧化硫污染当量数>一氧化碳染当量数>氯化氢染当量数

（3）应纳税额计算

计税依据＝229.89＋210.53＋17.96＝458.38

应纳税额＝458.38×1.2＝550.056（元）

15.5.2　应税水污染物应纳税额的计算

1. 一般水污染物应纳税额的计算

一般水污染物包括第一类水污染物和第二类水污染物，应纳税额计算公式如下：

应税水污染物应纳税额＝污染当量数×适用税额

2. pH 值、大肠菌群数、余氯量应纳税额计算

pH 值、大肠菌群数、余氯量应纳税额计算公式如下：

应纳税额＝污染当量数×适用税额

污染当量数＝污水排放量（吨）÷该污染物的污染当量值（吨）

pH 值、大肠菌群数、余氯量污染当量数以该污染物的排放量处以该污染物的当量值计算。

3. 色度应纳税额计算

色度应纳税额计算公式如下：

应纳税额＝色度的污染当量数×适用税额

色度的污染当量数＝污水排放量（吨）×色度超标倍数÷色度的污染当量值（吨·倍）

【例15-3】　某企业2018年1月向水体直接排放第一类水污染物，已安装使用符合国家规定和监测范围的污染物自动监测设备。排放口在1月共排放第一类水污染物，总汞、总镉、总铬、六价铬、总铅、总铍各1千克；第二类水污染物，悬浮物（SS）、化学需氧量（CODcr）、氨氮各20千克；pH值为6、污水排放量400吨。假设当地第一类水污染物的污染当量值分别为0.000 5、0.005、0.04、0.02、0.02、0.025；第二类水污染物的污染当量值分别为4、1、0.8（单位：千克）；pH值5～6的污染当量值为5吨污水；当地水污染物适用税额标准为化学需氧量5元/污染当量、氨氮4.8元/污染当量、第一类水污染物1.4元/污染当量、其他水污染物1.4元/污染当量。计算企业当月应缴纳的环境保护税。

（1）第一类水污染物税额计算

① 水污染物污染当量数计算

总汞：1÷0.000 5＝2 000

总镉：1÷0.005＝200

总铬：1÷0.04＝25

六价铬：1÷0.02＝50

总铅：1÷0.025＝40

总铍：1÷0.01＝100

② 按污染当量数排序

该企业只有一个排放口，对污染物当量进行排序，选取前五项污染物进行计税：

总汞（2 000）＞总镉（200）＞总铍（100）＞六价铬（50）＞总铅（40）＞总铬（25）

③ 应纳税额计算

计税依据＝2 000＋200＋100＋50＋40＝2 390

应纳税额＝2 390×1.4＝3 346（元）

（2）计算第二类水污染物应纳税额

① 水污染物污染当量数计算

悬浮物（SS）：20÷4＝5

化学需氧量（CODcr）：20÷1＝20

氨氮：20÷0.8＝25

pH值：400÷5＝80

② 按污染当量数排序

该企业只有一个排放口，对第二类污染物当量进行排序，选取前三项污染物进行计税：

pH值（80）＞氨氮（25）＞化学需氧量（CODcr）（20）＞悬浮物（SS）（5）

③ 应纳税额计算

应纳税额＝（20×5）＋（25×4.8）＋（80×1.4）＝332（元）

15.5.3 禽畜养殖业、小型企业和第三产业污染物应纳税额的计算

1. 禽畜养殖业的水污染物应纳税额的计算

禽畜养殖业的水污染物应纳税额计算公式如下：

应纳税额＝污染当量数×适用税额

污染当量数＝禽畜养殖数量÷该污染物的污染当量值

【例15-4】 某养殖场，2018年7月杨牛存栏量为500头，污染当量值为0.1头，假设当地水污染适用税额为每污染当量2.3元，计算养殖场当月应纳环境保护税额。

水污染物当量数＝500÷0.1＝5 000

应纳税额＝5 000×2.3＝11 500（元）

2. 小型企业和第三产业排放的水污染物应纳税额的计算

禽畜养殖业的水污染物应纳税额计算公式如下：

应纳税额＝污染当量值（吨）×适用税额

污染当量值（吨）＝污水排放数量（吨）÷污染当量值（吨）

【例15-5】 某餐饮企业2018年10月水流量计显示当月企业排放污水量为100吨，污水当量值为0.5吨。假设当地水污染适用税额为每污染当量2.5元，计算企业当月应纳环境保护税。

水污染当量值＝100÷0.5＝200（吨）

应纳税额＝200×2.5＝500（元）

3. 医院排放的水污染物应纳税额的计算

医院排放的水污染物应纳税额计算公式如下：

应纳税额＝污染当量数×适用税额

污染当量数以病床数或污水排放量除以相应的污染当量计算，即：

污染当量数＝医院病床数÷污染当量值

或

污染当量数＝污水排放量÷污染当量值

【例15-6】 某甲级医院，拥有病床350张，每月按时消毒，无法计量月污水排放量，污染当量值为0.14床，假设当地水污染适用税额为每污染当量3元。计算该医院2018年7月应纳环境保护税。

水污染当量值＝350÷0.14＝2 500（吨）

应纳税额＝2 500×3＝7 500（元）

15.5.4 应税固体废物应纳税额的计算

应税固体废物的应纳税额计算公式如下：

应税固体废物应纳税额＝固体废物排放量×适用税额

其中，固体废物排放量为当期应税固体废物产生量减去当期固体废物的综合利用量、贮存量、处置量的余额。

【例15-7】 某矿山开采企业2018年5月产生尾矿900吨，其中综合利用的尾矿350吨（符合国家相关规定），在符合国家和地方环境保护标准的设施贮存100吨。当地尾矿环境保护税额为每吨15元。计算该企业2018年5月尾矿应纳环境保护税。

固体废物排放量＝900－350－100＝450（吨）

应纳税额＝450×15＝6 750（元）

15.5.5 应税噪声应纳税额的计算

应税噪声的应纳税额为超过国家规定标准的分贝数对应的具体适用税额。

【例15-8】 某工业企业，只在昼间生产，生产时产生噪声为60分贝，按照相关规定昼间噪声的排放限制为55分贝，2018年7月噪声超标天数为20天。计算该企业2018年7月噪声污染应纳的环境保护税。

超标分贝数＝60－55＝5（分贝）

根据环境保护税税目税额规定，该企业当月噪声污染应纳环境保护税700元。

15.6 | 税收优惠

15.6.1 暂免征税项目

下列情形，暂予免征环境保护税：

（1）农业生产（不包括规模化养殖）排放的应税污染物。

（2）机动车、铁路机车、非道路移动机械、船舶和航空器等流动污染源排放的应税污染物。

（3）依法设立的城乡污水集中处理、生活垃圾集中处理场所排放的应税污染物，不超过国家和地方规定的排放标准的。

（4）纳税人综合利用的固体废物，符合国家和地方环境保护标准的。

（5）国务院批准免税的其他情形。

15.6.2 减征税额项目

（1）纳税人排放应税大气污染物或者水污染物的浓度值低于国家和地方规定的污染物排放标准百分之三十的，减按百分之七十五征收环境保护税。

（2）纳税人排放应税大气污染物或者水污染物的浓度值低于国家和地方规定的污染物排放标准百分之五十的，减按百分之五十征收环境保护税。

15.7 | 征收管理

15.7.1 征管方式

环境保护税采取"企业申报、税务征收、环保协同、信息共享"的征管方式。税务机关依照《中华人民共和国税收征收管理法》和本法的有关规定征收管理；纳税人应当依法如实办理纳税申报，对申报的真实性和完整性承担责任；环境保护主管部门依照本法和有关环境保护法律法规的规定负责对污染物的监测管理；县级以上地方人民政府应当建立税务机关、环境保护主管部门和其他相关单位分工协作工作机制，加强环境保护税征收管理，保障税款及时足额入库。

15.7.2 数据传递和比对

环境保护主管部门和税务机关应当建立涉税信息共享平台和工作配合机制。纳税人购置应税车环境保护主管部门应当将排污单位的排污许可、污染物排放数据、环境违法和受行政处罚情况等环境保护相关信息，定期交送税务机关。

税务机关应当将纳税人的纳税申报、税款入库、减免税额、欠缴税款以及风险疑点等环境保护税涉税信息，定期交送环境保护主管部门。

税务机关应当将纳税人的纳税申报数据资料与环境保护主管部门交送的相关数据资料进行

比对。纳税人申报的污染物排放数据资料与环境保护主管部门交送的数据不一致的，按照环境保护主管部门交送的数据确定应税污染物的计税依据。

15.7.3 复核

税务机关发现纳税人的纳税申报数据资料异常或者纳税人未按照规定期限办理纳税申报的，可以提请环境保护主管部门进行复核，环境保护主管部门应当自收到税务机关的数据资料之日起十五日内向税务机关出具复核意见。税务机关应当按照环境保护主管部门复核的数据资料调整纳税人的应纳税额。

纳税人的纳税申报数据资料异常，包括但不限于下列情形：

（1）纳税人当期申报的应税污染物排放量与上一年同期相比明显偏低，且无正当理由；

（2）纳税人单位产品污染物排放量与同类纳税人相比明显偏低，且无正当理由。

15.7.4 纳税时间

环境保护税纳税义务发生时间为纳税人排放应税污染物的当日。环境保护税按月计算，按季申报缴纳。不能按固定期限计算缴纳的，可以按次申报缴纳。纳税人按季申报缴纳的，应当自季度终了之日起十五日内，向税务机关办理纳税申报并缴纳税款。纳税人按次申报缴纳的，应当自纳税义务发生之日起十五日内，向税务机关办理纳税申报并缴纳税款。

纳税人申报缴纳时，应当向税务机关报送所排放应税污染物的种类、数量，大气污染物、水污染物的浓度值，以及税务机关根据实际需要要求纳税人报送的其他纳税资料。

15.7.5 纳税地点

纳税人应当向应税污染物排放地的税务机关申报缴纳环境保护税。应税污染物排放地是指：

（1）应税大气污染物、水污染物排放口所在地；

（2）应税固体废物产生地；

（3）应税噪声产生地。

纳税人跨区域排放应税污染物，税务机关对税收征收管辖有争议的，由争议各方按照有利于征收管理的原则协商解决；不能协商一致的，报请共同的上级税务机关决定。

纳税人从事海洋工程向中华人民共和国海域排放应税大气污染物、水污染物或者固体废物，申报缴纳环境保护税的具体办法，由国务院主管部门会同国务院海洋主管部门规定。

思考与练习

一、辨析题

1. 自2018年1月1日起，直接向环境排放大气污染物、水污染物、固体废物和噪声的企事业单位和其他生产经营者，都要为排污行为缴纳环保税。（　　）

2. 环境保护税的征税对象是大气污染物、税污染物和固体废物。（　　）

3. 环境保护税按月计算征收，按月申报纳税。（　　）

4. 企事业单位和其他生产经营者向依法设立的污水集中处理场所、生活垃圾集中处理场所排放应税污染物的，不征收环境保护税。（　　　）

5. 纳税人排放应税大气污染物或者水污染物的浓度值低于国家和地方规定的污染物排放标准30%的，免征环境保护税。（　　　）

二、计算题

1. 某企业2018年8月向大气直接排放二氧化硫和氟化物各10千克，一氧化碳和氯化氢各100千克，假设大气污染物每污染当量税额按《环境保护税税目税额表》最低标准1.2元计算，这家企业只有一个排放口。

要求：计算该企业8月大气污染物应缴纳的环境保护税。

2. 某建筑用砖生产企业，年产量为3 500万块，2018年10月生产量为300万块，共生产25天。该厂厂界东噪声超标5dB，厂界南噪声超标3dB，厂界东南长度1 000米。

要求：计算企业10月企业应缴纳的环境保护税。

参考文献

[1] 中国注册会计师协会. 税法 [M]. 北京：中国财政经济出版社，2017.

[2] 谷彦芳，宋凤轩. 税收理论与实务[M]. 北京：科学出版社，2017.

[3] 陈娟. 税法[M]. 北京：人民邮电出版社，2015.

[4] 陈娟，赵巧芝，李云燕. 税收理论与实务[M]. 北京：清华大学出版社，2010.

[5] 中华人民共和国增值税暂行条例.

[6] 中华人民共和国增值税暂行条例实施细则.

[7] 中华人民共和国消费税暂行条例.

[8] 中华人民共和国消费税暂行条例实施细则.

[9] 中华人民共和国税收征收管理法.

[10] 中华人民共和国海关法.

[11] 中华人民共和国进出口关税条例.

[12] 中华人民共和国城市维护建设税暂行条例.

[13] 中华人民共和国海关入境客行李物品和个人邮递物品征收进口税办法.

[14] 中华人民共和国企业所得税法.

[15] 中华人民共和国企业所得税法实施条例.

[16] 中华人民共和国个人所得税法.

[17] 中华人民共和国个人所得税法实施条例.

[18] 中华人民共和国资源税暂行条例.

[19] 中华人民共和国资源税暂行条例实施细则.

[20] 中华人民共和国土地增值税暂行条例.

[21] 中华人民共和国城镇土地使用税暂行条例.

[22] 中华人民共和国耕地占用税暂行条例.

[23] 中华人民共和国房产税暂行条例.

[24] 中华人民共和国契税暂行条例.

[25] 中华人民共和国车辆购置税法.

[26] 中华人民共和国印花税暂行条例.

[27] 中华人民共和国车船税法.

[28] 中华人民共和国船舶吨税法.

[29] 中华人民共和国环境保护税法.

[30] 中华人民共和国环境保护税法实施条例.